中西文明根性比较

潘岳
著

COMPARATIVE STUDIES ON
CHINESE AND WESTERN CIVILIZATIONS

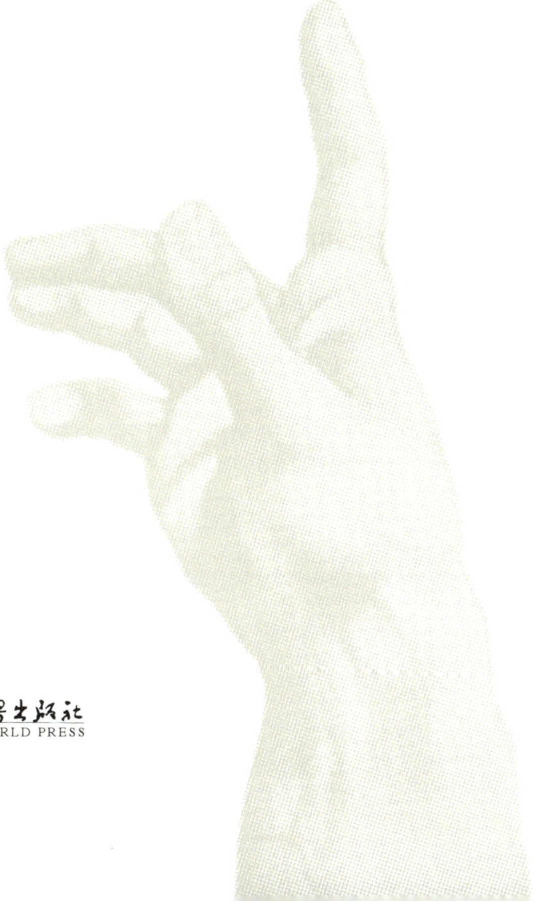

新世界出版社
NEW WORLD PRESS

图书在版编目（CIP）数据

中西文明根性比较 / 潘岳著. -- 北京 : 新世界出版社, 2022.1（2024.3重印）
ISBN 978-7-5104-7335-7

Ⅰ. ①中… Ⅱ. ①潘… Ⅲ. ①东西文化 - 对比研究 - 中国、西方国家 Ⅳ. ①G04

中国版本图书馆CIP数据核字(2021)第191794号

中西文明根性比较

作　　者：潘　岳
责任编辑：陈　超
封面设计：陶　雷
版式设计：贺玉婷
责任校对：宣　慧
责任印制：王宝根
图片支持：中新图片　敦煌研究院　和田博物馆　云冈石窟研究院
　　　　　山西博物院　视觉中国
出　　版：新世界出版社
网　　址：http://www.nwp.com.cn
社　　址：北京西城区百万庄大街24号（100037）
发 行 部：(010)6899 5968（电话）(010)6899 0635（电话）
总 编 室：(010)6899 5424（电话）(010)6832 6679（传真）
版 权 部：+8610 6899 6306（电话）nwpcd@sina.com（电邮）
印　　刷：小森印刷（北京）有限公司
经　　销：新华书店
开　　本：710mm×1000mm 1/16　　尺寸：170mm×240mm
字　　数：260千字　　印张：18.25
版　　次：2022年1月第1版　2024年3月第5次印刷
书　　号：ISBN 978-7-5104-7335-7
定　　价：76.00元

出版说明

“不同文明、制度、道路的多样性及交流互鉴可以为人类社会进步提供强大动力。”面对百年未有之大变局，中国和西方又一次站在了解彼此的十字路口。潘岳同志撰写并发表了中西文明发展史上的“战国与希腊”“秦汉与罗马”“五胡入华与蛮族入侵”三篇文章，从文明、政制、民族角度，对中西文明根性进行了剖析和比较。部分专家学者撰文予以评论。经征求作者和评论者同意，我们将三篇文章和相关评论结集出版，以飨读者。在此，谨向作者和评论者表示感谢。

目录

第一编　战国与希腊 / 001

第一章　战国／007

第一节　百家争鸣／007

第二节　集大成者／009

第三节　兼收并蓄／013

第四节　重识荀子／016

第二章　希腊／019

第一节　伊索克拉底的呼声／019

第二节　亚里士多德的回应／023

第三节　自由与分裂的纠结／027

第四节　秩序与统一的追求／029

第五节　封闭与开放的归途／032

第六节　占有与治理的差异／036

结篇／039

第一节　大师的平反／039

第二节　文明的重拾／041

附：评论 1 / 043

评《战国与希腊》：在多样性中蓬勃发展　（〔加〕贝淡宁）／044

发掘儒家传统思想并使之现代化（姚洋）／049

从欧洲文艺复兴到人类文艺复兴：中华文明的担当（王义桅）／052

认识你自己（杨共乐）／059

荀子和李斯对于“历史时刻”的认识（干春松）／063

重估荀学（姚中秋）／068

第二编 秦汉与罗马／071

第一章　两大文明／073

第一节　秦汉基层之治／073

第二节　罗马国家之治／077

第二章　罗马共和／081

第一节　土地与内战／081

第二节　以自由的名义／085

第三章　西汉王朝／093

第一节　大一统：一体多元／093

第二节　史官制：天下人心／100

第四章　中西商道／103

第一节　仁政的负担／103

第二节　儒商的家国／107

第三节　商道的分殊／112

第五章　罗马帝国／115

第一节　上层与基层／115

第二节　政权与军权／119

第六章　基督国教／123

第一节　“上帝之城”与“人间之城”／123

第二节　“国家之恶”与“国家之善”／127

目录

结篇／131

附：评论 2 / 137

罗马兴衰的历史机理（晏绍祥）／138

于百年大变局中观“剧”品“诗”（王学斌）／146

我们应该怎样看待“东方专制主义”？（郭子林）／153

理解帝国权力运行（樊鹏）／160

读《秦汉与罗马》有感（徐卫民）／167

第三编　中国五胡入华与欧洲蛮族入侵 / 173

第一章　五胡入华／175

第一节　南迁之战／175

第二节　汉化之路／177

第三节　再造一统／179

第四节　汉化与罗马化　／182

第二章　蛮族入侵／187

第一节　一族一地王国／187

第二节　走不通的融合／190

第三节　罗马抛弃罗马／193

第四节　中华选择中华／195

第五节　法兰克的疏离／197

第六节　封建政治与文官政治／201

第七节　分割世界与混一天下／205

第三章　中西比较／213

第一节　自治与郡县／213

第二节　华夏与内亚／217
第三节　夷夏之辨与中华无外／221
结篇／225
第一节　母体的回归／225
第二节　他人的视角／231
第三节　自己的故事／234
附：评论 3 ／241
大型政治共同体的逻辑（潘维）／242
失当的文化多元主义（彭小瑜）／252
评《中国五胡入华与欧洲蛮族入侵》（杨立华）／261
评《中国五胡入华与欧洲蛮族入侵》（李大龙）／263
历史不会终结，还会继续演进（关凯）／266
探寻中西方道路的文明逻辑（方素梅）／270
各民族共同缔造了伟大的中华民族（苏发祥）／277
浅谈《中国五胡入华与欧洲蛮族入侵》的价值（严庆）／281

第一编

战国与希腊

今天，中国和西方又一次站在了解彼此的十字路口。

在科技层面，我们已经了解西方；在制度层面，我们能部分了解西方。在这两方面，我们了解西方多于西方了解我们；但在文明层面上，中西方对彼此的了解都远远不够。

现代文明蕴含着古典文明的精神基因：欧美和古希腊、古罗马文明，伊斯兰世界和阿拉伯文明，伊朗与波斯文明，土耳其和奥斯曼文明，俄罗斯和东正教文明，以色列和犹太文明……种种关系连着种种基因演化成种种道路。

中华文明和其他古典文明，既有相通又有不同。中西文明比较，是个浩如烟海的学术领域，写全了不可能，只能针对问题做个简要的历史讨论。

塞缪尔·亨廷顿说，我们需要通过定义敌人，才能认识自己[1]。这是西方的习惯。中国人是通过定义朋友来认识自己。希腊古典文明是朋友。

现代欧美文明认为自己的政治秩序，是融合希腊文明、罗马文明、基督教文明和工业文明的精髓为一体[2]。事实上，古希腊文明是西方文

1 Samuel P. Huntington, *The Clash of Civilizations and the Remaking of World Order*, New York: Simon & Schuster Inc, 1996, p. 21.

2 美国著名政治学理论家、历史学家拉塞尔·柯克指出："美国秩序源于对西方文明三千年历史的萃取。基督教贡献了自由秩序的基础，希腊古典文明贡献了艺术与科学，罗马贡献了政体与自然法，英国贡献了法治与市场、习俗与盎格鲁传承。"参见：拉塞尔·柯克著，张大军译，《美国秩序的根基》，江苏凤凰文艺出版社，2018 年版。

“有翼天使”造像常见于古希腊及希腊化地区。图为米兰故城的“有翼天使”壁画，此壁画具有古代希腊风格，肖像的眼睛呈明显的欧罗巴人的特点

明的源中之源。古希腊不光为罗马提供了艺术和科学，其政治实践更为罗马提供了经验教训。古希腊宗教神话和哲学是基督教基础教义的重要来源。古希腊思想家对世界客观本原的追问，对实验和逻辑的偏好，为欧洲近代科学的兴起提供了条件。古希腊在政治上贡献了自由、民主、人文主义，成为欧洲文艺复兴和启蒙运动的主要精神源头。读懂希腊古典文明，才能读懂欧美现代文明的内心世界。

希腊古典文明与中华古典文明，同时存在，同样伟大，各成体系。

政治制度方面，古希腊城邦多元自治，既有雅典的民主制，又有斯巴达的双王制。中国先秦时期，则是由周代分封制，转为战国末期的中央集权郡县制。

政治观念方面，古希腊视城邦的独立自由为最高价值，中国先秦时期视大一统为最高价值。

共同体构建方面，古希腊没有一个超越各邦之上的共有核心，也从未建立超越各城邦的国家。而先秦时代则建立起了以周天子为核心的统一秩序，后又建立起了统一国家。

政治认同方面，古希腊城邦始终存在希腊人和蛮族的界限。先秦时期，华夏人和异族之间没有绝对界限，夷夏转化交融，为中国后世多民族融合奠定了基础。

在所有的不同中，最重要的就是统与分的不同。正是这个不同带出了其他许多不同。

古希腊文明以分散的城邦形态而著称，但它内部也曾产生过统一的冲动。它曾以城邦联盟的形式诞生过强大的地中海霸权；它曾建立过横跨亚非欧的亚历山大帝国。亚里士多德说，希腊人像欧洲大陆人一样尚武，又像亚洲人一样尚文；既保持了自由的生活又孕育出了最优良的政体；只要能形成“一个政体”，它就具有统治一切民族的能力[1]。然而，希腊最终未能做到真正统一，各城邦被后起的罗马逐一吞并。

与古希腊同时期，中国正逢春秋战国时代。公元前 5 世纪到公元前 3 世纪，战国和古希腊面临相似的历史境地。

第一，都陷入了内部极度战乱。春秋列国制度崩盘后，经历了长达 200 多年的兼并战争，这一时期被称为战国时代。古希腊在伯罗奔尼撒战争后，进入了长达数十年的“城邦危机”时期。

第二，战乱中都出现了统一运动。战国出现了七个强国争相统一

---

1 亚里士多德认为：“惟独希腊各种姓，在地理位置上既处于两大陆之间，其秉性也兼有了两者的品质。他们既具热忱，也有理智；精神健旺，所以能永保自由，对于政治也得到高度的发展；倘使各种姓一旦能统一于一个政体之内，他们就能够治理世上所有民族了。”参见：亚里士多德著，吴寿彭译，《政治学》，商务印书馆，1965 年版，第 367 页。

天下的战争。希腊出现了呼吁城邦停止内斗，团结一体对外扩张的“泛希腊主义运动”。

第三，统一运动的积极力量都不是核心圈国家，而是军事强大的边缘国家。对战国而言是秦国，对希腊来说是马其顿。

第四，大批知识分子为统一运动上下奔走。在希腊，是哲学家、雄辩家、戏剧家；在中国，是儒家、法家、道家、纵横家。他们都感受到了时代的危机，都提出了大量哲学、政治、道德命题。

而统一运动的结果不同。

希腊统一运动形成的，是亚历山大帝国，很快即分裂，其后的三大继承者王国内斗经年，终被罗马逐一兼并。罗马留下了希腊的文化艺术，却抛弃了它的政治制度。

战国统一运动形成的，是大一统秦王朝，仅历 14 年即崩溃，但很快就再次兴起了大一统汉王朝。秦制被后来的中国历代王朝所继承，延续两千余年。

相似的历史条件下为什么会形成不同的结果，我们通过同时期几个思想家的命运来探索答案。

新疆和田达玛沟遗址的希腊风格画像

第一章　战国

第一节　百家争鸣

1975 年 12 月，中国在湖北云梦发生了一件对中国史学意义深远之事——修建水利工程的农民在一块叫作“睡虎地”的农田里，挖出了一座秦国小吏的墓。墓主人尸骨之下枕满竹简，竹简上书满秦法。这就是著名的“睡虎地秦简”。

出人意料的是，考古学家在这些法家竹简中，发现了一篇官吏思想培训教材《为吏之道》，核心思想居然是儒家的学说。

——“宽俗忠信，和平勿怨，悔过勿重。兹（慈）下勿陵，敬上勿犯，听问（谏）勿塞。”

——“临材（财）见利，不取句（苟）富。临难见死，不取句（苟）免。欲富大（太）甚，贫不可得。欲贵太甚，贱不可得。毋喜富，毋恶贫，正行修身，祸去福存。”

这非孤例。陆续出土的王家台秦简、岳麓秦简、北大秦简中都有类似文字[1]，说明秦朝晚期已不完全排斥儒家。这和后人对秦“焚书坑儒”“纯任法家”的绝对化定论不一样。

1　参见：刘德银，《为政之常》，《江陵王家台 15 号秦墓》，《文物》，1995 年第 1 期；陈松长著，《为吏治官及黔首》，《岳麓书院藏秦简 1–3 释文（修订本）》，上海辞书出版社，2018 年版；朱凤瀚，《北大藏秦简〈从政之经〉述要》，《文物》2012 年第 6 期。

不一样的，不只是秦国。还有其他六国。

通常认为专属秦国的法家制度和精耕农业，实际是魏国发明的；通常认为自由散漫的楚国，实行“县制”比秦国还早；通常认为商业发达的齐国，其《管子》中也含有与秦相似的“保甲连坐”元素。

可见，儒法并行、刑德同用，才是战国晚期的整体潮流，政治观念亦基本趋同。这个政治观念，就是“一天下”。谁也不甘于小区域的分治，都要去争夺完整的天下。不是争要不要统一，而是争由谁来统一。他们相互比的是，谁的生产力发展更快，谁的政治家集团效率更高，谁更能代表天下正朔。对整体“天下”的执着，是历代中国政治家群体最为独特之处。

思想家们也是如此。

百家争鸣，是中国历史上思想自由的第一个高峰，亦是中国近现代仰慕西方的知识分子们津津乐道的盛景。但大家只注重了“争”的一面，却忽视了“融”的一面。几十年来陆续出土的简帛印证了“诸家杂糅”相融相合的现实。郭店简中，可以看到儒家与道家混同；上博简中，可以看到儒家与墨家混同；马王堆帛书中，可以看到道家与法家混同。“德”不为孔孟独享，“道”不为老庄专有，“法”不由商韩把持。在秦征服六国之前，诸子百家的思想融合已经开始。

诸子百家虽然哲学体系差异极大，但有一条共同的底线，即建立“统一秩序”。儒家强调“定于一”的礼乐道德秩序，法家强调“车同轨、书同文”的权力法律秩序，墨家强调“尚同”与“执一”的社会行动秩序。即便强调极端自由的道家，对统一秩序也是认同的。老子的“小国寡民”，经常被说成主张分治，但实际上，“小国”只是政治过渡的单元，“邦国”之后还有“天下”这一最终秩序——“以国观国，以天下观天下”，他还反复探讨“取天下”和“天下王”的奥秘。只是他对“天下王”要求太高了，光有权力不行，必须是圣人，“侯王得一以为天下贞”[1]，类似于哲学王。庄子说“闻在宥天下，不闻治天下也”，经常被解读成无政府主义。实际上，庄子反对的是儒家瞎折腾的“有为而治”，推崇道家更高明的“无为而治”，但“治”的本身是统一的，“万物虽多，其治一也”。

在这个共同基础上，战国成了思想制度的熔炉。秦国的法家贡献了大一统的基层政权；鲁国的儒家贡献了大一统的道德秩序；楚国的道家贡献了自由精神；齐国将道家与法家结合，产生了无为而治的“黄老之术”和以市场调节财富的“管子之学”；魏韩贡献了纵横外交的战略学与刑名法术的治理学；赵燕贡献了骑兵步兵合体的军事制度；如此等等。最后的结果，就是汉朝。汉的政权结构来自秦，意识形态来自鲁，经济政策来自齐，艺术文脉来自楚，北伐匈奴的军事力量来自赵燕旧部。

大一统，不是秦并了天下，更是天下消化了秦。

第二节　集大成者

秦汉的道路选择，不是命运的偶然，而是前有夏商周历史经验，后经春秋战国几百年博弈思考。关键是在战国最后 50 年。

秦并天下，虽完成于公元前 232 至公元前 221 年的秦王政时代，但奠定统一压倒优势的，是距此 50 年前的昭襄王中期（公元前 269 年—

1　《老子》第三十九章：“昔之得一者：天得一以清；地得一以宁；神得一以灵；谷得一以盈；侯王得一以为天下贞。”参见：朱谦之撰，《老子校释》，中华书局，1984 年版，第 154–155 页。

公元前 262 年）。当时齐楚两大国战败衰落，只剩下赵国勉力独支。秦采取“远交近攻”战略，准备全力突破赵国。

战国志士谋臣们因此分成两大派。函谷关内的秦国，活跃着法家与纵横家。函谷关外的六国，活跃着儒家、道家、兵家、阴阳家、刑名家。齐国的稷下学宫是东方六国知识分子的聚集地，相当于古希腊柏拉图学院。从商鞅变法开始的 100 年里，这里一直是与秦国对峙的另一个精神世界。

稷下学宫早期由阴阳家主导，孟子游齐后，儒家渐成主导。到后期，战国时代最后一个儒家大师荀子，成为学宫的祭酒。一干就是三任，是谓东方世界的精神领袖。

然而，这样一位儒学大师，却突然去了遵行法家的秦国。

公元前 269 年至公元前 262 年之间，60 多岁的荀子，一边观察一边记录，穿过秦国座座乡邑城镇，一路走入了都城咸阳。

秦相问他：你来秦国，印象怎么样？

荀子回答：秦的百姓淳朴，不追求声色犬马，尊重官府，像古代的人民。秦的基层小吏忠诚勤俭，办事尽心，不偷奸耍滑，像古代的官吏。秦都城的高级官员，出了家门就是官府，没有私事，不搞朋党，贤明而有公心，像古代的士大夫。秦的朝廷，处理政事速度极快，没有积存的事务，像古代的朝廷。[1]

在儒家的话语体系中，“古之治”就是古代圣王的治理，是儒家努力的最高目标。对秦政如此高的评价竟出自儒家大师之口。如果不

---

1 《荀子·强国》：“其百姓朴，其声乐不流污，其服不挑，甚畏有司而顺，古之民也。及都邑官府，其百吏肃然莫不恭俭、敦敬、忠信而不楛，古之吏也。入其国，观其士大夫，出于其门，入于公门，出于公门，归于其家，无有私事也，不比周，不朋党，倜然莫不明通而公也，古之士大夫也。观其朝廷，其闲听决百事不留，恬然如无治者，古之朝也。”参见：王先谦撰，《荀子集解》，中华书局，1988 年版，第 303 页。

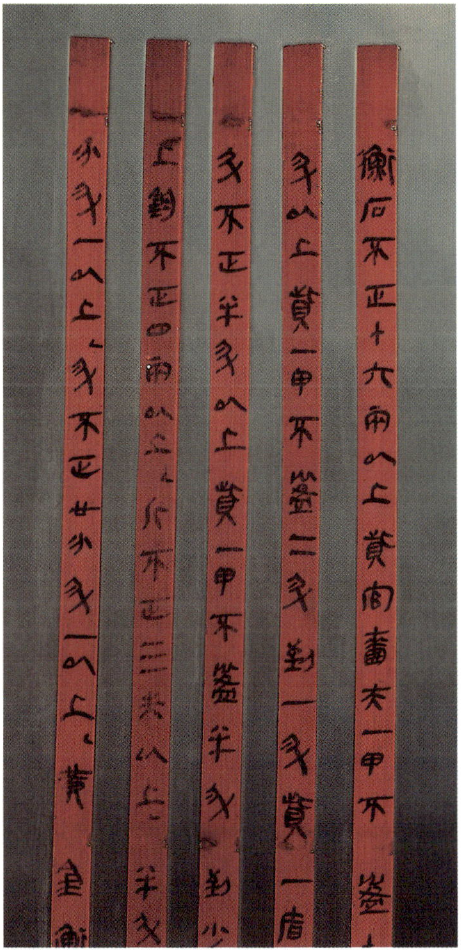
1975年湖北云梦秦墓出土的秦律竹简（局部），上面写有计量衡石不正的处罚条文

是两千几百年后出土的秦简，荀子这段话会被打成巨伪。

从睡虎地秦简、岳麓秦简到里耶秦简，随处可见秦政权从上到下严格的责任追究制度。一道文书最终发现有错，过手文书每一个环节的官吏都要负责。各乡养牛要定期比赛，排名末尾的乡官要被流放到远方工作。行政出了差错，主官要拿出自己的真金白银赔偿公家。断案判罚不公平，审判者会被脸上刺字罚为刑徒。秦法对行政环节设计之精密，对官僚制度约束之严格，于历代王朝之中居首。

相反，同一时间，荀子对稷下学宫所在地齐国的政治评价则是，“女主乱之宫，诈臣乱之朝，贪吏乱之官，众庶百姓皆以贪利争夺为俗”。齐国是奉行儒家的大国，思孟学派主要在齐国传承，但用儒家理想操作出的政治现实却走了样。

荀子总结道，秦国走到今天，不是幸运，而是必然。“故四世有胜，非幸也，数也。”作为稷下学宫的主持者，说出这样的话，不仅是对六国政治立场的背叛，更是对儒家的背叛。

但荀子还说了一句更重要的话。“尽管秦国具有如此多的优势集于一身，却忧患不可胜数，远远没能达到‘王者’的境界，原因是因为缺‘儒’”。[1]

怎样才算是“有儒”呢？

荀子回答：“节威反文，用端诚信全之君子治天下，因与之参国政、正是非、治曲直。”秦制以吏为师，荀子却希望用君子治天下。这是后世“王权与士大夫共治天下”之雏形。

荀子认为，只有秦国补上了这一点，统一天下方可持久。“若是，则虽为之筑明堂于塞外而朝诸侯，殆可矣。”

他认识到，儒家虽然有着统一的道德秩序，但没有建立统一的治理体系。法家虽然能建立统一的治理体系，却在精神道义上有着极大缺陷。秦国的法家制度，加上儒家的贤能政治与信义仁爱，才能成为未来天下正道。

秦昭王没有理会。荀子返回东方。

几年以后，荀子的话通过一场大仗得到了印证。长平之战（公元前 262 年），战国史上死亡人数最多的战争。秦国在赵军投降后，背信坑杀了 40 万赵军。即便在血流成河的战国，这也突破了道义的底线。

秦国从来靠现实主义与功利主义取天下，又岂会用仁义道德自缚手脚。

---

1 《荀子·强国》：“虽然，则有其諰矣。兼是数具者而尽有之，然而县之以王者之功名，则倜倜然其不及远矣！是何也？则其殆无儒邪！”参见：王先谦撰，《荀子集解》，中华书局，1988 年版，第 303–304 页。

第三节　兼收并蓄

长平之战后，荀子极度痛苦，他放弃了政治，不再周游列国，迁到了齐楚交界的兰陵，从此著书立说、教学授徒。

他教出两个大有名气的学生，一个是韩非，一个是李斯。一个是法家理论的集大成者，一个是法家实践的设计者。讽刺的是，他们不是被商鞅法家学派教出来的，却是被儒家教出来的，体现了荀子兼容复杂思想的底色。

孟子主张人性本善。而荀子却主张“人性本恶”，所以只能用严刑峻法，这符合法家学说。

儒家的“天”是惩恶扬善的义理之天，而荀子的“天”却无所谓善恶——天行有常，不为尧存，不为桀亡。所以，世人才可以“制天命而用之”，这是中国最早的唯物主义。

儒家崇尚王道，鄙视霸道。而荀子认为虽然王道最佳，但霸道在乱世中也很有用，应该王霸兼用。

儒家只谈义不谈利。荀子却要“义利兼顾”。他认为，义与利是人类两大并列天性。再高尚的制度也不能消灭人的图利之心，而再黑暗的现实也不能泯灭人的求义之心，应同时发挥两者作用。

儒家崇尚礼治，而荀子崇尚礼法兼治。礼不是典章礼节，而是以“度量分配”厘定各自的本分和责任，其中蕴含着法家原则。

儒家崇尚“法先王”，而荀子认为应该“法后王”。这给后来的王安石、张居正们的改革以精神底气。

只有这样对立统一的思想体系，才能教出李斯与韩非。

荀子这个看似难以调和的矛盾体，是因为处于大乱之世。孔子生

泰山秦刻石李斯篆书：斯臣去疾昧死臣请矣臣

活的春秋末期，孟子生活的战国中期，最大的战争死亡不过 10 万（艾陵之战与马陵之战），而且几十年才发生一次。但荀子生活的战国末期，死亡 10 万的战争几乎年年发生。死亡几十万的大战 20 年之内就发生了 3 次（五国伐齐、白起伐楚、长平之战）。在这样超大规模的人道主义灾难中，没有力量的道义和没有道义的力量，都不能回答眼前的现实。他必须要找到一条新路。

秦用了几年时间（公元前 230 年—公元前 225 年）相继占领韩、赵、魏三国，斩断六国合纵之腰。在此之前，李斯已学成入秦，开始了政治生涯。

听到这个消息，荀子非但没有高兴，反而绝食了。（“李斯入秦，孙卿为之不食。”）绝食也没用，另一个弟子韩非紧随其后也应召入秦。前所未见的辉煌大一统王朝正在展开，年轻士子岂能抗拒创造新世界的诱惑。

李斯、韩非入秦后，极大地加速了秦的统一战争。韩非将法家理论发展到极致，囊括了法、术、势等三大流派，秦始皇深为服膺。李斯则设计了法家的全部政策体系。“焚书坑儒”就是他建议的。

他们都忘记了，自己的老师荀子虽然肯定法家手段，却始终坚持着儒家价值观——比如忠义孝悌的伦理；比如从道不从君、从义不从父的士大夫精神；比如政治以王道为根本，用兵以仁义为优先。这个“仁”的精神，与孔孟并无二致。在法家和儒家之间，如何执其中道，很难把握。真理往往在于度。单纯承袭他学说的某个方面都不对。

韩非、李斯死后没多少年，他们设计的帝国迅速崩塌了。秦征服的土地和人民并没有实现与秦的内心融合。他们忘记了老师早就说过，只用暴力，可以兼并，但不能凝聚。凝聚，还要有人心。（“兼并易能也，唯坚凝之难焉。……能并之而不能凝，则必夺；不能并之又不能凝其有，则必亡。能凝之，则必能并之矣。得之则凝，兼并无强。”）秦朝晚期已经意识到这一问题。2013 年出土的湖南益阳兔子山竹简中的“秦二世元年诏令”，已明确提出不要再对老百姓加以徭役（“勿以徭赋扰黔首”）。可惜出台晚了。半年之后，陈胜吴广在大泽乡揭竿而起。

法家与儒家，哪一个都不能少。如果没有法家，儒家不能完成结构化和组织化，无法实现对基层社会的动员，无法在大争之世自我强化。但如果没有儒家，法家将变成僵化的制度，其威权体系只是完全标准化、垂直化、同质化的执行体系，而儒家则有灵活的、本土的、包容性的调节空间。

何况荀学并非只有儒法，而是战国思想的集大成者。《史记》言荀子之思想乃是总结儒、墨、道家各自的成功失败汇聚而成——“推儒、墨、道德之行事兴坏，序列著数万言以卒”。荀子批判墨家不懂得建设国家秩序（不知一天下，建国家）[1]，但吸收其“兼爱”思想，并发展成“天下政治”的无私原则。他批判道家只通天命不通人事，但吸收了其非人格、无善恶的天命观，发展出“制天命而用之”的朴素唯物主义思想。他批判黄老学派的“有诎而无信”，但吸收了其经济思想，肯定了商业对于国家的价值。他将孔孟追求的“纯粹”儒家，变成为驳杂宏阔的“大儒家”。现在看来，百家争鸣到百家兼容，唯有荀子做到了。

“极高明而道中庸。”荀子对于“中道”的定义，比传统儒家更注重实际。他认为，中道的标准只在有益于事理，不必遵从于某种特定教条。用今天的话来说，就是“实事求是”。“凡事行，有益于理者立之，无益于理者废之，夫是之为中事。凡知说，有益于理者为之，无益于理者舍之，为中说。事行失中谓之奸道。”建立于实事求是基础上的中道精神，使中华文明最善于包容完全相反的矛盾体，最善于结合看似不可能的矛盾体，最善于使一切“非此即彼”的事物在中华大地上和谐共生绵延不断。

第四节 重识荀子

据传，荀子活到 90 岁。

他的思想太驳杂太矛盾，以致他死后的境遇更为曲折。西汉前期的意识形态，是无为而治的黄老之术。后来的汉武帝采纳董仲舒“天人三策”，改宗“有为而治”的儒家政治。儒家结束从孔子以来三百五十年的流浪地位，第一次成为官方意识形态。彼时，有用汉隶撰写的“今

1 参见：王先谦撰，《荀子集解》，中华书局，1988 年版，第 92 页。

文经学”，有用六国文字撰写的“古文经学”，两派斗争了漫长岁月，但无论哪一派上位，只尊孔孟，却从不推崇荀子。他们都认为荀子不纯粹，何况他还有个焚书坑儒的弟子。

千年后，第一个为荀子辩解的，是韩愈。经过安史之乱，痛感国家需要经世致用实学的韩愈，不但鼓励时人为《荀子》注释，还评价荀子“大醇小疵”，除了一点点“杂质”，和孔子没有什么不同。韩愈为此被宋明理学批判了好几百年。因为宋儒以孟子“性善论”和“内圣外王”为归宿，对荀子的“性恶论”和“王霸兼用”绝不容忍[1]。

因此，当时与孟子并称的荀子，却在儒家成为正统之后的 1800 年里，成了一个阴影里的人物。

一直到清乾隆时，考据训诂的清代大儒们突然意外发现，那些汉初儒学复兴的根本大典，那些今文经学和古文经学传习的经书，竟然全是荀子传下来的。如《春秋左传》《春秋穀梁传》，如《毛诗》《鲁诗》《韩诗》，如《大戴礼记》和《小戴礼记》。梁启超评价说：“汉代经师，不问今文家、古文家，皆出荀卿。二千年间，宗派屡变，一皆盘旋于荀子肘下。”

原来，在七国争雄战火燃烧的最后 30 年，他一只手教出了法家奇才李斯与韩非，另一只手却默默书写传授着儒学。当秦朝焚书坑儒时，只有他通过“私学”悄悄传授下来经书，而被汉儒复述重写。“盖自七十子之徒既殁，汉诸儒未兴，中更战国暴秦之乱，六艺之传赖以不绝者，荀卿也。”“荀卿于诸经无不通，而古籍阙亡，其授受不可尽知已。”[2]

1 宋儒晁公武在《郡斋读书志》中评其“以性为恶，以礼为伪，非谏诤，傲灾祥，尚强伯之道。论学术则以子思、孟轲为饰邪说，文奸言，与墨翟、惠施同诋。”参见：晁公武著，孙猛校，《郡斋读书志校证》，上海古籍出版社，1990 年版。

2 参见：王先谦撰，《荀子集解》，第 22 页，中华书局，1988 年版，第 22 页。

2010 年 10 月 10 日山西省安泽县祭荀大典上的战国风格舞蹈

一心要改革经典的异端，却是最忠诚于经典的人。没有荀子，儒家经典将全部失传，董仲舒也搞不成儒学复兴，宋明理学连诞生的机会都没有。荀子无名无位两千年后，才被清廷第一次纳入《四库全书》的儒家部分。此前，他在兰陵（现山东临沂兰陵县）的墓一直荒凉寂寥。明人李晔写道，“古冢萧萧鞠狐兔，路人指点荀卿墓。”又道，“卧烟雾，秋黄昏，苍苍荆棘如云屯。野花发尽无人到，惟有蛛丝罗墓门”。

行纯粹者易，行中道者难。随时要准备被两个极端所抛弃所夹击。即便如此，历史最终会沿着中道前进。汉武帝与汉宣帝接受了荀子的思想，“礼法合一”，“儒法合治”，“汉家自有制度，本以王霸道杂之”。接着，历代王朝也按照他的思想继续前行。只是因为他的“不纯粹”，所有君王都只用其实而不用其名。好在荀子只唯实不唯名。儒法由此真正合流。法家创造了中央集权郡县制和基层官僚系统，儒家则创造了士大夫精神和家国天下的集体主义伦理，在魏晋唐宋又融合了道家和佛家哲学，创造了儒释道合一的精神世界。这种超级稳定的大一统国家结构发散到整个东亚，成为中华文明与中华民族强而不霸、弱而不分、从不中断的秘密。之所以还称为“秘密”，是因为大多数西方学者至今仍未去研究。

第二章　希腊

第一节　伊索克拉底的呼声

公元前 346 年，在秦国商鞅刚刚完成郡县制改革的时候，相隔万里的希腊雅典也发生了一次意义深远的“精神地震”。震中是两个人，一个是雅典的头号哲学家亚里士多德，一个是雅典的头号政论家伊索克拉底。

亚里士多德是继苏格拉底、柏拉图之后最伟大的哲人，是现代西方几乎一切重要学问——哲学、逻辑学、政治学、生物学、物理学、诗学、星象学和宇宙哲学的开创人。

伊索克拉底是雅典的雄辩之王。雅典城邦政治，万事皆要通过公民大会辩论，政治家必须同时是雄辩家。要做雄辩家就必须学习伊索克拉底。他为希腊世界定义了修辞术，被后来的西塞罗所模仿。

一个是知识，一个是雄辩，这样两个人，代表着雅典精神的核心。然而，他们却抛弃了雅典，选择了马其顿。

转折，来源于城邦危机。

今天，西方深刻缅怀的希腊古典文明，其实只是雅典历史上的一小段，即伯利克里执政的黄金时期，代表着民主制度的最伟大成就。而这短短几十年黄金期前后，希腊城邦世界一直陷入无休止的恶性内斗。谁称霸，谁就可以占用小国上交的贡金建设军队。哪个小国不想入盟，就会被暴打，雅典就曾对拒绝加入自己的城邦进行过血腥屠城（米洛斯城和西库昂城）。雅典和斯巴达的恶斗，甚至还一度引入共同宿敌波斯来仲裁。战乱之中，土地逐渐集中到富人手里，失去土地的贫民，为了外邦的金钱变成了雇佣兵，转头攻打自己的城邦。

这种乱局持续了 100 年。

乱局中诞生了一种呼声：全希腊城邦不要再争抢彼此有限资源，应共同向外征服殖民，去抢波斯抢亚洲，希腊才会获得和平富强。

第一个发出这个呼声的，是伊索克拉底。在发表于公元前 380 年的《泛希腊集会词》演讲中，他说："希腊人被限制在一个狭小的地带，而且由于土地不足，他们彼此谋害，互相袭击，有的死于每日口粮的缺乏，有的死于战争"，"在我们从同一源泉获得利益、和同一敌人进行战斗之前，希腊人不可能和睦相处。等我们摆脱了生活上的贫困——这种贫困使友谊破裂，使至亲成仇，使全人类陷入战争与内乱中——那时候我们才能和睦相处，才能有真正的善意。为此，我们必须竭力使战争尽快从这里转入大陆"。[1]

对外扩张，征服，掠夺，殖民。过剩的人口在波斯的土地上建立殖民城市；留在本土的人口将重新拥有足够的土地。这个思路，近代历史学家称为"泛希腊主义"或"大希腊主义"。这可不是因为波斯有侵略威胁，希波战争早就过去一个世纪，双方早已缔结了和平条约。希腊统一运动的根本动力，是解决土地缺乏、人口过剩的问题。传播希腊文明，只是附带产物。这套思路，成为后世西方殖民帝国主义的思想雏形。伊索克拉底可算作第一个提出殖民帝国主义的人。因为伯利克里虽然曾经提出过雅典帝国主义，但那是黄金时代，扩张之外还

1　参见：伊索克拉底著，李永斌等译，《古希腊演说辞全集：伊索克拉底卷》，吉林出版集团，2015 年版，第 113 页。

精美的希腊宫殿
石柱头

带有价值理想。而伊索克拉底的帝国主义是在衰败时代发生的，理想已经消失，只剩下殖民本能。

最初在呼吁“大希腊”的同时，伊索克拉底坚持统一大业必须由雅典当领头人。认为雅典具有最强大的海军力量、最高级的文明、最具有“道义担当”与“国际主义精神”。有些人反对他。因为征服会带来更大杀戮，不应再重复雅典曾经屠城的黑历史。伊索克拉底认为只要使用暴力的程度和掌握领导权的时间相匹配，就是好的霸权，“既然我们极少使用严厉的手腕，而又能在最长的时期里掌控这种领导权，又怎么不应该受到表扬呢？”

伊索克拉底没有想到的是，他呼吁了 40 年，雅典却一直置若罔闻。因为年轻一代演说家们（如德摩斯梯尼）都是内战派。雅典继续打斯巴达，打底比斯，打马其顿。宁可花钱请雇佣军伤害彼此，也不愿意

2004年9月18日匈牙利国家芭蕾舞团在浙江省人民大会堂的舞台上表演舞剧《斯巴达克斯》

团结一致对外打波斯。伊索克拉底悲叹道：“一贯囿于自己狭隘利益的城邦永远也不会与其他城邦共享一种和谐的生活”，“（主战派）惯于让他们自己的城邦陷入混乱状态，因为所有城邦的共同和平会危及他们个人的私利”。

雅典不睬他，他只好求助其他力量，正如荀子不满意齐国而转向游说秦国一样。在公元前346年的政治集会上，他公开呼吁由马其顿国王腓力来统一希腊[1]。长久以来，马其顿一直是希腊城邦世界的边缘国家，其祖先和希腊只有一些模糊的血缘关系。此时的伊索克拉底已经87岁高龄，连腓力的面都没有见过。但为了“大希腊”，他给腓力写公开信（《致腓力辞》）说：“我已经不再对雅典和斯巴达抱有希望。

1 伊索克拉底在《致腓力辞》认为：“雅典在任何状态下都不会安宁，除非希腊所有的大城邦结束彼此的纷争，并把战争引向亚细亚，同时还要决心从蛮族人（波斯）那里夺取他们所享有的好处。”参见：伊索克拉底著，李永斌等译，《古希腊演说辞全集：伊索克拉底卷》，吉林出版集团，2015年版，第120-121页。

因为这两个城邦各自的麻烦，都已经衰落到最低谷。”[1] 他认为唯有腓力王是能出征波斯而使古希腊团结的政治强人。

他还殷勤地向腓力建议道：“你要劝说其他的波斯总督摆脱波斯国王的束缚，前提就是你将给予他们‘自由’，并且还要将这种‘自由’惠及到亚细亚地区。因为‘自由’这个词一来到希腊世界，就导致了我们的帝国和拉西第梦人（斯巴达）的帝国的瓦解。”[2]

这些话，和后人对雅典自由民主的印象太不一样了。他所建议的“自由”是瓦解波斯帝国的手段，而非为传播希腊世界的价值观。伊索克拉底无论有多少顶哲人的桂冠，他本质上是个政治家。哲学家可以考虑永恒，但政治家必须面对现实。20 年以后，腓力的儿子亚历山大正是按照伊索克拉底的战略思路，征服了埃及和波斯，建立了大希腊殖民帝国。但亚历山大的老师不是伊索克拉底，而是亚里士多德。亚里士多德在“大希腊”的道路上，比伊索克拉底走得更远。

第二节　亚里士多德的回应

亚里士多德比伊索克拉底小 37 岁。在伊索克拉底第一次提出“大希腊主义”时，他刚出生于马其顿辖下的色雷斯小城邦。在雅典人眼里，那是边缘蛮族地区。260 年后造反的斯巴达克斯就是这里人。

亚里士多德虽然身在蛮族，却心在雅典。17 岁的他独身一人投奔雅典柏拉图学院，开始了 20 年的哲学生涯。他是柏拉图最优秀的弟子，

1　参见：伊索克拉底著，李永斌等译，《古希腊演说辞全集：伊索克拉底卷》，吉林出版集团，2015 年版，第 127 页。

2　参见：伊索克拉底著，李永斌等译，《古希腊演说辞全集：伊索克拉底卷》，吉林出版集团，2015 年版，第 141 页。

雅典卫城雅典娜胜利女神庙

一度有望成为柏拉图学院的接班人。但是，柏拉图逝世时，却将学院交给了亲侄子而不是他。最重要的原因是，亚里士多德是个外邦人。他在雅典不能拥有合法财产（土地），更不能参与政治，因为他没有“公民权”。按照法律，拥有雅典公民权的必须父母都是雅典人。伊索克拉底、苏格拉底、柏拉图，就是血统纯正的雅典人。而亚里士多德无论在雅典住了多久，无论为雅典做出多大贡献，就是没有参与政治的权利。雅典法律，把希腊最伟大的智者和雅典永远分开了；把所有不产于雅典却愿意忠于雅典的士子和雅典分开了。讽刺的是，这条法律正是被西方共誉为民主政治楷模的伯利克里颁布的。

亚里士多德离开了雅典。

伊索克拉底发表了《致腓力辞》的3年后，亚里士多德受邀奔赴马其顿宫廷担任亚历山大的老师。

亚里士多德真正教导亚历山大的时光只有3年。上课是在一个前后贯通的山洞里。他按照希腊文明的最高标准塑造着亚历山大。他让14岁的少年喜爱上了希腊文学与荷马史诗，并对生物学、植物学、动物学等广阔的知识产生热情[1]。更重要的还是政治思想。亚里士多德为教育亚历山大专门写了《论君主》和《论殖民地》。哪怕在亚历山大东征过程中，师徒二人也通信密切。据普鲁塔克《传记集》记载，亚历山大在给亚里士多德的信中总是求教政治学道理，说这比他征服一个城池带来的快乐大得多。黑格尔认为，亚历山大的精神和事业的伟大正是来自亚里士多德深刻的形而上学。[2]

亚历山大一边残酷征服，一边大力传播希腊文明。他在非洲、西亚、中亚和南亚建立了大量拥有竞技场和神庙的希腊化城市，遍及埃及、利比亚、叙利亚、巴勒斯坦、伊拉克、波斯、土耳其、阿富汗和印度。这些希腊化城市的博物院和图书馆成为科学文化、哲学艺术的殿堂。他甚至还把亚洲的动植物标本源源不断送回给正在雅典办学的亚里士多德做研究。之后的拿破仑最崇拜亚历山大，在远征埃及时也带上了大量考古学家，最终发现了罗塞塔石碑，开启了埃及学。

西方帝国主义“暴力征服＋文明传播”的方式，是亚里士多德发明的。

1　参见：保罗·卡特利奇著，曾德华译，《亚历山大大帝》，上海三联书店，2010年版，第48页。

2　黑格尔指出：“亚历山大的教养，有力地驳斥了关于思辨哲学对于实践无用的那种流行说法。对于亚历山大，亚里士多德不采用近代一般的浅薄的教育王子的方法来教育他，关于这一点，只要看看亚里士多德的诚恳认真，就可以很自然地意识到：亚里士多德是知道什么是真理，什么是真的文化教养的。”参见：黑格尔著，贺麟、王太庆等译，《哲学史讲演录》，上海人民出版社，2013年版。

如果说，伊索克拉底为“大希腊”创造了军事战略，那亚里士多德则为“大希腊”设计了精神框架。

他们内心并非没有矛盾。

伊索克拉底对马其顿提出的唯一要求是，对波斯人可以用“强迫”的手段，但对希腊人要用“说服”的手段（“说服可用于希腊人，强迫可用于蛮族人”[1]）。亚里士多德说得更为明确，马其顿对亚洲人可以像“主人”（对奴隶）那样统治，但对于希腊各城邦的人，要像“头领”（对追随者）那样对待[2]。

这句话正是“希腊帝国”的精髓——内部是民主，外部是殖民；上面是公民，下面是奴隶[3]。美国史学家弗格森说，“帝国”描述的是主体民族和外部民族的关系，和主体民族内部采用什么政治制度无关。这种希腊式帝国，成为日后欧洲帝国的精神原型与政治模板。[4] 17 世纪之后，欧洲帝国的陆上东侵路线竟和亚历山大有惊人的相似之处。

历史将如何回答他们的苦心呢？

---

1 参见：伊索克拉底著，李永斌等译，《古希腊演说辞全集：伊索克拉底卷》，吉林出版集团，2015 年版，第 122 页。

2 *The Complete Works of Aristotle*, Revised Oxford Translation, edited by Jonathan Barnes, Princeton: Princeton University Press, 1984, p. 5261.

3 一些观点认为古代中国历史上和儒家思想里有“华夷之辨”，与希腊区分“文明人”和“野蛮人”是相同的。但二者有所不同。第一，儒家区分华夷的标准是文化而不是血统、种族，文明人和野蛮人是可以互相转化的。“诸侯用夷礼则夷之，进于中国则中国之”。第二，科举制度存在对抗种族主义的张力。来自边缘地区的“野蛮人”甚至异邦人如果能通过科举考试，也能成为中央王朝的高级官僚。第三，以文化区别华夷的“内外观”使得中国的天下体系是开放的、非排外的，没有外部性（externalities），因而可以容纳异质性而成为一体。正如赵汀阳提出的“旋涡模式”表达的，中国的扩展不是中心向外扩展的西方帝国模式，而是周边族群不断自觉地卷入旋涡的争夺之中。这个旋涡模式的开放性归功于天下观念。参见：赵汀阳著，《惠此中国》，中信出版社，2016 年版，第 50 页。

4 参见：威廉 · 弗格森著，晏绍祥译，《希腊帝国主义》，上海三联书店，2005 年版，第 1 页，第 3 页。

第三节 自由与分裂的纠结

先说伊索克拉底。他波澜曲折的人生经历与荀子极其相似。

公元前338年爆发喀罗尼亚战役。雅典不服马其顿，起兵挑衅，被马其顿打得大败。马其顿乘胜组织科林斯同盟，终于成为希腊世界的霸主，并开始积极筹划进军波斯。

得到这个消息的时候，伊索克拉底已经98岁了，正在希波克拉底的医神庙里祈祷。按理说，他奔走50年的事业，终于能在死前看见了，应该是快慰平生。但意想不到的是，马其顿胜利后的第9天，伊索克拉底突然停止进食，绝食身亡。因为他同时听到内心仍然钟爱的雅典为此死了大批士兵，正在举行葬礼。一兴一亡，一荣一枯，他的灵魂在撕裂，精神在相搏。

与荀子矛盾的心境相似，他的“大希腊”设想，蕴含着一个无法解决的矛盾——马其顿拥有强力，如何保证它对雅典只用“说服”而不用杀戮？反过来，善于雄辩的雅典，又岂能甘心被马其顿“说服”？马其顿阵前的雅典青年尸体，使他明白了日后仍会重复的悲剧。他既珍视自由，又渴望统一。团结统一带来的暴力，会破坏自由。但自由产生的混乱，又会破坏团结统一。理想与现实，矛盾与痛苦，想不通就绝食而终。

他死前的矛盾在他死后愈演愈烈。

希腊城邦再无团结。希腊大军远征前夜，腓力刚死于暗杀，底比斯就闻声而叛（底比斯战役，公元前335年）；亚历山大刚死于巴比伦，雅典就又揭竿而起（拉米亚战争，公元前323年—公元前322年）；最后，当马其顿与罗马入侵者决战时，希腊城邦竟给了该王国背后致命一击（第二次马其顿战争，公元前200年—公元前196年）。即便马其顿将希腊的半岛文明拓展成世界文明，但希腊城邦宁可同毁于外人也不买这个账。

另一方面，希腊化帝国走向专制。亚历山大屠灭了底比斯，把妇女儿童都卖为奴隶；他刚征服波斯，就要求希腊联军亲吻他脚下的尘埃，将自己升级为神（宙斯阿蒙之子）。因为骄傲的城邦不肯服从任何“人类”，他不变成神，就无法取得超越城邦进行统治的合法性[1]。他死后，他的亚洲和非洲的继承者们（塞琉古王朝和托勒密王朝），也学他将自己及子孙后代都变成了生前接受祭祀的“神王”。从理性的希腊精神中，居然诞生了比王权更专制的“活神”。一些观点认为亚历山大的自我封神与中国西周的天子、秦汉时期的皇帝相同，都是王权与神权的合一。但西周的“天命”来源于民心，正如《尚书》所讲的“天听自我民听，天视自我民视”（《尚书·泰誓》）。“天之子”的地位并非源于与天的血缘联系，而是源于保民的德行。

希腊城邦的叛离和马其顿帝国的专制，无限发展，因果难分。

弗格森总结说，希腊城邦不可能融合。“希腊城邦是一个有着独特内在构造的单细胞有机体，除非进行再分割，否则无法发展，它们可以无限制地复制同类。但这些细胞，无论新旧，都无法联合起来，形成一个强大的民族国家。”[2]

因为，希腊城邦政治的根基，不是民主，而是自治。斯巴达的双王制、小亚细亚的君主制、科林斯的寡头制和雅典的民主制一样长久。

---

1 参见：威廉·弗格森著，晏绍祥译，《希腊帝国主义》，上海三联书店，2005年版，第79页。

2 参见：威廉·弗格森著，晏绍祥译，《希腊帝国主义》，上海三联书店，2005年版，序言，第1页。

城邦自身可以选择任何政治制度，但绝不服从外来的权威。谁有权力决定政治制度呢？只有城邦内的世居者。希腊城邦有投票权的“公民”必须是世代诞生于本地的同族。外邦人无法获得政治权力，更别说成为领袖。

“绝对自治”也意味着“绝对地方主义”，让统一变得不可能。希腊城邦不只反对领土国家，连联邦式国家都反对。马其顿组建的科林斯联盟被雅典痛斥为“奴役”。实际上该联盟只不过是把投票权按照城邦实力分配，即大城邦票多，小城邦票少，小城邦都坚决不同意。而若实行小城邦认可的“一城一票”联盟（阿凯亚同盟和埃托利亚同盟），雅典和斯巴达这样的大城邦又觉得亏了，也坚决不同意。

城邦的利益定要凌驾于共同体利益之上，直到整个希腊世界被罗马征服之前，他们都没有演化出一套大小城邦都满意的“联邦制”。

中国也有过类似的经验。春秋时期，中国的诸侯国规模与希腊城邦相似，也尝试过建立类似“联邦制”的会盟制度。但最终失败，进入战国。战国的血流成河使早期中国政治家和思想家相信，和平和繁荣的唯一途径在于建立一个中央集权郡县制的超大规模政治体。

第四节　秩序与统一的追求

对“分”与“合”，战国与古希腊的政治观念完全不同。

中国上古时代也曾经有过万邦林立、一城一国的局面（执玉帛者万国[1]），类似于希腊城邦世界。到周初还剩一千八百个部落方国。但最终这些城邦没有长期分立，而是在争斗吞并中形成了地区性王国，

1 《左传·哀公·哀公七年》：“禹合诸侯于涂山，执玉帛者万国。”参见：杨伯峻注，《春秋左传注》（修订本），中华书局，2016年版。

山东曲阜孔子六艺城礼厅大型微缩景观，再现万邦朝拜周天子和阅兵大典的场景

进而发展成统一王朝。表面上看，西亚北非的古老文明如苏美尔、埃及和波斯也是如此。其实不一样。亚非古国靠的是“神权”，中国靠的是世俗伦理共识。

在中国夏商周时的邦国世界中，始终存在一个从政治实力到文化影响都处于绝对优势的大邦，作为名义或实际上的共主[1]。谁能当共主，取决于谁拥有唯一的天命。天命同时包括了武力和道德。道德不是以神权，而是以民心做基础。谁能既强大又保民，谁才能拥有天命。否则，天命就会转移，就会发生殷革夏命、周革殷命。但失去天命的邦国并不会被灭亡，而是作为服从秩序者继续生存发展。战国七雄虽不再服

1 考古学已证实，商作为广域王权国家之影响已到今日长江以南。夏商周断代工程首席科学家李伯谦教授表示，由文献史学、考古学、测年技术科学等学科合作研究的结果证实：中国历史上的夏朝是客观存在的，夏史基本可信。参见：新华社记者王丁、桂娟、双瑞，《求解中国考古学“哥德巴赫猜想”——跨越60年的夏朝探寻》，http://www.xinhuanet.com/politics/2019-11/30/c_1125292348.htm

从周天子，但却共同认为天命只有一个，分治不能长久。诸子百家争论如此尖锐，却也共同认为，建立统一的秩序，才是由乱入治的要道。同时代的希腊城邦世界不存在共主，只有不同的联盟，互相斗争而从不认为存在一个“共同的秩序”。

从城邦之间的关系来看，周人的新封国对周天子负有拱卫责任，非周人的封国通过与周王朝联姻而建立亲戚关系。封国之间有一整套规矩要遵循，比如一国发生瘟疫，其他国家要支持财物；一国发生灾荒，其他国家要借粮；一国有喜事或丧事，各国要前往庆贺或哀悼。这些责任是强制性的，由天子负责维持。即便在天子权威减弱的春秋时代，霸主们也要维持这套规矩才能当霸主。这就强化了邦国之间同属“华夏世界”的认同。而希腊城邦之间，虽然祖先的血缘有一定关系，但彼此之间没有建立责任关系。即便是从母邦殖民出去的新城邦，对母邦也没有责任义务，甚至经常反戈一击。希腊人也苦恼于这一点，举办各种大型节庆和赛事的初衷，就是为了“唤醒”同为希腊人的认同。但即便在希波战争时，希腊人共同身份也只起到微弱作用。

两种文明根性塑造了两种不同的道路。

西方不断走向分。从地域上分，从民族上分，从语言上分。其间也有统一的努力，如罗马的努力，基督教的努力。但分的趋势占据主流，最终归结到了个人主义和自由主义。

中国则不断走向合。从地域上合，从民族上合，从语言上合。其间也有分离的时期，比如王朝更替，比如游牧民族冲击。但合的趋势占主流，造就了中华文明的集体主义根性。

中华文明并不是没有“分”的概念，但不是“分治”，而是“分工”。荀子对于“分合关系”论述最为明确。他说，人体力弱小，何以能超越禽兽而生存？因为人能组织成集体。组成集体的关键在“分工”，即确定不同的社会角色，但要对彼此承担起责任。只要分工符合“礼义”，就能整合社会。因此，分是为了和，和是为了统一，统一则多力，多力则强大，强大则能够改造自然。[1]

第五节　封闭与开放的归途

伊索克拉底死了。说说亚里士多德的命运。

亚历山大辉煌远征时，师以徒贵，亚里士多德荣归雅典，开办了“吕克昂学院”。经费由马其顿出。

吕克昂学院很快就成了柏拉图学院的劲敌。亚里士多德在吕克昂学院专门收罗和自己一样外邦出身的思想家。雅典人暗骂亚里士多德“忘恩负义”，集合这些外邦人，为马其顿充当智囊、间谍和说客，是文化侵略的急先锋。

亚里士多德的本意或许正是如此。既然雅典只能被智慧征服，那就用更大的智慧来征服它。亚里士多德在吕克昂学院流传下了 47 本著作，建立了人类历史上最广博、最统一的知识体系，被称作他的“第二雅典时期”。他第一次告诉人们，智慧不需要神启，是可以凭借理性和逻辑来认识的。

在这里，他写下了被西方政治学奉为圭臬的名著《政治学》，其中有大量对城邦政治的反思。他将城邦政治分为君主与僭主、贵族与寡头、共和与平民六种形态，他严厉批评了其中的暴民政体，认为暴民政体是不以法律为依归的另一种专制。类似于极端民粹主义。

1　《荀子·王制》：“人何以能群？曰：分。分何以能行？曰：以义。故义以分则和，和则一，一则多力，多力则强，强则胜物。”参见：王先谦撰，《荀子集解》，中华书局，1988 年版，第 164 页。

令人惊异的是，他还提出了“绝对王权”的概念。即“具有绝对权力的君主，由他一人代表整个氏族或整个城市，全权统治全体人民的公务，这种形式犹如家长对于家庭的管理”[1]。他认为：“整体总是超过部分，这样卓绝的人物，本身恰恰是一个整体，而其他的人们便类于他的部分，惟一可行的办法就是大家服从他的统治，不同他人轮番，让他无限期地执掌治权。”[2]这在希腊世界的政治伦理中，可以算是极端的异类。

谁是这个“绝对王权”的原型呢？一些西方学者认为，绝对王权是亚里士多德为亚历山大炮制的理论。[3]如策勒所说：“设想他（亚里士多德）把真正的王者的理想，用作一种手段，以引导一种没有任何对立面、没有任何界限的权力达到有益的目的，并且向一位自负得容不下任何身边人的称呼的君主指出，绝对王权只能够通过同等绝对的道德上的伟大获得。”[4]这与荀子希望劝说秦国接受儒家的动机是类似的。

但绝大多数西方主流学者认为，“绝对王权”绝非亚里士多德为亚历山大而炮制，这个概念要么指的是波斯帝国的主奴专制制度[5]；要么只是亚里士多德理论推演的一个极端模式，并不准备投入政治实践，因为那样“卓绝的君主”只在理论中存在，不可能在现实中出现。亚

1 参见：亚里士多德著，吴寿彭译，《政治学》，商务印书馆，1965 年版，第 164 页。

2 参见：亚里士多德著，吴寿彭译，《政治学》，商务印书馆，1965 年版，第 176 页。

3 See A. B. Bosworth, *Alexander and the East: The Tragedy of Triumph*, New York: Oxford University Press, 1998, pp. 105-110.

4 *Aristotle and the Earlier Peripatetics: Being a Translation from Zeller's Philosophy of the Greeks*, Vol. II, by B. F. C. Costelloe, M. A. and J. H. Muirhead, M. A. London, New York and Bombay: Longmans, Green, and Co., 1897, pp. 255-256.

5 See Newman, *The Politics of Aristotle*, with an introduction, two prefatory essays and notes critical and explanatory by W. L. Newman, M. A. Oxford: The Clarendon Press, 1902, p243, pp. 255-256. “This is as much as to say that they are Absolute Kings. The Persian King was a law to the Persians.” “It is the expediency of the Absolute Kingship, however, that he really wishes to discuss. In his account of this form Aristotle probably has the Persian Kingship before him.” p. 243, pp. 255-256.

里士多德“虽然赞许‘人中之神’……但是他承认这是几乎不可能实现的理想”[1]。然而，城邦是人类的制度，由不完美的个人来发展，以追求好的共同生活。[2]因此，亚里士多德的根本追求仍然是共和政治，即贵族制和民主制的结合。

但不管怎么说，作为共和城邦政治精神导师的亚里士多德竟然设想了绝对王权，充分说明希腊思想世界的深层矛盾。

亚里士多德回到雅典的第13年（前323年），亚历山大病死于巴比伦。他是带着遗憾死去的。公元前325年，亚历山大率领着征服了埃及、波斯、印度的雄师万里迢迢来到今印度旁遮普邦比亚斯河畔。跨过这条河，是他梦想中的全印度乃至中国。他激情澎湃地鼓励将士们继续前进。而这些征战多年的骑士们，每个人身后都有一支支马队骆驼队，装满了沉甸甸的战利品，他们再也不想东进半步。亚历山大只能顺着河边的斜阳痛哭而返，两年后病死。

在亚历山大折返的这一年，中国的秦惠文王已消化完商鞅变法30年成果，正式确定了统一天下的雄心；而赵武灵王也在这一年即位，开始搞胡服骑射，打造出东亚最强的骑步兵混合军队。也是在这一年前后，孟子游于邹、滕、魏，继承孔子学说，系统提出了“仁政”思想；庄子游于宋、楚、魏，继承老子学说，提出了“天道”思想；齐国则开始兴建稷下学宫，力图囊括儒、道、名、法、兵、农、阴阳各家，中华文明的精神世界由此成型。从军事力量，到社会制度，到思想理念，东西两大古老文明在同一时间孕育出了各自的文明内核。只是历史没有让它们在此时相遇交融。不过，还是留下了一点痕迹。20世纪的考

1 Sir David Ross, *Aristotle*, with an introduction by John L. Ackrill, Sixth edition, London and New York: Routledge, 1995, p. 268.

2 *The Cambridge Companion to Aristotle*, edited by Jonathan Barnes, Cambridge: Cambridge University Press, 1995, p. 246.

古学家们，在新疆和田挖出了一种奇特的铜钱。钱体是典型的希腊形制（圆形无孔打压），币值和分量却是秦汉规制（“重廿四铢铜钱”“六铢钱”）。正面是汉文篆字，背面是佉卢文。佉卢文是巴克特里亚王国的文字。这个国家是亚历山大留下的希腊化王国，在今日的阿富汗。通过西迁的月氏王国做中介，它与汉王朝有了文化贸易的交往，为日后形成连接东西方的“丝绸之路”奠定了基础。冥冥中慰藉了亚历山大希望行走到“世界尽头”的梦想。

汉佉二体钱是东西方文化合璧之作，更是汉朝与古于阗国之间密切关系以及汉文化对古于阗国文化影响的有力证据。图为和田博物馆藏汉佉二体钱

把目光再移回到希腊。伟大的学生亚历山大刚死，伟大的老师亚里士多德立即遭到反攻倒算。要面临雅典公民大会的审判，借口是他“亵渎神灵”。上次这样被审判而喝下毒芹汁的，是他的师祖苏格拉底。

亚里士多德不愿重蹈覆辙。他逃匿到马其顿控制下的维亚岛上，岛上有温泉松林。一年后，怏怏去世。他的逃跑遭到满雅典的嘲笑，说他没有苏格拉底的风骨。

亚里士多德的学术体系塑造了后世西方文明，却无法征服当时的雅典。希腊城邦对“本土性”的绝对坚持，导致了政治的封闭。同时代的中国思想家们比亚里士多德幸运得多，他们可以在各个国家巡游发展。哪里符合自己的政治理想，就在哪里出谋划策。战国七雄的改革，都由外来游士主导。秦之所以能统一天下，正因其丞相与客卿都是外来的知识分子。分治不见得开放，统一不见得封闭。

第六节　占有与治理的差异

和伊索克拉底死后一样，亚里士多德死后的局势发展，也走向了他理想的反面。

亚历山大帝国内部分裂，三大继承者王国相互征伐，不断分裂独立。这不是因为亚历山大死得早，而是在他没死时，除了推动了一部分欧亚上层通婚外，没有对所征占的庞大帝国进行过内部政治整合，更没有进行过基层政权建构。

马其顿帝国的扩张方式，是在所到之处创建希腊式的自治城市。这种“自治”是对留居该城市的希腊殖民者而言，不包括被征服的土著社会。在每个新征服的亚洲城市，亚历山大都把自己的“王友”派驻到该城市当总督，只管军事和税收，城市的民政依靠希腊移民组成的“自治委员会”管理。为了提前得到税收和降低行政成本，马其顿的总督们甚至向商人们拍卖转让了收税权。

中国战国时代的基层政权组织方式则完全不同。出土秦简显示，秦国每扩张一处，都要建立从县到乡的基层政权组织。其县乡官吏要负责收税、组织垦荒、统计户口、记录物产，再把这些信息输送到秦都咸阳编册保存。秦吏也不在一地久留，而是数年一轮换。这是一竿子插到底的郡县制组织方式。

放弃民政，只要税收与金钱，不服就派军队镇压，可一时以最小的行政成本获取最大的财富，但也放弃了对当地社会的长远整合规划。

在这样的体制下，中央强大的时候尚可，一旦中央权力衰弱，离心力就产生了，城市纷纷脱离控制。亚历山大帝国的分崩离析是必然的。与亚历山大帝国相似的是，秦朝只存在 14 年就分崩离析；但不同的是，短短5年之后汉朝再次统一天下，继承并完善了秦朝的中央集权郡县制，延续了 400 年统治。秦汉共同塑造了此后 2000 多年中国王朝的基本制度。相比之下，罗马征服希腊后，并没有采纳希腊政治制度。罗马是希腊世界之外的征服者，而刘邦只是秦朝的平民小吏，汉朝完全依靠内部资源完成了统一。

这不能怪亚历山大。因为即便是他的导师亚里士多德，也从未设想过大规模政治体的理论。他的“绝对王权”概念，只是从一个城邦的角度进行的演绎。在那个时代，并不是没有超大规模的政治体可供研究，如埃及和波斯。但亚里士多德认为它们都是“非政治”的，是不先进的，只有希腊城邦政治才能叫作“政治”[1]。只有小规模的城邦共同体才能正确地自我统治。柏拉图的理想城邦只能拥有5000名公民。[2]亚里士多德认为超过 10 万人的城邦是荒谬的。[3]根植于古希腊人心底的城邦意识，使得建立一个大规模政治共同体非常困难。虽然亚历山大帝国是在他的精神指导下成为政治现实，但他依然没有设计出一个比埃及和波斯更“先进”的超大规模政治体的制度。这个问题最终由罗马人建立的帝国解决。

1 亚里士多德认为：“大多数人认为一个大邦必然较为幸福。也许他们是说得对的，但他们对于一个城邦为大为小的实义未必真正了解。他们以数量为标准，凭人口（居民）的多寡来判断邦国的大小；但国势强弱与其以人数来衡量毋宁以他们的能力为凭。有如人们的各从其业，城邦也得各尽其用；凡显然具有最高能力族裔完成其作用的城邦才可算是最伟大的城邦。”参见：亚里士多德著，吴寿彭译，《政治学》，商务印书馆，1965 年版，第 358 页。

2 H. D. F. Kitto, *The Greeks*, London: Penguin Books Ltd., 1991, p. 165.

3 H. D. F. Kitto, *The Greeks*, London: Penguin Books Ltd., 1991, p. 165.

后人辩解说，虽然作为政治实体的希腊统一国家消失了，但作为文化精神的希腊，在罗马的躯体上得以永存，成为欧洲精神的母体。国家灭亡无所谓，文化永存已足够。

这要听听当时的希腊人民怎么说。希腊邦国灭亡过程中，一大批希腊高级知识分子以人质身份被送入罗马贵族家庭当老师。其中就有著名历史学家波利比乌斯。他在名著《历史》中问道："为什么希腊不断瓦解，罗马却能一直强大？"他那时心中想要的，恐怕不是仅存精神的希腊，而是一个实体与精神共存的希腊。

结篇

第一节　大师的平反

亚里士多德死后，被思想界冷落了七八百年。他的马其顿经历成为污点，他也被怀疑叛国。德尔斐神庙里一块向他致敬的石碑被推倒，扔进井里。3 世纪的伊壁鸠鲁派学者指责他与亚历山大的关系危害了学术生活。到 6 世纪，亚里士多德的思想逐渐被欧洲学者遗忘。直到中世纪宗教家们为了用他的思想来证明上帝的存在，他才重新获得崇高地位。他的著作保存于埃及的亚历山大图书馆，由叙利亚学者翻译成叙利亚语，后来被阿拉伯人获取翻译，又经过十字军东征带回了欧洲，推动了文艺复兴。

伊索克拉底受冷落时间更长。在漫长的历史时期内，人们认为他的自杀是天谴，是因为他与腓力合伙诱骗了希腊。他的墓园立柱顶部，树立着一尊以歌声惑人的海妖塞壬的雕像。直到近代重新讨论马其顿帝国传播希腊文化功绩时，他才被重新评价。

荀子身后的命运前面已经说了。再补充一段。1898 年，戊戌变法失败，谭嗣同决意赴死前写《仁学》痛骂荀子。他认为，中国历代王朝不管表面上用什么意识形态，根本上就是荀学。“二千年来之政，秦政也，皆大盗也；二千年来之学，荀学也，皆乡愿也。惟大盗利用乡愿，惟乡愿工媚大盗。”[1]梁启超骂得更狠，说荀子就是引法入儒、导致专制主义维持两千年的罪魁祸首。

然而，30 年后，不断“以今日之我与昨日之我决裂”的梁启超在去世前不久（1927 年）为荀子翻了案。

荀子的头号“罪证”是“性恶论”——“人之性恶明矣，其善者伪”。但梁启超千辛万苦为“伪”字找到了另一个解释：在战国时代，“伪”的古汉语原意不是指虚伪，而是指改变。（《荀子・正名》：“心虑而能为之动谓之伪，虑积焉能习焉而后成谓之伪。”）荀子并非认为“人性本恶，唯有专制”，而是认为“人性虽恶，但能够改变”。因此既要有严刑峻法以应对人性之恶，也要有仁义道德以培育人性之善。这就将其与孔孟之学统一起来了。

这 30 年，梁启超看过了美国门罗主义，看过了一战，看过了寄望国联的破产；自己干过维新、干过共和、组过立宪党、搞过二次革命，最后回归学海。他看懂了中国，也看懂了自己。

终于，他为荀子改了这一个字。

近代史上重新评价荀子的，不仅是梁启超。章太炎把荀子尊为孔子之后的圣人[2]；胡适认为荀学与同时代各学派皆有关系；郭沫若说荀子是杂家之祖；冯友兰评价荀子在中国历史地位如同西方的亚里士多德[3]。最后，毛主席说，荀子是唯物主义，是儒家的“左派”，很欣赏荀子“制天命而用之”的哲学观与“法后王”的历史观[4]。

这几位思想家的命运，说明每一个文明内部，每一种精神追求，

1 参见：张岱年主编《中国启蒙思想文库・仁学－谭嗣同集》，辽宁人民出版社，1994 年版，第 70 页。

2 参见：汤志钧编，《章太炎政论选集》，中华书局，1977 年版，第 38 页。

3 参见：冯友兰著，《中国哲学史（上）》，华东师范大学出版社，2000 年版，第 234 页。

4 参见：陈晋著，《毛泽东阅读史》，生活・读书・新知三联书店，2014 年版。

都蕴含着巨大矛盾。在人类社会进程上，不存在某种能解释一切的理论，不存在某种普世的绝对原则。每一个致力于改变真实世界而不是构建乌托邦的思想家，终有一刻，都会面临不可自洽、相反相成的痛苦。但这痛苦和矛盾中，也孕育着相辅相成的未来之路。要敢于不向任何一种绝对性低头，要敢于在不可能处创造可能。

第二节　文明的重拾

当今时代，最大的矛盾是“自由优先”还是“秩序优先”。这恰是希腊文明和中华文明的核心要义。

希腊人对自由的热爱，让“希腊人”从种族的名字变成了“智慧”的代名词。说谁是“希腊人”，就是说他是个智者，不管他出自何方。中国人对秩序的热爱，则让中华文明成为了唯一同根同文并以国家形态持续至今的文明。

很多时候，文明的优点也是它的缺点。拿科技为例，中华文明在历史上就没能产生出近代科学。从制度上说，当对秩序的追求到了极致的时候，便会阻碍效率主义价值观的形成，失去创新技术的动力。从价值观上说，极端实用主义与经验主义忽视了对客观世界的逻辑推理，造成理论、实验和科技互相隔离，阻碍了近代科学在中国的产生。希腊文明的科技成就虽受亚非古老文明已经积累的数学、天文、工程学知识影响，但毕竟是希腊，而不是亚非古老文明，将这些文明成果做了集中转化，奠定了后世欧洲科学的基础。这是中华文明要向希腊文明学习的地方。

中国，不是唯一的大一统文明。但所有的大一统文明，首要的价值基础都在于长久和平。长久和平带来的稳定，混乱自由带来的创新，哪个更值得追求？这涵盖了哲学、政治学、伦理学等领域的无穷争论，可以说是不同文明价值观之争，永远不会有定论。即便在希腊罗马文明内部，对很多问题也有不同答案。如有古史学家说，罗马在产生智慧方面远远不如希腊。所有哲学与科学，都是希腊产生的，罗马只不过产生了几个诗人与工匠。但如果没有罗马的政治架构，就不会有希腊文化和基督教的世界性传播。如有政治学家说，只有雅典那样按抽签决定治理权的直接民主，才是真正的民主。但如果没有罗马的混合政制，雅典精神将永远只限于一个几万人的小城邦，而不会发展成世界性文明。

不同的答案，正是不同的路径。保留这些不同本身恰好是为文明日后的升华留下可能。多元与矛盾并存，会为人类文明基因库留下更多种子。

因此，对自由优先与秩序优先的分歧，不应成为中西文明交流的障碍，反而应成为中西文明互鉴的基础。一方面，技术发展进入爆炸式创新的前夜，让我们深刻认识到自由带来的创造力；另一方面，非传统安全危机频繁爆发，则让我们重新认识到秩序的宝贵。对于自由来说，要探讨如何加强秩序，以防止瓦解；对于秩序来说，要探讨如何加强自由，以激发创新。问题不是在自由和秩序中二选一，而是在哪个环节加强自由，在哪个环节加强秩序。

过去，验证一个理念，甚至需要数百年时间，数代人反复试错。而今天，在技术革命下，几年之间就能看清来龙去脉。唯有懂得反省反思、不断包容、和谐共生、互鉴互融的文明，才是真正可持续发展的文明。为此，中国与西方真应该坐下来好好谈谈心。

附：评论1

评《战国与希腊》：在多样性中蓬勃发展

〔加〕贝淡宁（山东大学政治学与公共管理学院院长）

《战国与希腊》是一篇观点精彩、极具启发性的文章，脉络清晰，对比深刻，我从中受益良多，特别是文章中论述的关于秦汉时期不同国家、不同思想者对“大一统”建构最终完成所做的不同贡献。我尤其欣赏这篇文章的开放精神。正如这篇文章所表明的，重要的是要厘清主流文明之间的差异性，不仅要欣赏多样性，还要从差异中得到学习。

虽然我并不完全同意其中关于西方的论点，但我的意图并非完全否定，而是使这篇评论更具建设性。毕竟，一篇文章，无论内容如何，都不能为文明之间重大文化差异这样一个复杂议题盖棺论定。它所能做的是洞察出进一步研究的需要。

难点在于，如何确定一种文化的主导特征和持久影响。具体到这篇文章，关键在于如何确定那种影响其社会和政治前景的文化的主导特征。问题是，文化是多样的——特别是“西方”和“中国”——不同的社会和国家在不同的时代可能会有非常不同的倾向。（对于这篇文章中关于

“中国”的部分）我非常同意，一个统一的理想——“大一统”——启发着战国的一流思想家们，不管他们是何等不同。尤锐·派恩斯的著作《永恒的帝国》也提出了类似的观点。[1] 我也同意，荀子是综合儒家和法家传统的大师，他所实现的儒法合流——以儒家价值观为道德基础，以法家的规则和程序为手段——对古代中国政治思想和实践有深刻影响。赵鼎新的著作《儒法国家》也提出了类似的论点。[2] 我仍然同意，儒法合流的思想共识继续启发并诠释着今天的中国政治制度，一个例子就是，中国是如何战胜新冠疫情的。[3]

但是，关于“西方”，我不能确信古希腊风格的对外政策——仅仅为了本国利益而从国外赤裸裸地开采资源，以及外国人民是可以被剥削和奴役的非人“野蛮人”的假设——一直是所有西方国家思想和实践的核心。但我不否认对外国资源罔顾道德的开发方式确实是受到了古希腊式对外政策的遗留影响。在意大利文艺复兴时期，马基雅维利曾为类似的观点辩护。诺姆·乔姆斯基记录过美国外交在这方面的过分政策。今天，特朗普总统似乎就是这种“西方”政治领袖的典型人物，他严格地从经济上有利于自己国家的角度看待对外政策。

然而，在某些方面，从现代西方的角度来看，古希腊的观点似乎又是完全陌生而奇异的。最明显的莫过于亚里士多德对奴隶制的辩护，这从任何现代的道德观来看都是可憎的，柏拉图和亚里士多德等伟大的思

1　尤锐·派恩斯：《永恒的帝国：中国古代政治文化及其帝国遗产》，普林斯顿大学出版社，2012 年版。

2　赵鼎新：《儒法国家：一个解释中国历史的新理论》，牛津大学出版社，2015 年版。

3　贝淡宁、汪沛：《正义层秩论：社会层秩何以对当今世界如此重要》，普林斯顿大学出版社，2020 年版。以及贝淡宁的论文：https://ishare.ifeng.com/c/s/7wSk8K3cbzc ?from=singlemessage

想家对同情心的价值一无所知。这一事实不仅对重视“仁”的儒家学者来说难以接受，而且对任何受基督教同情弱者和被压迫者的慈善传统影响的人来说都十分奇怪。这篇文章简要地提到了基督教的这种传统，在很多时代，这一传统非常重要。一些西方国家，如挪威和瑞典，在外交政策中传递出强烈的人道主义传统，这种传统的形成必然可以追溯到基督教伦理的影响——上帝面前人人平等。假使我们想了解美国的外交政策，我们也不能低估基督教价值观的持久影响。例如，伍德罗·威尔逊总统虔诚信仰基督教，这种虔诚影响了他的外交政策。[1] 当然，基督教传统也有消极的一面：传教士热衷于改变外部世界的信仰从而实现思想和行为的同化。实际上美国的外交政策往往是虚伪的：例如威尔逊总统在一战后将山东让给日本的决定很不符合基督教对受压迫者的关注的理念。但有时理想在美国的外交政策中也得以表达，我们需要理解这种价值观如何影响了美国外交政策，即使有时理想和现实之间存在巨大差距。

今天，美国许多受过教育的精英并不信仰或不公开信仰基督教，但基督教的文化遗产持续影响着他们的思维方式：他们相信，自由民主的理想不仅对美国而且对全世界都是最好的，美国应该尽最大努力输出这些理想。这些精英中比较现实的一部分人意识到，有一些社会和政治障碍阻碍自由民主理想的输出，但他们并不放弃这些理想的普世性。弗朗西斯·福山就是一个很好的例子。他始终没有改变对自由民主范式的理想，并且从道德的角度认为任何其他组织社会的方式都是低劣的。

那么，这对中国与西方的接触有何启示？首先，对于美国这个世界上最强大的国家，中国领导人和知识分子需要理解其外交政策的动机。

1 http://presidentwilson.org/items/show/22351

正如中国的外交政策融合了强硬的法家思想与柔和的儒家价值，在不同时空下有不同的侧重，同样，美国的外交政策结合了“古希腊式”帝国主义的强硬与富有同情心传统的基督教的柔和，并同样因时空不同而有不同的强调。我们需要对美国外交政策在不同时期和不同地方的动机做出细致入微的判断，并根据具体情况进行具体分析。[1]

第二，为适应现代世界，中国领导人和知识分子需要更新和再解释其传统思想。例如，从西方的角度看，“大一统”的理想听起来可能有点令人担忧，因为它表明中国有按照自己意愿重塑整个世界的想法。当然，中国无意于此。所以，也许中国领导人应该强调，今天的“大一统”主要指向具有儒家传统的国家之间友好共赢的关系，因为中国并不谋求利用这种儒家传统来挑战包括韩国、越南等在内的其他东亚国家的主权；中国所能做的是在与其他东亚国家共享包括儒家传统在内的价值观的基础上，提出经济合作和共同安全上的双赢解决方案。[2]

第三，中国可以（继续）强调对多样性的重视。这篇文章最后一节认为中国重秩序而西方重视自由，两者应该相互学习。我完全同意。但秩序本身在西方并不是一个非常吸引人的价值，甚至听起来有点危险，因为秩序往往和极权统治联系在一起，指向盲目的服从和统一。这就是为什么我建议提倡儒家的“和”，这同样是中国文化的核心思想。2008年北京奥运会上“和”字就作为中国文化的一个关键部分被重点展示。值得注意的是，“和”也很容易被误解。我听过美国电视台的播音员对“和”的负面评价，在他们看来，“和”与“服从”（conformity）、“统一”

1　张峰：《王霸中国：东亚历史上的大战略和国际机制》，斯坦福大学出版社，2015年版。

2　荀子的思想为这种“双赢”的外交政策提供了巨大的启示。参见：阎学通，《领导力与大国崛起》，普林斯顿大学出版社，2019年版；以及贝淡宁、汪沛，《正义层秩论：社会层秩何以对当今世界如此重要》，第三章，普林斯顿大学出版社，2020年版。

（uniformity）相关联。当然，在汉语中，我们都能理解《论语》中的说法，“和而不同”。懂汉语的人永远不会把“和谐”（harmony）与“统一”混为一谈。但我们需要向世界其他国家解释清楚，“和”中同时蕴含着和平秩序的价值和对多样性的尊重。对“和”的英文翻译更合适的可能是 diversity in harmony，这意味着中国永远站在一个由不同文化和社会组成的世界之中，愿意使世界成为一个更有价值、更加有趣的地方，永远不会试图将中国的模式强加给其他国家。“和而不同”，并不会否认为应对诸如大流行病、气候变化、核武器管制和人工智能危机等全球性挑战开展国际合作的必要；也没有否认国际社会应该并已经就基本的人类利益和需要达成共识，例如免受杀戮、奴役、种族灭绝和种族歧视，以及享有基本物质保障的权利；而是承认，在这些利益和需要之外，我们还需要尊重不同做事方式和价值观顺序差异的存在。例如，在政治领导人的选举选拔上，没有也不应该只有一种合法方式。美国在其政治文化背景下，使用的是民主选举制，而中国强调“贤能政治”[1]。我们还应该以不同的方式来组织经济生活：美国将几乎始终让自由市场起主导作用，而中国政府将在某些关键行业和技术上保持一定的公有制，以确保这些行业和技术为人民服务。人与人之间存在不同的交流、饮食、社交、祈祷、思考甚至开玩笑的方式，不同的人会把不同的书籍奉为经典，这都是好事。就让世界在最丰富美好的多样中蓬勃发展吧！

1 贝淡宁：《贤能政治》，中信出版社，2016 年版。

发掘儒家传统思想并使之现代化

姚洋（北京大学国家发展研究院院长）

《战国与希腊》一文，论述了荀子在儒家与法家之间承上启下的重要作用，让我对荀子以及法家有了更深的理解。文章对亚里士多德的讲述，也很有启发。我对中国历史仅限于一些粗浅的阅读，对希腊历史更是知之甚少，但受此启发，也有一些粗浅认识。

潘先生认为，中国自先秦开始就把“秩序”作为核心的追求目标，这无疑是十分正确的总结。孔子一生都想恢复周礼，孟子更多地强调个人修养在其中的作用，而荀子则推进一步，让儒家成为接地气的治国理政的学说。中国人对秩序的追求，可能起源于周朝。商代的中国是由商以及被商征服的方国组成的，商以其残酷的手段压榨方国。周推翻商的统治，也许从商那里吸取了教训，对于征服之地采取了分封制，不仅封自己人，也封当地的贵族，包括商的贵族。周的统治不以武力为手段，而是以一套礼仪制度来规训和柔化各个诸侯国。进入东周之后，这套制度趋于瓦解，各个诸侯国获得事实上的独立地位。

进入战国之后，各国之间的争斗成为主旋律，但是，争斗的目的不是像商那样征服对方，让对方臣服、纳贡，而是要把对方纳入自己的治理版图，完成天下的统一。秦始皇统一中国，完成了中国“化家为国”的过程，用福山的话来说，就是建立了一个现代政权：国家不再是君主一人的国家，国家的治理也不再是君主和他身边少数人的事情，而是交由一个官僚集团来完成。汉武帝采纳董仲舒的建议，把儒家当作国家的唯一正统学说，并不是真要“罢黜百家”，而仅是把儒家学说当作国家统治的政治哲学。自此，中国的政治秩序牢固地建立在儒家学说的基础之上。

潘先生认为，与中国追求秩序不同，希腊从一开始就是以追求自由为主调。在这一点上，我有比较大的疑问。亚历山大之前的希腊，从国家形态来看，尚处于中国商代的阶段：各城邦国家之间以争斗为主旋律，一个国家的目标要么是征服其他国家，要么是避免被其他国家所征服。雅典的民主制度听起来很美，但却是以奴役周边国家作为支撑的。雅典和斯巴达之间的伯罗奔尼撒战争，导火索是它们各自的附属国之间发生争斗，它们不得不出面干预，就如同第一次世界大战开始阶段的德国和英、法一样。所以，与其说希腊人爱好自由，毋宁说他们喜好征服。亚历山大统一希腊，为的是去征服波斯和东方的其他地方。在打败大流士之后，亚历山大霸占了大流士的妻女，这对于中国人来说，完全是野蛮人才能做出来的事情。

钱穆先生曾经说过，轴心时代的三大文明分别解答人生的三大问题之中的一个：希腊文明解答“我与自然的关系”问题；印度文明解答“我是谁”的问题；中华文明解答“如何活在当下”的问题。因而，希腊文明是外向的，倾向于征服，好处是发明了科学；印度文明是内省的，因而发明了人类第一个宗教；中华文明是入世的，要解决人与人之间和平相处的问题，因而发明了现代治理模式。

从治理的角度来看，人类社会大体经历了下面四个阶段：氏族—方国（城邦）—封建—现代国家。希腊刚走出城邦阶段就被罗马灭掉了。罗马帝国是一个大的封建帝国，它衰落之后，欧洲退回方国（城邦）阶段，直到近代民族国家形成之后，才出现现代国家。东方的日本一直是处于封建阶段，直到明治维新才建立了现代国家。

但是，这种落后的表现，到近代却成为这些国家现代化的优势。比如，在英国，贵族强迫国王签订《大宪章》，明确国王只是“我们中间的第一个”，即使后来国王的权力增加，他的权力也没有达到中国皇帝的权力。加上宗教因素，17 世纪的英国革命就变得容易得多。日本的明治维新也是类似的。幕府后期，幕府将军的权力受到强藩的挑战，最终，四个西南雄藩联合发起倒幕运动，革命成功。

反观中国，两千多年前建立的现代国家，到近现代却成为现代化的最大障碍。皇权在中国人的观念里如此之根深蒂固，让中国走西方式的现代化举步维艰。中国需要也可以走出一条既拥抱世界主流价值又保留自身文化特征的现代化之路。在这方面，发掘儒家传统思想并使之现代化，恐怕是中国现代化的关键性一步。潘岳先生对荀子的论述很有启发意义。把荀子的追求翻译成今天的语言，就是要以儒家的政治哲学为基础实行法治，同时提高整个社会的效率。

从欧洲文艺复兴到人类文艺复兴：中华文明的担当

王义桅（中国人民大学习近平新时代中国特色社会主义思想
研究院副院长，欧盟“让·莫内”讲席教授）

当今世界正处于百年未有之大变局，中华民族处于伟大复兴的关键时期，是时候思考人类文明创新，超越中西、体用的近代思维了。

一

“大一统，不是秦并了天下，更是天下消化了秦。”潘岳先生的判断振聋发聩，犹如梁启超先生对荀子的重新解释和评价一样启迪我们。潘先生在《战国与希腊》一文中提出：“法家创造了中央集权郡县制和基层官僚系统，儒家则创造了士大夫精神和家国天下的集体主义伦理，在魏晋唐宋又融合了道家和佛家哲学，创造了儒释道合一的精神世界。这种超级稳定的大一统国家结构发散到整个东亚，成为中华文明与中华民族强而不霸、弱而不分、从不中断的秘密。”

潘文以战国与希腊为代表，阐释中华文明的时间逻辑，对照西方文明的空间逻辑：希腊城邦政治的根基，不是民主，而是自治。这一方面解释了东西分野的根源，也为人类文明东西大融合的未来创新，提供了思考基础。他指出，“希腊帝国”的精髓——内部是民主，外部是殖民；上面是公民，下面是奴隶。这正是西方双重标准的文明根源。笔者七年前在《海殇？——欧洲文明启示录》一书中也得出类似结论：开放而不包容、对内多元与对外普世的双重标准、进取与破坏相伴生，是欧洲海洋文明的三大“原罪”，亦为海殇之肇因。

潘先生指出，对“分”与“合”，战国与古希腊的政治观念完全不同。中国上古时代也曾经有过万邦林立、一城一国的局面（执玉帛者万国），类似于希腊城邦世界。到周初还剩一千八百个部落方国。但最终这些城邦没有长期分立，而是在争斗吞并中形成了地区性王国，进而发展成统一王朝。表面上看，西亚北非的古老文明如苏美尔、埃及和波斯也是如此。其实不一样。亚非古国靠的是“神权”，中国靠的是世俗伦理共识。两种文明根性塑造了两种不同的道路。西方不断走向分。从地域上分，从民族上分，从语言上分。其间也有统一的努力，如罗马的努力，基督教的努力。但分的趋势占据主流，最终归结到了个人主义和自由主义。中国则不断走向合。从地域上合，从民族上合，从语言上合。其间也有分离的时期，比如王朝更替，比如游牧民族冲击。但合的趋势占主流，造就了中华文明的集体主义根性。

他指出，中华文明并不是没有“分”的概念，但不是“分治”，而是“分工”。分是为了和，和是为了统一，统一则多力，多力则强大，强大则能够改造自然。这对于理解中国治理体系，至关重要。

天下大势，合久必分，分久必合。当今世界之痛，源于“不通”，根子在“分”。人类命运共同体实现“和”，一带一路实现“合”，因此成为中国的两大核心倡议，成为回答时代之问的中国方案、中国智慧。

人类命运共同体与“一带一路”是习近平新时代中国特色社会主义思想最具有代表性的国际价值理念与合作倡议，两者虚实结合、相辅相成的关系体现了中国建设的重要经验——目标驱动、问题导向，以及传统和合文化，展示了解决和平、发展、治理、信任等人类“四大赤字”的中国智慧、中国方案。

和——人类命运共同体（目标驱动）；

合——一带一路（问题导向）。

中国是古老文明中唯一连续至今，未被西方所殖民掉的古老文明。中华民族的伟大复兴，是历史上唯一世俗文明的伟大复兴。要为中国崛起正名，同时也为社会主义正名，必须撰写出《世俗伦理与社会主义精神》这样的书，说清楚中国崛起是世俗伦理开创社会主义精神的自然产物，中国梦的终结目标是开创人类新文明——社会主义文明，才能让中国梦为世界之所期、各国人民之所盼。在这一过程中，中国梦通过再造中国而包容西方，让西方成为自己——再造西方。

二

潘文指出，当今时代，最大的矛盾是“自由优先”还是“秩序优先”。这恰是希腊文明和中华文明的核心要义。

英雄所见略同。新冠肺炎疫情发生后，《世界是平的》一书的作者弗里德曼在《纽约时报》发表时评，称这次全球抗疫将是划时代的，以前有公元前和公元后，现在有抗疫前和抗疫后。“在今后的日子里，我们需要调整我们（重自由、轻秩序）的文化结构。”

潘先生认为，中国，不是唯一的大一统文明。但所有的大一统文明，首要的价值基础都在于长久和平。长久和平带来的稳定，混乱自由带来的创新，哪个更值得追求？这涵盖了哲学、政治学、伦理学等领域的无穷争论，可以说是不同文明价值观之争，永远没个定论。即便在希腊罗马文明内部，对很多问题也会有不同答案。如有古史学家说，罗马在产生智慧方面，远远不如希腊。所有哲学与科学，都是希腊产生的，罗马只不过产生了几个诗人与工匠。但如果没有罗马的政治架构，就不会有希腊文化和基督教的世界性传播。如有政治学家说，只有雅典那样按抽签决定治理权的直接民主，才是真正的民主。但如果没有罗马的混合政制，雅典精神将永远只限于一个几万人的小城邦，而不会发展成世界性文明。

潘先生发现，对自由优先与秩序优先的分歧，不应成为中西文明交流的障碍，反而应成为中西文明互鉴的基础。一方面，技术发展进入爆炸式创新的前夜，让我们深刻认识到自由带来的创造力；另一方面，非传统安全危机频繁爆发，则让我们重新认识到秩序的宝贵。对于自由来说，要探讨如何加强秩序，以防止瓦解；对于秩序来说，要探讨如何加强自由，以激发创新。问题不是在自由和秩序中二选一，而是在哪个环节加强自由，在哪个环节加强秩序。过去，验证一个理念，甚至需要数百年时间，数代人去反复试错。而今天，在技术革命下，几年之间就能看清来龙去脉。唯有懂得反省反思、不断包容、和谐共生、互鉴互融的文明，才是真正可持续发展的文明。为此，中国与欧洲真应该坐下来好好谈谈心。

三

潘先生提醒我们，在人类社会进程上，不存在某种能解释一切的理论，不存在某种普世的绝对原则。每一个致力于改变真实世界而不是构建乌托邦的思想家，终有一刻，都会面临不可自洽、相反相成的痛苦。但这痛苦和矛盾中，也孕育着相辅相成的未来之路。要敢于不向任何一种绝对性低头，要敢于在不可能处创造可能。

当前，215 个国家和地区的近 500 万人感染新冠肺炎，30 余万人死亡。新冠肺炎疫情催生新的全球化转型，全人类胜利的逻辑超越了某个国家单赢的逻辑。过去，天花病毒用了 3000 多年才传遍各大洲；今天，新冠病毒可以在 24 小时内乘飞机抵达地球上的大都市。病毒是人类共同的敌人。疫情揭示的不是你和我的关系，而是人类和病毒的关系。不存在“你赢我输”，也不再是“双赢”，而是“全赢”或“全输”：人类彻底战胜病毒，或者被病毒击垮。只有携手战胜疫情，人类才能安全，凸显了人类是一个休戚与共的命运共同体。

疫情期间，意大利采取封城、封国举措，奥地利也率先强制民众在公共场合戴口罩。中欧抗疫手段的趋同客观上也敦促双方超越价值观、意识形态纠纷，寻求价值观的公约数。中欧文化可能从近代欧洲重自由、轻秩序而中国重秩序的文化结构，走向传统上中欧文化中自由 – 秩序、利己 – 利他平衡的价值观回归，这为人类文明的包容创新提供希望。

中欧关于如何抗疫具有诸多类似主张，都倡导以联合国为核心的全球治理，主张多边主义、疫苗研制的开放式创新，认为在全球性危机面前需更多关注那些应对能力相对较弱的国家。双方都认识到，对于有效防控疫情来说，应对能力相对较弱的国家或者较为薄弱的环节，决定了人类战胜病毒的进程。发达国家在采取行动自救的同时，也应向脆弱国家和新兴市场投入更多的公共卫生资源和经济关注，因为这些国家所受冲击更具破坏性、灾难性、持久性。团结合作、多边主义是面对疫情最有力的武器。多边主义只有上升到全球层面才是包容的、可持续的、正义的；共同体只有上升到人类层面，才不具有同质性的宗教、国家、区域共同体的外溢性、排他性，才能实现亚里士多德“最高的善”、孔子“止于至善”的目标。

疫情催生人类开放式创新。欧盟与 14 个国家近日联名签署倡议信，呼吁学术出版界采取措施促进新冠病毒方面的科研论文和科研数据开放共享，以推动当前正在开展的公共卫生研究工作。

无独有偶。前欧盟科研创新总司开放科学处处长、布鲁塞尔自由大学的简克劳德·柏洁曼教授在《科学丨商业》杂志也撰文，就如何通过“开放科学”有效应对新冠肺炎疫情，建设全球开放科学体系发表看法。（一）开放科学与国际合作是短板。在疫情暴发初期，如果相关科学数据和政策建议更加公开透明，就可能有更多病人得到救治。当前，各国竞相研发有效的治疗方案和疫苗，让全球科研人员共享新冠病人的健康数据至关重要。应更加积极地开展国际合作，提升科学数据的信任度。（二）超越意识形态。病毒对任何人一视同仁，任何一个国家不能凭一己之力战胜病毒。全世界的科学家应该协同合作，减轻新冠病毒造成的负面影响。（三）尊重科学，携手建立卫生预警机制。一些国家的领导人没有充分尊重科学事实，被意识形态所束缚，怀疑疫情、否定疫情、轻视疫情，结果造成疫情扩散。我们必须避免此种现象再次发生，可以借鉴股票市场中的指标化体系，建立公共卫生领域的突发事件预警机制，一旦该机制被触发，就启动全球响应系统。在此基础上，建立公共卫生领域的指标体系，还可考虑围绕联合国可持续发展目标，建立开放科学的指标体系。

一个由全球 120 多名科学家、医生、资助者和生产商组成的专家组于 2020 年 4 月 13 日发表公开宣言，承诺在世界卫生组织协调下，共同努力加快新冠疫苗的研发。宣言说：“我们将继续努力加强已在进行的、前所未有的全球协作、合作和数据共享。我们相信这些努力将有助于减少效率低下和重复劳动问题。我们将不懈努力，提高在不久之后向所有人提供一种或多种安全有效疫苗的可能性。”

这些都表明，超越意识形态建立全球开放科学体系，推动人类文明创新，乃时代呼唤。

中欧是各种古老文明中连续性最强、又成功实现世俗化、现代化、全球化的文明，是东西文明代表；新冠肺炎疫情为全球带来危机，但也为中欧提供了进一步合作和对话的契机，让世界更加深刻地感受到人类命运共同体的召唤：人类为体，世界为用；我将无我，不负人类。

欧洲文艺复兴曾从中华文明汲取营养，开创人类现代文明。如今中华民族伟大复兴，激励其他文明的共同复兴，再次启迪欧洲、启迪世界。中欧合作或将开启一场全人类的文艺复兴。

这就是潘先生提出“中国与欧洲真应该坐下来好好谈谈心”的深远意义吧。

认识你自己

杨共乐（北京师范大学教授、博士生导师）

相传，在特尔斐神庙上刻着三句箴言，即："毋过"、"你是"和"认识你自己"。语短意深，言简义明。这是人文的话语，也是人类永恒的话题。无论是西方的他者，还是东方的我者，都无法回避这一始终与你同行的议题。

世界是多元的，世界上的文明也是多元的。文明没有优劣之分，也没有高低之别。多元的文明给世界带来了万分的精彩，精彩的世界又为文明的交流、互鉴提供了广阔的舞台。

中华文明具有5000年的发展历程，是中华民族独特的精神标志。她既是中华民族的伟大创造，也是中华民族发展之根本、复兴之基础。根深方能叶茂，基实才可致远。培根固基是时代之使命，更是民族复兴之伟业。潘岳先生的文章从学理上探寻中西文明之源，为我们深刻认识中西文明之本源打开了一扇新的窗户。

从严格意义上说，政治不等于文明，但政治是历史的脊梁、文明的核心。因此，从解剖政治入手，显然是理解中西古代文明的一把重要钥匙。

先秦中国的华夏人群和古代希腊人都创造了自己独特的政治文明。它们分别被视为中西政治文明之源。从政治表象上看，中国先秦时期各诸侯国（方国）与古希腊人在“荷马时代”之后建立起来的诸多城邦十分相似，但实质内涵却迥然不同。各诸侯国（方国）是王朝治下的地方单位，长期臣属于中央政权，是以天子为核心的统一秩序的重要组成部分。大一统是中国发展的主要趋势。而古希腊人的城邦则是主权独立的政治实体，国家林立，互不相属，缺乏联合统一的内在动力和实际行为。二者的差异性对后世中西历史影响深远。

中国自秦汉王朝起确立了高度统一的中央集权体系和以儒法合流为特征的治理模式，基本奠定了中华大一统的政治框架。中央集权、郡县治理、编户齐民构成了两汉皇朝治理的鲜明特征。与此同时，罗马也形成了西方历史上最为庞大的帝国体系。但问题是，罗马帝国由强力而成，省分三等，民为九级，中央始终难以集权；正像“罗马无皇帝”一样，罗马也无“孔子”，书不同文，民不同俗，有帝国之身，但无巩固帝国统一之思想。其文明传统最后为基督教文明所替代也是必然的事。

魏晋隋唐时期，中华民族的发展进入新阶段。在经历了魏晋南北朝时期的大冲突、大融合之后，中华文明形成了政治、民族及文化等方面的结构性认同，不但化解了断裂的危机，而且还迎来了隋唐更高的统一。这种现象在同期的罗马世界并没有出现。帝国境内的各族群始终保持独立。蛮族入侵摧毁了西部帝国，族群各自独立的趋势进一步加强。罗马人和蛮族既缺乏结构性的认同基础，更没有帝国统一的意向与责任，从而导致罗马的历史和文明没能渡过危机，出现了实质性的断裂。

潘岳先生高度重视中西文明的比较研究。他以独特的视角审视中西文明的社会与政治功能，新见迭出。例如，他提出："希腊古典文明与中华古典文明，同时存在，同样伟大，各成体系。政治制度方面，古希腊城邦多元自治，既有雅典的民主制，又有斯巴达的双王制。中国先秦时期，则是由周代分封制，转为战国末期的中央集权郡县制。政治观念方面，古希腊视城邦的独立自由为最高价值，中国先秦时期视大一统为最高价值。……政治认同方面，古希腊城邦始终存在希腊人和蛮族的界限。先秦时期，华夏人和异族之间没有绝对界限，夷夏转化交融，为后世多民族融合奠定了基础。"

再如，他认为："通常认为专属秦国的法家制度和精耕农业，实际是魏国发明的；通常认为自由散漫的楚国，实行'县制'比秦国还早；通常认为商业发达的齐国，其《管子》中也含有与秦相似的'保甲连坐'元素。可见，儒法并行、刑德同用，才是战国晚期的整体潮流，政治观念亦基本趋同。这个政治观念，就是'一天下'。谁也不甘于小区域的分治，都要去争夺完整的天下。不是争要不要统一，而是争由谁来统一。"

潘岳先生以极其敏锐的眼光、缜密的分析，得出是中西两种文明的根性塑造了两种不同的道路。"西方不断走向分。从地域上分，从民族上分，从语言上分。其间也有统一的努力，如罗马的努力，基督教的努力。但分的趋势占据主流，最终归结到了个人主义和自由主义。中国则不断走向合。从地域上合，从民族上合，从语言上合。其间也有分离的时期，比如王朝更替，比如游牧民族冲击。但合的趋势占主流，造就了中华文明的集体主义根性。"

这些观点与见解论证周密，分析透彻，有历史之实，更有哲学之义，极具思想价值，对于人们进一步辨析中西文明之本质内涵意义重大。

作为研究的课题，马上就会结束，但作为研究，还远未终止。起步虽不易但非常值得期待，因为接近世界舞台中央的中国，更需要了解世界，更需要以开放的姿态吸纳世界的优秀成果。人类命运共同体的构建离不开各国人民间的人心相通，更离不开中国智慧的无私奉献。

历史进入了新时代，进入了文化大发展的新时代。新时代需要有一批学贯中西的学者；新时代需要有一批有思想穿透力的精品力作。

荀子和李斯对于“历史时刻”的认识

干春松（北京大学哲学系教授、北京大学儒学研究院副院长）

《战国与希腊》多次提到荀子，这让我十分感兴趣。自宋儒以降，荀子一直被认为是对儒家思想的偏离。一直到近代，荀子才重新受到重视，最近儒学研究领域比较重视对政治思想的探究，荀子进一步受到关注。

我自己也十分重视荀子，多次带学生系统研读《荀子》文本，还在2013年写过一篇《贤能政治：儒家政治哲学的一个面向——以〈荀子〉的论述为例》。在我看来，荀子所处时代，处于许倬云先生所提出的“新型国家”建立的前期。判断一个思想家的伟大程度，要看他能否对自己所处的重要的历史转折关头有清醒的认识，并建立起独特的“历史意识”。荀子肯定属于这样的人，他极大地丰富了儒家思想的层次性。

为了在其“历史意识”中贯彻儒家的价值观，荀子认为“君子必辩”（《荀子・非相》）。他批评墨子太注重功用而轻视差等，批评惠施、邓析“不法先王，不是礼仪”（《荀子・非十二子》）等，同时，他还反思儒家内部不同的思想倾向。引人关注的是荀子也批评了孟子和子思，认为他们“略发先王而不知其统”，指出孟子、子思之言会令人误解为孔子之意而贻害后人。

在荀子这里，他对儒家传统的当下意义的认识集中地体现在“先王之道”和“法后王”这个议题上。有人说，强调先王是儒家的传统，而“法后王”则是荀子的创见。或者可以说“法后王”是荀子试图处理在坚持“先王之道”的前提下儒家如何进行“现实性变通”，也就是说，要“修百王之法若辨白黑，应当时之变若数一二”（《儒效》）。荀子提出了“效能性”的标准，即以不同的效能来区分“儒”之成色。

作为传经之儒，荀子当然了解先王之道的核心价值，但身处齐、楚这样的争霸之国中，尤其是主持稷下学宫这样的辩论中心，荀子具有比孟子更为接地气的现实关怀，他不再否定诸侯们保卫自己领地的努力，他也不再拒绝承认功利目标的合理性。的确，在那个时代氛围中不能带来现实福利的儒家理想必然会被时代所抛弃。

荀子所要面对的最大挑战即是秦国，该如何理解这个迅速发展起来的、在政治制度上十分善于创新或吸收别国创新成果的国家呢？虽然我们并不能在《史记》的荀子传记中看到他入秦的记载，但在《荀子》中我们则可以看到他与秦有关的记载。首先在《儒效》中记载着他与秦昭王的对话。秦昭王直接对他说，儒家对于治国没有帮助。类似的质疑我们在商鞅游说秦孝公的时期已经见过了。但荀子并非如商鞅那样立刻改变了自己的立场，而是强调儒家具有在朝美政、在野美俗的“效果”。儒家对于自己的道德品质有内在的要求，这使得儒生不会被贪邪之道所左右，必然会成为维护社会秩序的重要力量。不过秦昭王接着问了一个关键的问题，即儒家若成为一个“人上”该如何要求自己。在回答这个问题时，荀子虽然强调了礼法并重的意思，但更为强调了儒家理想的一面，他坚持认为政治合法性来源于王道，而非暴力获取，“行一不义、杀一无罪而得天下，不为也”。很显然，在荀子这里，不同的社会角色有不同的道德要求，要治理天下，必须以天下为公的态度，推行王道政治。

在《强国》篇中，记载了有人问他对秦国的认识，这可知荀子对秦国的秩序有其亲身经历。（对此过程，潘岳先生做了文学化的描述：“公元前 269 至公元前 262 年之间，60 多岁的荀子，一边观察一边记录，穿过秦国座座乡邑城镇，一路走入了都城咸阳。”）荀子回答说：秦国地理环境优越，物产丰富，是“形胜”。而“观其风俗，其百姓朴，其声乐不流污，其服不挑，甚畏有司而顺，古之民也”。认为百姓的生活方式简朴有古风。尤其是对于官吏和士大夫的表现，大加赞赏，认为他们恭俭、敦敬、忠信。士大夫则能够“公私分明”，不比周，不朋党。朝廷也有决断力，从治理国家的方式上看，秦国可以作为一个表率。但是，若从更高的标准来看，亦及从“王者之功名”的角度，则秦有所欠缺。荀子特别区分了一般性的治国和王天下的差别，也就是若你只是要建一个强大的国家，那么采用霸道等手段也可以，但要平天下，则需要纯粹的先王之道的标准，这是秦国之所短。

的确，秦国采用耕战的方式扩大领土、组织生产，破除等级制度，鼓励靠自己的努力去获得社会地位，这都是秦国统一六国的重要制度创新的优势；但要“一天下”，让天下人归往，则需要“价值的感召力”。秦二世而亡，体现了荀子的眼光，也就成为汉儒试图以儒为主统合百家而建立德主刑辅的社会秩序的滥觞。

荀子被后世儒家诟病的地方，除了他主张性恶论之外，就是他教出了两个法家的弟子：李斯和韩非。司马迁说李斯、韩非曾经跟荀子学“帝王术”，这应该是荀子在楚国的时期。因为李斯觉得楚国难以实现他的理想，而六国则显出了衰败之相，所以他辞别荀子，要去秦国寻找机会。在辞别之时，李斯也体现出他对于“历史时刻”的认识。他说，他必须把握住一切机会。在秦国要吞并天下的时候，也是布衣之士发挥其能力并获得成就的好时机。他说，这个社会普遍看不起卑贱之人，鄙视穷苦之士。“久处卑贱之位，困苦之地，非世而恶利，自讬於无为，此非士之情也。故斯将西说秦王矣”。由此可见，李斯之游说秦王，一方面是他看到秦国为了其大目标需要吸纳大量的人才，另一方面则是要改变自己的处境。

李斯和韩非都是对“历史时刻”有充分认识的，韩非推进了荀子的历史观，并否定了荀子的“先王之道”，他提出“上古竞于道德，中世逐于智谋，当今争于力气”。认为先王之道对于上古可能是适用的，但在这个竞争时代，主要靠“力气”。韩非虽为秦始皇所欣赏，但他并没有获得治国之机会，而李斯抓住了将他的“历史意识”现实化的“时运”。在秦统一六国之后，如何确定国家治理体制的争论中，有人主张恢复分封制，而李斯并不认为基于血缘的封建秩序能够“持续发挥效能”，所以主张实行郡县制。李斯说：“周文武所封子弟同姓甚众，然后属疏远，相攻击如仇雠，诸侯更相诛伐，周天子弗能禁止。今海内赖陛下神灵一统，皆为郡县，诸子功臣以公赋税重赏赐之，甚足易制。天下无异意，则安宁之术也。置诸侯不便。”秦始皇接受了李斯的建议，认为天下初定，如果再分封诸王，则会为未来埋下争战的祸根。大一统的政治格局最终形成。

李斯和韩非作为法家的代表人物，他们更为相信权力（势）和术（御下之术）在统治中的作用，而否定了道德在人类精神生活中的意义，实践证明了这样的政治秩序的脆弱性，而某种程度上看，汉儒是对荀子的儒家现实主义的回归。我们并不能将荀子的隆礼尊法看作儒法的合流。从某种意义上，秦以后的列朝，虽然大一统的秩序得以建立，但其核心的理念则是“国”为其根本追求，而“平天下”只是一种虚设而已，或者只是家天下的一种“掩护性表述”，由此，若我们要从荀子的角度来重建儒家的理想，则需要重温荀子对于“国”和“天下”的区分，因为对于“平天下”者，我们则依然要坚持“道德理想主义”，在此一点上，孔子和孟子、荀子则是一脉相承的。

荀子在《正论》中说：“曰：国，小具也，可以小人有也，可以小道得也，可以小力持也；天下者，大具也，不可以小人有也，不可以小道得也，不可以小力持也。国者，小人可以有之，然而未必不亡也；天下者，至大也，非圣人莫之能有也。”

我们现在正经历新的“历史时刻”，这个时刻即是在全球化时代如何理解中国的“历史使命”，这就要求我们突破“小道”“小力”，而追求人类之公共福祉。荀子相信圣人可学而致，我们每一次对于自己的局限性的突破，都是对“天下主义”的接近。而如果沉沦于依赖于术势的统治术，则是“坐井观天”的自缚之道。

重估荀学

姚中秋（中国人民大学国际关系学院教授）

潘岳先生《战国与希腊》一文由荀子与古希腊哲人伊索克拉底、亚里士多德思想之异，探索中、西文明之大不同：统与分；其最精彩处在于呼吁认真对待荀子。

近年来已有学者重估荀子：李泽厚倡导“举孟旗，行荀学”；郭沂、梁涛等学者主张以荀子人性论接引西方法治之说，以弥补港台地区新儒学由思孟心性之学接引西方民主之偏失〔参看《孟荀之争与统合（笔谈）》，《文史哲》2020 年第 2 期〕。然在如此论说中，荀子不过是自由主义政治进入中国的敲门砖而已。

潘岳先生得荀学真谛，抉发其大一统用心。笔者去年底发表《荀子说秦与秦之儒化：〈荀子〉相关章节疏解》（刊《原道》第 37 辑），或可为潘文做一注脚。

诸子百家虽各执己见，然无不以大一统为目标，而荀子之道最为切实可行。孟子倡导“定于一”，时人讥之曰“迂远而阔于事情”。荀子却是现实的，故肯定秦制，盖惟有强大武力可以结束战乱；但荀子又有仁者之心，故劝说秦国君相行仁义，以“坚凝”人心。

荀子兼用王霸，故潘文誉之为“中道”。汉武帝、董仲舒正是沿荀子之学改制，一方面肯定秦朝所立皇权官僚郡县制，济之以五经之学，改秦制为皇权士大夫官僚制，即汉宣帝所谓“霸王道杂之”：郡县制直接统治万民，即为霸道；以孝教为中心的国民普遍教化之道，则是王道；两者相辅相成，构成大一统之基本框架，行之两千余年而不易，可见其制度设计之精妙。

反观古希腊以降，西方政治实践和思想，长于武力征服的霸道，其教化之道却以信神为中心，教人出世，常转化为瓦解政治、国家的力量。于是，罗马帝国虽大，却无以坚凝人心为一体；帝国解体后，欧洲长期处在“分”的状态，无从恢复一统。

盎格鲁－撒克逊系的英国、美国先后以帝国主义机制塑造和维系全球化，类似于罗马的霸道帝国，大体以暴力、资本为纽带，未能坚凝人心，今日已难以为继。纵观今日天下格局，颇近乎春秋战国，则可行于今日之道，其为杂乎王霸之荀学乎？反对帝国主义，不能不有力量；安百姓、安天下，不能不行仁义。潘文之掘发荀子，意在斯乎？

第二编

秦汉与罗马

《历史的终结》作者福山近年来多次撰文指出，中国制度具有“强大的国家能力”，中国从秦汉开始就建立了世界上最早的“现代国家”，先于欧洲 1800 年[1]。“现代”是指一套非血缘、依法理、科层明确、权责清晰的理性化官僚体系。

与秦汉同时的是罗马。欧洲史上，凡是追求建立大规模政治体的，无不以罗马为精神象征。从查理曼大帝到神圣罗马帝国，从拿破仑到第三帝国。就是在今天，世界秩序还被人视为“美国治下的和平”（Pax Americana）[2]，其词源正是“罗马治下的和平”（Pax Romana）。

秦汉与罗马作为建立在农业社会之上的超大规模政治体，都需要处理土地兼并和小农破产的关系、中央和地方的关系、政权与军阀的关系、上层与基层的关系、本土文化与外来宗教的关系。但两者的结果完全不一样。罗马之后再无罗马，只有信仰基督教的欧洲封建列国，而秦汉之后却继续兴起了隋唐大一统王朝。

相似的基础，相似的挑战，不同的路径，不同的结果，是本篇的主题。

---

1 参见：福山著，毛俊杰译，《政治秩序的起源》，广西师范大学出版社，2014 年版；福山著，毛俊杰译，《政治秩序与政治衰败》，广西师范大学出版社，2015 年版。

2 参见：H.L.Lee，“The endangered Asian century.” *Foreign Affairs*, 2020, 99(4): 52-64.

第一章　两大文明

第一节　秦汉基层之治

2002 年，在武陵山脉湘西龙山里耶镇，考古学家们挖出了一座秦朝小城。在一口废井里，发现了数万枚行政文书竹简（里耶秦简）。这是继秦始皇兵马俑之后第二个重大发现，使人们能近距离观看秦代基层政权。

里耶古城，是秦征服楚后设立的迁陵县。发掘出来的城很小，只有一个大学操场那么大。全县人口不过三四千。秦朝在这里居然设立了完整的一县三乡机构，在编官吏多达 103 人[1]。这些秦吏组织人民开垦荒地，但毕竟高山深谷田地少，一个县每年新增的税收只相当于 6.5 户人家一年的口粮。从经济角度讲，为这样一块土地设置这么多官吏很不值。

但秦吏要的不是税收。考古学家清理出一支竹简，记录了当地深山里发现的一种并非丰产的植物“枳枸”（俗称“拐枣”），但秦吏仍认真描述了它的性状、位置、产果情况，录入了官方档案（“下广一亩，格广半亩，高丈二尺。去乡七里。卅四年不实”）。这体现了

1　参见：湖南省文物考古研究所等，《湖南龙山里耶战国——秦代古代一号井发掘简报》，《文物》2003 年第 1 期，第 4–35 页；湖南省文物考古研究所等，《湘西里耶秦代简牍选释》，《中国历史文物》2003 年第 1 期，第 8–25 页；湖南省文物考古研究所，《里耶发掘报告》，长沙：岳麓书社，2007 年，第 179–217 页。

湖南湘西里耶古城考古遗址公园

一种不遗余力探明山川物产的使命感。秦吏们一步步开发国土、编户人民、画出地图从县里交给上级行政机关“郡”。“郡”再将下属各县的地图合并成“舆地图”，上报到朝廷归档阅存。秦吏们除了促进生产，还要处理纷繁复杂的民政司法事务。秦法非常完备，不光有法条，还有判例，还有上诉制度。小吏们必须严格依法工作。如每份文书都要同时抄送多部门留底查验；如轻事重判和重事轻判，都属于“不直”之罪，法条互相抵牾时，还要层层上报等仲裁。在两千年前，就把基层行政搞到如此精细化世所仅见。

县乡小吏还常轮岗。在里耶秦简的伤亡名册上，记载着多名小吏累死病死于任上[1]。103 人的编制，长期缺额 49 人。秦把百姓驱使得很苦，把官吏也驱使得同样苦。但也只有这种玩命苦干的“苛政”，才

1　参见：《里耶秦简·吏物故名籍》，简 8-809；简 8-1610；简 8-938+8-1144。

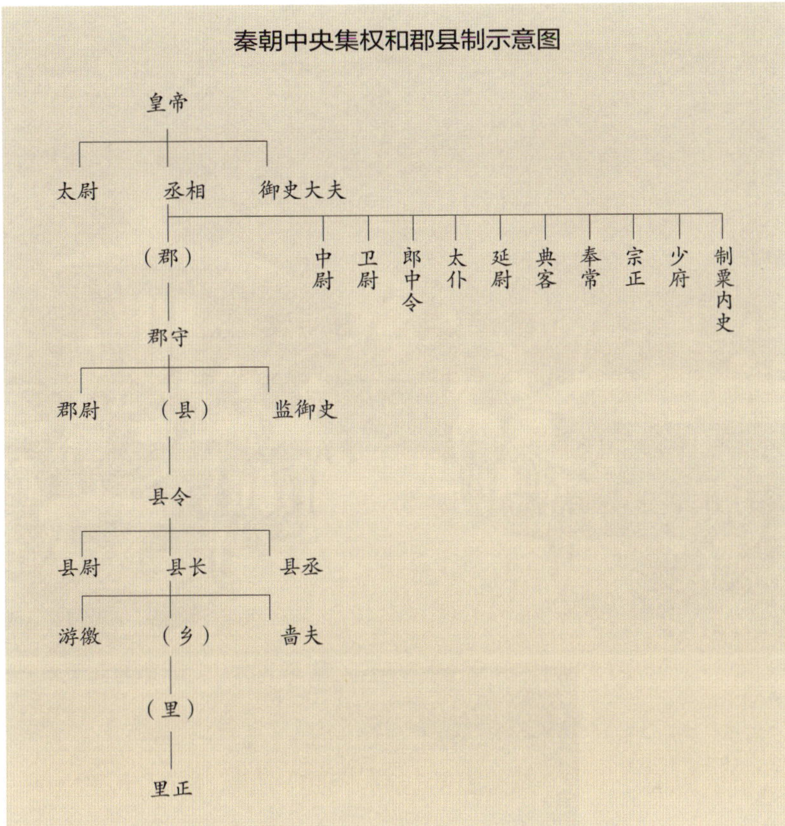

能在短短 14 年里实现车同轨、书同文，整治山川，修建路网。这些使后面几十代人受益的基础设施，成本却由这一代人背负。人民牺牲之惨烈，心灵之痛苦，连天下一统的成就都不能抚平。历史评价，从来不只是道理，还有感情。秦灭亡时，天下没有人爱它。

项羽灭了秦后希望恢复分封制。他不想管理如此大的天下，只想回到熟悉的水土做封建王侯。而打败项羽的刘邦却拒绝退回分封，反而沿袭了秦制大一统。他与项羽最大的不同在于，项羽是贵族，他是小吏，当过沛县的一个亭长。他的骨干集团大多也是小吏，萧何是主吏，

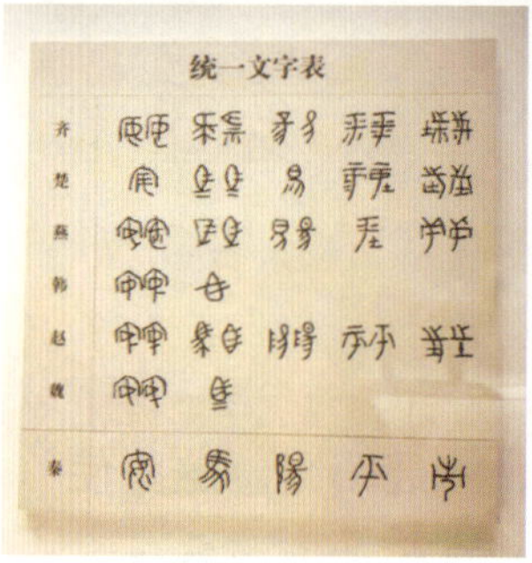

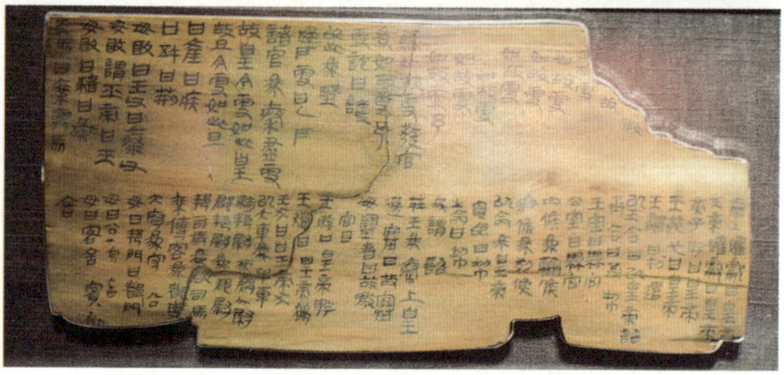

1
2|3

1. “车同轨”是秦朝统一的重要战略举措，图为秦始皇陵铜车马

2. 统一文字表

3. 里耶古城遗址出土《更名诏书》木牍，简文记录了秦朝建立后按照秦国的制度与名物称呼全部统一，规定十分详细

曹参是牢头。他们最清楚帝国的基层与上层如何结合；他们最熟悉郡县制的运作；他们最明了庶民的需求；他们最洞悉维系大一统的奥秘。所以在攻入咸阳时，萧何不要金银财宝，只抢夺秦廷收藏的律令、地图和编户册。汉朝正是依靠这些资料才重建了中央集权郡县制。

基层政权出天下。这是秦汉之所以能建成世界最早现代国家的原因。

第二节 罗马国家之治

和秦汉同时，罗马崛起为地中海霸主。

秦汉与罗马，是欧亚大陆东西两头大致同期的古代文明。两者的人口与地域规模也相似。罗马帝国晚期，其囊括的环地中海人口大致是五六千万[1]，与秦汉的人口（西汉末年标准）相当[2]。

很多人认为，中国是黄色农业文明，希腊罗马是蓝色商贸文明，似乎从源头就有优劣之分。并非如此。从 1960 年代开始，西方古史学界的共识是，从公元前 500 年到公元 1000 年的希腊罗马都是农业社会，商贸只是很小的补充。“土地是最重要的财富，社会结构中家庭占据首位，几乎所有人都以经济自足为目标。大多数财富来自土地的租金和税收。贸易规模狭小，即便商人因贸易发财，也会将所得投资于土地。真正的城市人口从不曾超过总人口 5%，而且城市是作为消费中心而非生产中心存在[3]。”这跟秦汉非常相似。

---

1 参见：A. H. M. Jones, *The Later Roman Empire*, Blackwell, Oxford, 1964, pp. 284-602.

2 参见：颜师古注，《汉书·地理志》，中华书局，1999 年版，第 1309 页。

3 参见：芬利著，晏绍祥、黄洋译，《古代世界的政治》，商务印书馆，2016 年版，第 VII 页。

伯罗奔尼撒半岛东南方的埃庇达洛斯剧场

希腊出哲学家，罗马出农民加战士。罗马大兵打遍地中海，只求退役后有块土地，回去种橄榄与葡萄。就像秦汉的大兵，打仗是为了日后能“解甲归田”。

罗马公民看不起商业，贸易和金融是被征服民族才干的营生。在罗马共和国黄金时代，商人不能进元老院。贵族征战得来的财富都是购买土地搞大庄园。农业不是谋生，而是田园生活之歌。秦汉更是如此。农为本，商为末。商人很少做官。而文人的官做得再大，理想仍是“耕读传家”。

罗马人搞不出缜密的宗教和科学，所长是工程、战争和国家治理。希腊留下的遗迹是神庙、竞技场和剧场，而罗马留下的是凯旋门、斗兽场与浴场。秦汉也一样。关注现实、经营国家、修筑长城，发明造纸术，但始终不以逻辑学与科学见长。

希腊是西方文明的精神基因，罗马是西方文明的政治基因。罗马

在菱格形中描绘狮子和凤凰，是波斯传来的图案。图为莫高窟第427窟菱格狮凤图案

超越希腊城邦政治，建立了宪制官僚体制与私法体系，塑造了早期的西方市民社会。无论是共和还是帝制，罗马都是西方大规模政治体在观念、制度、法律上的政治源流。英国革命时的“大洋国”蓝图有着罗马共和国的影子；法国革命时期的罗伯斯庇尔们有着罗马共和英雄的影子；美国参议院与总统制有着元老院和首席执政官的影子。直到20世纪，美国右翼学界还在争论，建国原则到底遵循罗马式古典共和，还是启蒙运动的民主自然权利。在西方政治文明中，罗马的魅影从未消失过。

自青铜时期或公元前 2000 年开始，圆锥来通形酒具就已经出现在了爱琴海地区。古波斯的帕提亚时代流行用来通饮用葡萄酒。传入中原后称为“觥”，由于用觥饮酒时无法放置必须一次性饮尽，因此成为专门的罚酒器，这一做法至迟在东汉便已流行开来。图为和田博物馆藏汉至晋代玻璃来通

第二章　罗马共和

第一节　土地与内战

公元前 206 年，在中国楚汉相争的同时，罗马正进行与迦太基名将汉尼拔的第二次布匿战争。之后用了50余年，罗马终于灭亡了迦太基，肢解了马其顿，成为了地中海霸主。重要的是，在称霸过程中，罗马始终维系着共和制。

史家波利比乌斯说，罗马的成功是因为实行“混合政制”，融合了王权制、贵族制、民主制。执政官代表王权，元老院代表贵族，公民大会代表民主。执政官掌握对外军事权，元老院掌握财权，公民大会掌握否决权，三种力量互相制衡。罗马人相信，各方利益冲突是保证自由强大的“必要罪恶”[1]，且“冲突”最终必能达成“团结”。罗马早期的冲突确是温和可控的。比如，罗马平民战士和元老院做斗争的方式是在打仗前“集体罢工”提条件，元老院也愿意做出妥协让出部分权利，因为战争胜利与殖民扩张会带来更大利益。近200年时间里，罗马共和制度内，执政官、贵族和平民不论吵得多么厉害，面对外患时总能团结起来。

直到公元前 1 世纪，罗马人突然发现，冲突变得不再容易妥协了。

1　马基雅维利认为，是“平民和罗马元老院之间的不和，促成了共和国的自由与强大”。参见：马基雅维利著，冯克利译，《论李维》，上海人民出版社，2005 年版，第 56 页。

俄罗斯画家安德烈·卡尔塔晓夫的作品《上场前的角斗士》

公元前 88 年到公元前 31 年，罗马进入“内战时期”。马略和苏拉斗了 6 年；庞培、恺撒、克拉苏斗了 16 年；安东尼、雷必达、屋大维又斗了 13 年，在西汉成帝年间（公元前 27 年），罗马最终转变成帝制。为什么过去 150 年内军人从不打内战，现在却要刀口向内你死我活呢？

因为土地。

一个半世纪的海外征服，罗马的权贵们将巨量的奴隶和财宝带回本土，产生了大规模的“奴隶大庄园农业”。“大庄园”的效率技术远超小农，以致大批小农破产，并将土地卖给权贵富豪，加剧了土地兼并。罗马平民，渐渐成了罗马贫民，最终成了罗马流民。流民最好的出路就是当兵。哪个将军能带回更多的战利品，罗马战士就为哪个将军而战，想打谁都成。为国家而战的公民兵变成了将军们的雇佣兵。

罗马政治没有调节土地兼并的能力。过去曾有一条法律，要求征服来的土地应在贵族与平民间公平分配，并规定贵族拥有的土地上限，

2009年10月31日河南省洛阳市“秦汉——罗马文明展”图拉真统治时期的军团雕像，由雕塑家C·格罗西制作

19 世纪新古典主义意大利画家卡穆奇尼的作品《恺撒之死》

但这条法律从未被执行过[1]。凡是想执行这条法律的人，哪怕是贵族也会被杀，如格拉古兄弟。

在王权、贵族、平民三种力量中，最强大的还是贵族。从公元前 232 年到公元前 133 年 100 年间，罗马共和国的 200 名执政官出自于 58 个贵族世家[2]。这种可以“造王”的世袭贵族，在中国称之为“门阀”。选举制度不但没能削弱门阀，反而加强了门阀。因为选举需要动员投票。门阀庇护了大量人口，又有钱贿买选票，最有机会选上执政官。

马基雅维利说，罗马贵族愿意在荣誉上向平民让步，但在财产上从来分毫不让、斗争到底[3]。在内部分配土地，是天不怕地不怕的罗马人最害怕的事。反正都要打仗，还不如对外殖民。史家芬利说：“只要可能，罗马人宁愿殖民，而不是重新分配土地。殖民是消除内战最好的安全阀，也是政治平静和稳定的关键。”[4] 正因如此，罗马流民最

1　参见：马基雅维利著，冯克利译，《论李维》，上海人民出版社，2005 年版，第 142 页。

2　参见：芬利著，晏绍祥、黄洋译，《古代世界的政治》，商务印书馆，2016 年版，第 83 页。

3　参见：马基雅维利著，冯克利译，《论李维》，上海人民出版社，2005 年版，第 143 页。

4　参见：芬利著，晏绍祥、黄洋译，《古代世界的政治》，商务印书馆，2016 年版，第 140 页。

终投奔了军阀。只有军阀能够从对外战争中拿到土地，也只有军阀能强迫元老院给士兵分配土地。

在政客无法取得共识的地方，军阀登场了。

第二节　以自由的名义

在前三头（即克拉苏、庞培与恺撒）与后三头（安东尼、屋大维和雷必达）争雄时期，有一个哲学家和雄辩家始终贯穿其中，他是西塞罗，是古典共和之父，是伏尔泰和孟德斯鸠的精神偶像。

但西塞罗不是贵族，而是“骑士”。所谓骑士，出自希腊罗马“有财产者出骑兵”的习俗。骑士自古有之，但作为一个财富阶层，是在罗马小农破产的废墟上发家的。他们虽有钱，却很少有贵族的从政资格。

西塞罗是个例外——他是雄辩天才。他曾跟随希腊雄辩大师学习，大师教完他后落寞地说，我为希腊感到悲伤，因为希腊唯一的荣光也转归罗马。学成后，西塞罗依靠雄辩术成为大律师，用 20 年广结人脉，最终以法律领袖的身份赢得竞选，成为执政官（公元前 63 年）[1]，一度被尊称为“罗马国父”。

西塞罗在罗马政坛呼风唤雨，“前三头”与“后三头”的命运都与他相关。有人因他而死，有人因他而败，有人因他而名垂史册。

恺撒死于西塞罗。

刺杀恺撒的布鲁图斯，虽然是恺撒的“继子”，精神之父却是西塞罗。在恺撒遇刺前的几个月内，西塞罗不断给这个年轻人灌输：刺杀暴君乃真英雄，血缘越近越英雄。相当于中国的“大义灭亲”。最后，

1　参见：西塞罗著，王焕生译，《论共和国》，上海人民出版社，2006 年版，第 3 页。

2019 年 5 月 17 日香港“百物看世界——大英博物馆藏品展”展出的罗马帝国第一任皇帝奥古斯都大理石头像

布鲁图斯一边挥刀冲向恺撒，一边呼喊着“西塞罗”的名字。此时元老院人人都在，就西塞罗不在。

恺撒死后，西塞罗转头全力对付其继承人安东尼。很多罗马史家认为，挑起这场内战完全没必要。因为安东尼并不想走独裁老路，一心想和元老院共治罗马。他不仅压住狂怒的军队为恺撒“复仇”的请求，还宣布不追究共和派刺杀者的责任。从人伦道义来说，这是对恺撒的背叛；从国家层面而言，是一个军头对共和秩序的主动服从。但作为共和派领袖，西塞罗不但不接招，反倒一边让共和派到东方行省招募军队，一边鼓励屋大维叛乱。

屋大维此时只 19 岁，属政治边缘人物。他是恺撒的财产继承人，但不是政治继承人。他想取安东尼而代之，便用私财召集了 3000 名老兵进军罗马。对安东尼的合法政权而言，屋大维的私军形同叛逆。他唯一的指望，就是西塞罗能引导元老院将“反叛”合法化。西塞罗欣然同意。他在元老院发表了一系列著名的《反腓力

罗马帝国“五贤帝”中的第四位安东尼 · 庇护的雕塑

辞》，把安东尼定性为“发动内战”，把屋大维定性为“保卫共和”。

由此，屋大维的小部队配合着元老院的大军，在穆蒂纳战争中击败安东尼。但英雄气终究藏不住。元老院惊奇地发现，自己的数万大军更愿受屋大维的领导。恐惧之下，元老院立即解除了屋大维的兵权。屋大维的政治生涯本应到此结束，也不会有日后的奥古斯都。

孤立无援的屋大维，呼唤西塞罗为“父亲”，恳求与西塞罗搭档竞选罗马执政官。他赌咒发誓，当选后由西塞罗一人说了算，自己甘当马前卒。63岁的西塞罗打量乳臭未干的屋大维好半天，又一次同意了。对屋大维来说，这真是再造之恩，因为执政官的年龄要求40岁以上，他至少要等21年。

在汹涌的反对声中，西塞罗以无与伦比的资历人脉，疏通了元老院，招募了大量选票。他押上了人格担保，“我发誓、我担保、我保证，‘小恺撒’[1]一定会像今天一样，永远保持一个‘公民’的本色”。

后面的事众所周知。

屋大维当选执政官后，立刻抛弃了西塞罗，转头与安东尼和谈，以“后三头”同盟瓜分了罗马政权。安东尼恨西塞罗入骨，要求取其性命作为联手条件。屋大维毫不犹豫地同意了。

普鲁塔克记录下了这位雄辩家生命的最后时刻——他盲目地奔逃，在抬舆中不断向外探看追兵。安东尼的大兵们手起刀落砍下了西塞罗的头颅，悬挂在他经常发表宏论的讲坛之上[2]。正是在这个高台上，西塞罗一直疾呼：“要让刀剑听命于长袍，要让征战的桂冠让位于辩才”[3]。

1 屋大维是恺撒养子，继承养父家姓，与养父同名，故也称“小恺撒”。——编者注

2 参见：普罗塔克著，席代岳译，《希腊罗马名人传》IV，北京时代华文书局，2020年版，第540页。

3 参见：普罗塔克著，席代岳译，《希腊罗马名人传》IV，北京时代华文书局，2020年版，第544页。

这是罗马史上最震撼人心的悲剧，是共和向帝制谢幕的挽歌。西塞罗死后 12 年，屋大维在亚克兴海战中完败安东尼，成为罗马帝国的第一任皇帝。

一个掌控罗马政坛多年的老政治家如何会上一个 19 岁少年的当？致命伤正是罗马元老院的典型思路。不求解决问题，只会玩弄权力。安东尼太强大，就支持一个弱小的屋大维来制衡，然后再对屋大维实行控制。平衡控制，再平衡再控制，试图永远保持自己的主导权。他们忽视了，此时的罗马人民和战士，已经厌烦了雄辩家的政治权术，而将获取公正的希望寄托在军头身上。

西塞罗无法解决罗马人民的根本关切：如罗马的贫富分化问题，如士兵们流血一生分不到土地的问题，如腐败的外省总督与包税商勾结发财而得不到监督的问题，如罗马城内数百年没有警察管理市政的问题……这些事，元老院有几百年的时间，却从未想过解决的办法。西塞罗的现存著作中，全是关于共和国原则、法律、正义的鸿篇大论，却没有解决这些现实问题的一项内容。试图解决这些问题的是屋大维。他设立军事财库，集中支付所有士兵退役后的土地和现金，把士兵从多头依附中解脱出来；他在罗马首次创立了警察制度和市政官；他第一次派遣了直接向皇帝负责的行省一级财务官。

恺撒也曾有过整理国土的宏图。他想排干罗马附近的庞普廷沼泽，为数以万计的罗马贫农提供耕种的土地；他还想开凿科林斯运河，把亚洲商业与意大利经济进一步整合起来。这对于罗马控制东方行省十分重要。如果真能完成，会延缓日后的东西罗马分裂。但西塞罗当时滔滔不绝地批判说，这些工程与维护“自由”相比微不足道。这些工程是专制君主“好大喜功”的象征，是迫使人民“流血流汗、甘当奴

江苏淮安淮河入海水道淮安水上立交枢纽，实现了入海水道与京杭大运河各自独流

隶”的明显标志[1]。这也是后来西方学者批评古代中国的路数：巨型公共工程是孕育专制主义的温床。但正是京杭大运河，打通了南北中国，避免长江以南成为独立区域；正是建于 400 毫米等降水线上的长城，保护了北方的灌溉农业而养活了更多贫穷人口。

不仅雄辩家们滥用“自由”，军头们也滥用“自由”。在军头们眼中，“自由”的含义就是不受任何政治制约。罗马史书上经常看见，当某个派系控制了元老院，反对派就宣称该派系正在“压迫自由”，

1 参见：伊丽莎白·罗森著，王乃新等译，《西塞罗传》，商务印书馆，2015 年版，第 262 页。

罗马斗兽场遗址

理直气壮地起兵造反。庞培宣布掌控元老院的马略派是暴政，自己要保卫自由，于是招募了一支私人军队，而私人招募公民兵是违法的；恺撒宣称庞培党迫害了罗马人民的自由，于是带着高卢军团跨过了卢比肯河，而军团是属于国家的；屋大维自己造反，却宣称是要把罗马从安东尼手中解放出来，成功后，在铸币铭文中将自己刻成“罗马人民自由的维护者”。

史家塞姆说，在罗马史上，“再造共和”或“重塑自由”等口号可以赋予任何暴力阴谋以合法性和神圣性[1]。每个人都可以根据自己的利益，来决定什么是“自由”和“合法”，选择最有利的理由进行斗争。自由，成为不同利益集团无限斗争的借口。

罗马拥有地中海世界的巨大财富，为什么不能拿出一部分集中解决贫富差距以防止国家分裂呢？史书归罪于罗马贵族生活奢侈天天办宴会。这不全面。破产农民虽在罗马城里四处游荡，但他们毕竟有一张选票。罗马执政官一年选一次，贵族争相赞助大型节庆、角斗与宴会，就是为了争取这张票。办庆典总比分配土地容易得多。

贵族虽然富有，但年复一年的竞选花销仍然不够用。很多贵族因搞政治而破产，恺撒就曾欠下一身债。因此，各行省的包税商、工程商、贸易商、高利贷商就开始纷纷出面。他们虽然不能直接登上前台，却能投资登上前台的代言人。

西塞罗就向来主张“贵族与财阀共天下”[2]（等级和谐）。他的文集中，随处可见为财阀们的法庭辩护词。而财阀们往往两边下注，不光投资元老，也投资军头。军头间的密约，没有一次不是在财阀的牵线搭桥中完成的。前三头和后三头的赞助人中，充斥了各种包税商和金融家。当军头们控制政局后，就把他们拉入了元老院成为“新贵”。罗马元老院的上限本来只有600人。恺撒上位后，将元老增加到了900名；后三头上位，增加到了1000多人[3]。

财阀们的金钱源源不断流入了罗马军团，如烈火浇油，将党争演化成内战。军头们开始从行省直接截留税收以支付军费。庞培派、共

---

1 参见：罗纳德·塞姆著，吕厚量译，《罗马革命》，商务印书馆，2016年版，第212页。

2 参见：西塞罗著，王焕生译，《论共和国》，上海人民出版社，2006年版，第201–203页。

3 参见：罗纳德·塞姆著，吕厚量译，《罗马革命》，商务印书馆，2016年版，第257页。

和派搜刮了亚细亚；恺撒派搜刮了高卢和西班牙；后三头为了支付 43 个军团的军饷，把意大利本土再全部搜刮一遍，连厕所都上了税。[1]

50 年中 4 次大内战，将整个地中海世界卷入无政府状态[2]。内战消耗的财富，远远大于弥合贫富差距所需要的数额。混乱绝望中，罗马人民最终选择了屋大维[3]。500 年前，罗马正是因为痛恨王政才创建了共和国。500 年后，罗马公民们却一步步投票给独裁。公元前 49 年，人民投票给恺撒当“独裁官”[4]；公元前 43 年，人民投票通过了后三头[5]；公元前 27 年，人民投票屋大维将共和变成帝制[6]。

这并非他们不爱自由，而是自由没有给他们带来平等、富足和安全，自由的空论不能解决人民的根本关切。共和政治想要达成共识而不使用暴力，只能在罗马早期“中等冲突”时管用。当贫富差距扩大到没有机制能进行结构性调整时，中等冲突就变成了你死我活的大分裂。弥合它的，不是感情安慰，也不是票决政治，而是政治家们进行结构性改革的自我牺牲精神。

保卫自由的，从来不只是“自由”本身。

---

1 *Suetonius: The Lives of the Caesars*, with an English translation by J. C. Rolfe, Cambridge: Harvard University Press, 1914, p. 319.

2 参见：罗纳德·塞姆著，吕厚量译，《罗马革命》，商务印书馆，2016 年版，第 19 页。

3 参见：塔西佗著，王以铸、崔妙因译，《塔西佗 < 编年史 >》，商务印书馆，1981 年版，第 3 页。

4 恺撒在公元前 49 年自西班牙归之后首次受任此职。参见：特奥多尔·蒙森著，李稼年译，《罗马史》（第四卷），商务印书馆，2017 年版，第 447 页。

5 公元前 43 年，安东尼、屋大维和雷必达在波伦尼亚附近会晤，达成协议，史称后三头政治同盟。是年 11 月，公民大会通过了一项法律，授权同盟颁布法令和任命高级官员，统治国家 5 年。

6 “就是这个屋大维——他更为人所知的是在公元前 27 年接受‘奥古斯都’的称号——通常被说成是第一位罗马皇帝”。参见：H.F. 乔洛维茨、巴里·尼古拉斯著，薛军译，《罗马法研究历史导论》，商务印书馆，2013 年版，第 4 页。

第三章　西汉王朝

第一节　大一统：一体多元

中国西汉王朝与罗马共和国处于同一时间段。

西汉初期继承了秦制又修改了秦制——继承了直达县乡的基层官吏制度，但给宗族乡绅留下自治空间；继承了秦法的大部分条文，但去掉了肉刑；继承了中央集权的框架，却推行“无为而治”而让民间休养生息。

“文景之治”短短 40 年，汉朝从天子凑不齐四匹同色马，到粮食多得吃不完——“京师之钱累巨万，贯朽而不可校。太仓之粟陈陈相因，充溢露积于外，至腐败不可食”。为什么会突然变富？儒家经师们都解释为“以俭治天下”，似乎皇帝省着花钱就能让民间富有。还是司马迁有眼光，他说“海内为一，开关梁，弛山泽之禁，是以富商大贾周流天下，交易之物莫不通，得其所欲”。在消除割据的广袤土地上，用统一的文字、统一的货币、统一的法律、统一的度量衡创造出一个巨大市场，用商业将几大经济区域联系起来。分工产生的交易价值让社会财富整体增长，又反过来促进了农业生产率的飞速提升。造就这个统一基础的是秦朝。只是秦朝拿它来搞政治，汉朝拿它来搞经济。

“文景之治”以黄老之道统摄“法家之术”[1]。道家思想最善于将

1　参见：蒙文通著，《古学甄微》，巴蜀书社，1987 年版，第 284 页。

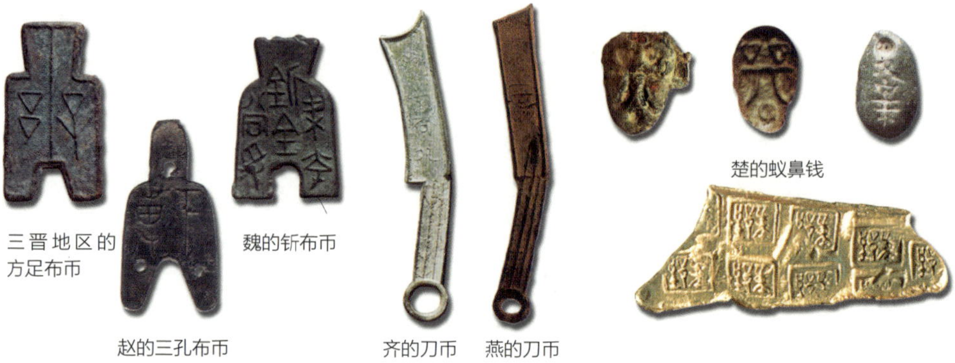

秦统一以前各国使用的部分货币

秦统一以后通行全国的“半两”钱及铸造用的钱范

水火不容的各方打通脉络。儒法之间，儒墨之间，得时而起，过时则退，不留名相。这种抛却“名实之争”的气度，成为中华文明善于自我整合的智慧。不过，道家解决了一些问题，又产生了另一些矛盾。巨商大贾周流天下，小农却大量破产[1]；民间有周急赈穷的侠义之士，也多了武断乡曲的“兼并豪党之徒”[2]；诸侯王们孕育了《淮南子》这样的人文经典，也引爆了分封割据的“吴楚七王

1 “失时不雨，民且狼顾；岁恶不入，请卖爵子”。参见：贾谊著，《贾谊集》，上海人民出版社，1976 年版，第 201 页；“于是有卖田宅鬻子孙以偿债者”，参见：晁错集注释组论，《晁错集注释》，上海人民出版社，1976 年版，第 31 页。

2 参见：韩兆琦译注，《史记·平准书》，中华书局，2010 年版，第 2352 页。

之乱”[1]。

汉武帝名刘彻，是中国封建社会历史上执政时期最长、建树最多、业绩最丰，留下的历史文化及财富最为厚重的政治家之一。他当政时开辟了著名的“丝绸之路”，把国家推到一个强盛时代，真正建立了一个多民族统一和疆域辽阔的强大中国。图为汉武帝墓茂陵

汉朝体制最终定型于汉武帝刘彻。他为中国干了两件大事。一是以推恩令“众建诸侯而少其力”，重新完成基层“郡县化”，并在此基础上奠定了“大一统”的儒家政治；二是初步奠定了国家疆域。

儒家政治的主要根基，不是《论语》，而是《春秋》。《春秋》是孔子根据鲁国史书修订而成，讥刺诸侯，彰显王道。在多个传本中，董仲舒所推崇的《春秋公羊传》是最有影响力的一派。

春秋公羊学的核心是大一统。从哲学上说，是天人感应；从政治上说，是中央集权；从制度上说，是文官治国；从伦理上来说，是三纲五常。这套制度解决了“起于布衣”的汉王朝为什么能“君权天授”的合法性问题。最难得之处，

1 西汉初年，中央直接统治的地区不过 15 个郡，仅占全国土地的三分之一。而诸侯大的如齐、楚、吴等，每人都有五六个郡，几十个城。汉景帝时，吴楚七国之乱。汉武帝时，也有淮南王、衡山王之乱。

在于既塑造了权力，又约束了权力。中国的“奉天承运”和西方的“君权神授”不同。罗马的“皇帝神格化”是为了论证其统治的神圣性，但“神意”和“民意”无关。在古代中国，天意要通过民心来体现。天子对人民好，“天”才认其为“子”，对人民不好，天就收回成命，另付其他贤德能人。“其德足以安乐民者，天予之；其恶足以贼害民者，天夺之。”[1]为了确保皇权对天的敬畏之心，董仲舒还加上了“灾异”说。但凡有天灾，皇帝就要反躬自省，看自己有没有做错的地方。于是，天子、天命和民心构成了一个三方制衡体系，天子管天下，天命管天子，民心即天命。它强调“权力”的最终来源是“责任”。有多大权就要尽多大责，不尽责就会失去权力合法性。父母不尽责，子女绝亲不为不孝；君主不尽责，民众改朝换代不为不忠[2]。“有道伐无道，此天理也。”[3]

大一统思想不光包含政治道德，也包含社会道德与个人道德。例如“正其谊不谋其利，明其道不计其功”[4]的仁道；例如“反躬自厚、薄责于外”[5]的恕道；例如“父子兄弟之亲，君臣上下之谊，耆老长幼之施”[6]的亲亲尊尊之道。但任何思想体系都不能过度。灾异学说一过度就成了东汉谶纬迷信；三纲五常一过度就成了束缚社会活力的教条；亲亲尊尊一过度就没有了法律意识。但在那个摸着石头过河的秦汉时代，建设一个超大规模政治体的过程，只能是边建设边批判，边创造

1 参见：凌曙注，《春秋繁露·尧舜不擅移汤武不专杀》，中华书局，1975 年版，第 273 页。

2 参见：凌曙注，《春秋繁露·精灵》，中华书局，1975 年版，第 98 页。

3 参见：凌曙注，《春秋繁露·尧舜不擅移汤武不专杀》，中华书局，1975 年版，第 274 页。

4 参见：颜师古注，《汉书·董仲舒传》，中华书局，1999 年版，第 1918 页。

5 参见：凌曙注，《春秋繁露·仁义法》，中华书局，1975 年版，第 313 页。

6 参见：颜师古注，《汉书·董仲舒传》，中华书局，1999 年版，第 1913 页。

边完善。

刘彻接受了董仲舒天人之策。

第一件事就是举孝廉。在此之前，都是世家子做官，商人之家也偶尔可以“赀选”（花钱捐官）。这与罗马开端相似，都是“贵 + 富”政治。但从他开始，官府从民间寻找既懂得“当世之务”又能够尽孝守廉的寒门之儒[1]。推荐的责任在地方官。如果不推荐，就要治“大不敬之罪”。这是件非常辛苦的事，一道诏书传到边疆要 40 天，再组织基层的寒士依靠驿站系统前往京城开始“问策”，则要 7 个月之久。但这个折腾很值。刘彻一朝有不少布衣名臣都是靠读透一本《春秋》而成为公卿。日后，凡想做官的权贵之后，都得争先恐后学好儒家伦理。

文官政治的察举制由此开启。刘彻明白，治理如此广阔的天下，不能仅靠门阀富豪，而要把权力分配给基层中那些最识大体、最有道德、最有知识、最有责任心的人，才能凝聚民心扩大执政基础。秦朝基层都是法吏，会用严刑峻法，但不懂教化人心。刘彻让儒生与基层法吏并行，实现了“治理与教化”合二为一。从此，地方的郡守、县令，不仅要负责治理，还要负责建学校化风气。不过，察举制亦有很多弊端。比如师生门户之攀援，比如儒生与举荐人之勾结，到东汉还发展出了“四世三公”经学门阀。真正的公平，要等到几百年后的隋唐科举制诞生。但汉的察举制毕竟先迈出了一大步。

刘彻还创造了“刺史制度”以约束文官。即设立一批县处级小刺史，

1 参见：颜师古注，《汉书》，中华书局，1999 年版，第 117 页。

鲜于璜自幼聪明好学，孝顺父母，尊敬老师，言行规矩，因此被地方推举为孝廉。图为天津武清兰城遗址出土的隶书精品“汉故燕门太守鲜于君碑”

不定期巡查郡县“六条问事”[1]。一是针对地方豪强的土地兼并；二是针对地方文官的职业操守。这是历代中央监察制度的开端。

说刘彻“罢黜百家、独尊儒术”实为误解。他用董仲舒的同时，还用了法家张汤、商人桑弘羊、牧业主卜式，乃至匈奴王子金日磾[2]。这些人，虽读《春秋》，但并非全然的儒生文士。国家设立的太学有儒家经学的学官，民间则是法、墨、刑名、阴阳四处开花。西汉政治从思想到实践都是多元的。既然多元，为何又要用儒家思想来做底？因为没有一体，只靠多元互搏平衡，最终还会分裂。而只有“大一统”才能将多元的思想汇聚在一个共同体内。

文化上便是如此。齐国早不存在，但齐国的“月令”成为汉的“政治时间”，中国两大神话系统之一“蓬莱”，正是出自齐地；楚国早不存在，但屈原歌颂过的楚神“太一”成为汉的至高神，伏羲、女娲、神农、颛顼、祝融，成为汉人共同的祖先神；汉皇室是楚人血脉，刘邦的大风歌，刘彻的秋风辞，都是楚歌，可定音协律的却是赵人，汉乐府之祖李延年出身于赵国中山。考古学家们在北方长城，发现了楚风的铜器与漆器；在长江以南，发现了匈奴草原风格的动物牌饰[3]；在从河北到广西的汉

---

1 “一条，强宗豪右，田宅逾制，以强凌弱，以众暴寡。二条，二千石不奉诏书，遵承典制，倍公向私，旁诏守利，侵渔百姓，聚敛为奸。三条，二千石不恤疑狱，风厉杀人，怒则任刑，喜则任赏，烦扰苛暴，剥戮黎元，为百姓所疾，山崩石裂，妖祥讹言。四条，二千石选置不平，苟阿所爱，蔽贤宠顽。五条，二千石子弟恃怙荣势，请托所监。六条，二千石违公下比，阿附豪强，通行货赂，割损政令”。参见：颜师古注，《汉书》，中华书局，1999 年版，第 623–624 页。

2 参见：颜师古注，《汉书》，中华书局，1999 年版，第 1998–1999 页。

3 参见：黄展岳著，《关于两广出土北方动物纹牌饰问题》，《考古与文物》，1996 年第 2 期。

安徽东至县匈奴后裔居住的南溪古寨，大部分为徽派建筑，但外形酷似碉堡的碉屋为该村庄独有

代铜镜上，发现蜀地首创的款式和铭文[1]。大一统并没有造成地方文化的消亡。地方文化反而越过原生的界限，在更大范围内传播。只要永远保持开放，统一之上也能多元。汉文化之所以比秦文化更能代表中华文化，是因为汉将多元乃至矛盾的思想、制度、文化和人群，最终融为一体。

一体多元，是汉的精神。

第二节　史官制：天下人心

很多人常责难中华文化产生不出与“公权力”保持“绝对独立”的西式知识分子。唯一有点接近的人物是司马迁。他虽拜董仲舒为师学儒，但更加推崇黄老道家，更加喜欢自由放任的商业社会，更加赞许文景的“无为而治”。他《太史公书》（后称《史记》）里的刺客、游侠、商人享受着和王侯将相同等“列传”待遇。他敢于站出来为蒙冤的李陵抱不平，被判罚宫刑后仍然敢于批评当朝皇帝汉武帝[2]。

但司马迁终究跟遗世独立的希腊学者们不同。宫刑之后，出于君道，

1　参见：郑君雷著，《百越融入中华一体的考古人类学考察》，《广西民族大学学报（哲学社会科学版）》，第 40 卷第 2 期，2018 年 3 月。

2　参见：韩兆琦译注，《史记·汲郑列传》，中华书局，2010 年版，第 7100 页。

陕西韩城司马迁祠，俗称司马庙，是为纪念著名史学家司马迁而建的祠墓

汉武帝仍任命他为中书令，相当于贴身秘书；出于臣道，他仍然秉笔直书继续发表意见。他虽不喜欢汉武帝的政治风格，但对其强化郡县制之“推恩令”大加赞许，认为是解决动乱根源的伟大举措；他一生清贫，但从不仇富，认为大部分商人的财富是靠把握经济规律苦干而来“椎埋去就，与时俯仰，获其赢利”[1]；他被酷吏折磨，也没有记恨法家，还认为法家政策如实行得好，也有“维万世之安”之效果。

司马迁从没有因个人痛苦而发展出对体制的系统性批判。因为“个人”不是司马迁的精神追求，他关注的是整体，是“天下”。他批评公权力，不是因为刻意追求独立，而是认为对天下有害；他赞许公权力，也不是因为屈服淫威，而是认为对天下有益。在天下面前，个人得失全得放在后面。自由之上，如何尽到家国天下之责任；责任之上，如何不失心灵之自由。不光破，还要立；不光提出差异，还应追求共同。个体自由和集体责任的对立统一，是中国知识分子从古代就开始区别于西方的鲜明特点。

1 参见：韩兆琦译注，《史记·货殖列传》，中华书局，2010 年版，第 7662 页。

《史记》中不光批评了汉武帝，还写了刘邦之猜忌、吕后之乱政、各个功臣名将之微处，将汉的开国说得毫无神圣可言。《史记》一共只抄了两部，销毁轻而易举。然而，从昭宣两朝开始，这部“谤书”竟成为官方正式收藏的国典。《太史公书》亦作为西汉的国史代代相传。没有主动包容的意识，没有自我批判的精神，是做不到的。汉将史官制原则推向了新的高度——史官有评价皇帝的权力。历史相当于中国人的“宗教”，历史评价相当于宗教审判。这个原则被历代王朝所继承。哪怕是元朝与清朝，皇帝可以杀个别史官，但从来不敢撤销史官制度。撤销了，就不是华夏正统。

华夏正统就是中华道统。大规模政治体的长治久安不会建立在纯粹威权之上，必须是各群体各阶层对道统的内心认同。中华道统的核心是中容和（中即中庸，容即包容，和即和谐），体现着一种原则，一种境界，一种规律，一种价值。圣贤有圣人之道，而君有君道，臣有臣道，将有将道，商有商道。一直到琴棋书画医酒茶剑等人伦日用方方面面，都有道。深埋于士民骨子里的春秋大义，对一切事物都要评点一番。拿两汉臣道为例，霍光、王莽、诸葛亮都是势可倾国的权臣，在士民心中评点完全不同。王莽虽号称儒家，但其篡汉是为私而不为公；霍光出于公心两易皇帝，但为人太霸道；诸葛亮虽然国弱，但“王业不偏安”，宁可失败也要一再北伐，为的是恢复汉室。是为公还是为私、是维护大一统还是搞分裂，士民心里如同明镜。史书这么写，戏词也这么编。大道高悬，各种人都逃不过“道”的评判。军阀也要有“道”。如曹操虽对汉朝不忠，但也要以“周公吐哺，天下归心”为理想，也要以“设使国家无孤，不知当几人称帝，几人称王！”而自辩。至于像董卓这类无道无术的土匪军阀，就如乱雨浮云而不值一评了。

第四章　中西商道

第一节　仁政的负担

2017 年盛夏，中蒙联合考古队在蒙古国杭爱山一处红色石壁上，发现了一幅摩崖石刻，苍古斑驳、模糊不清。经学者仔细辨认后，确定这就是公元 89 年东汉大破北匈奴后班固为汉朝彻底击败匈奴而作的《燕然山铭》。“燕然未勒归无计”，无数书传中都说到“燕然勒碑”，却从没人找到准确的地方。作为古代中原人最北之想象，人们终于看到真正的燕然山。

这块碑文，对罗马也很重要。正是因为这一仗结束了汉与匈奴两百年拉锯战，阻止了北匈奴南下的脚步，使其一路西走，牵引出中亚草原民族西迁的连锁反应。两个多世纪后，匈人、东哥特、西哥特一波又一波地突破了罗马边防，瓦解了西罗马帝国。尽管对于匈人是不是匈奴人，中外史家众说纷纭。无论事实如何，引发中亚草原民族大规模西迁的主因肯定是匈奴。

匈奴为什么要西迁？ 2013 年，美国古气候专家库克（Edward R. Cook）采集了中国青海的植物年轮数据，结合太平洋地区气候变化历

匈奴武士骑马射箭图

史，提出匈奴的西迁与气候变化有直接关系[1]。原来，在公元二三世纪，蒙古高原和中亚草原经历了长达 100 多年的严重旱灾，游牧族群无法生存。匈奴首选是南下，但与两汉打了两三百年后仍无法得手，只能西迁。西迁的匈奴与中亚草原上同样为旱灾所困的游牧民族一起，冲向另一个繁荣的农业文明中心罗马。正好赶上西罗马的“三世纪危机”。摇摇欲坠的奴隶制大庄园生产被游牧民族“踏上最后一只脚”，西罗马就此崩溃，再没有统一过。

1 库克（Edward R. Cook）提出了一种关于气候机制的假说，4 世纪中亚旱灾的发生与匈人（the Huns）第一次向西迁入罗马帝国几乎同时发生。参见：Nicola Di Cosmo, Neil Pederson, Edward R. Cook: “Environmental Stress and Steppe Nomads: Rethinking the History of the Uyghur Empire (744–840) with Paleoclimate Data,” *Journal of Interdisciplinary History*, XLVIII: 4 (Spring, 2018).

如果两汉没有抵抗住北匈奴的南下，东亚史与世界史都将重写。气候成了草原民族的不可抗力，草原民族又成了农耕文明的巨大考验。秦汉罗马相隔万里，都面临着不可抗力的同样考验。两汉经住了考验。

汉匈之争了结于东汉，肇始于西汉。西汉早期就已出现了气候变化的前兆。匈奴领地连年出现雨雪大灾，牲畜大批死亡。初时每和亲贸易一次，匈奴就能安稳十年八年。但从文帝末年开始，送财物送公主都不管用了，今年刚送完，明年还来抢，矛盾迅速激化。西汉武帝时，中原地区也出现了大规模水灾、旱灾与饥荒，都靠举国体制硬挺了过来。是以内生力量消化天灾，还是以侵掠游走转移天灾，影响着文明的可持续性。

汉武帝不堪匈奴持续进犯，开始了持续十多年的汉匈战争。最终卫青取得河套地区，设立了朔方郡；霍去病打通西域，建立了武威郡和酒泉郡。正是有这两个基地，日后东汉才能打到蒙古高原腹地。这个胜利十分昂贵，文景两朝的存粮被消耗殆尽。为了胜利，谁能捐钱捐粮，谁就能做官。“入羊为郎”的笑话就是这期间发生的。

最大的尴尬发生在霍去病定鼎河西的最后一战后。匈奴浑邪王率4万部众投降，汉武帝决定在边郡划出5个属国好好安顿。他诏令长安地区的商贾捐献2万乘车马给投降的匈奴作“安家费”。但没有商人肯捐。刘彻怒极，要砍长安县令和商人的脑袋[1]。

大臣抗谏说，匈奴为非作歹，我们花费了无数资财才战胜。现在既然得了俘虏，就应当赐给死难战士之家做奴仆以补偿。现在居然要用官府的钱财去供养，让汉地的良民去照顾，就像奉养骄横的儿子一样，

1 “上怒，欲斩长安令……又以微文杀无知者五百余人”。参见：韩兆琦译注，《史记·汲郑列传》，中华书局，2010年版，第7113页。

这是伤害中国之根本[1]！

汉武帝默然半晌，没有听从，依然出钱安顿好了这批匈奴部众。只不过钱不是由国家财政（大司农）出，而是由皇室内库（少府）出。这是了解中华文明又一角度。有人说，汉朝开边与其他帝国殖民没什么不同，但哪有不以战败者为奴隶，还自掏腰包去供养战败者的“殖民者”？与汉匈战争前后脚发生的，是罗马与迦太基的第三次布匿战争（公元前149—公元前146年），罗马将迦太基全城夷为平地，将投降的5万老幼妇孺全部卖为奴隶。

希腊罗马的对外战争都能挣钱，而汉的开边都是贴钱，史书上批评其“虚耗海内”。但汉朝要的是人心，而不是钱。匈奴部众只要诚心归附，就是中国百姓，就要以仁义财帛待之，以使“远人归心”。这是儒家仁政精神。

仁政的负担太沉重了。中原和草原同受天灾，小农出现了大规模破产——“失时不雨，民且狼顾；岁恶不入，请卖爵子”。小农不能抗灾又不能免债，只好卖掉田宅。卖给谁？自然是卖给巨商大贾。汉朝出现的大商人主导的土地兼并，与罗马“大土地农业”一样；投机商和大地主们从来“不急国家之事”，也与罗马一样。商人们的财力早已压倒了各级政府（“大者倾郡，中者倾县，下者倾乡里者，不可胜数”[2]），但当朝廷要平七国之乱而向富户借钱时，富户们觉得朝廷未必打得赢而不肯借（“关东成败未决，莫肯与”[3]）。

从文景开始，朝野就在争论农商矛盾的解决办法。一种是贾谊的

1　“臣愚以为陛下得胡人，皆以为奴婢以赐从军死事者家……今纵不能，浑邪率数万之众来降，虚府库赏赐，发良民侍养，譬若奉骄子。……是所谓‘庇其叶而伤其枝’者也”。参见：韩兆琦译注，《史记·汲郑列传》，中华书局，2010年版，第7113页。

2　参见：韩兆琦译注，《史记·货殖列传》，中华书局，2010年版，第7622-7623页。

3　“吴楚七国兵起时，长安中列侯封君行从军旅，赍贷子钱，子钱家以为侯邑国在关东，关东成败未决，莫肯与”。参见：韩兆琦译注，《史记·货殖列传》，中华书局，2010年版，第7620-7621页。

“重本抑末”。这是典型的法家。《商君书》里对付“奸商”的手段是十倍征税、禁止贸易、把旗下伙计都发配去修路等，可商业是西汉繁荣的基础，岂能又回到秦制苛政？另一种办法是晁错的减免农业税。这是典型的儒家之策。万般困难一招鲜——减税，可减免了税，中央财政又拿什么去抗灾打仗？文帝、景帝都难以定夺，就这样继续熬下去。

最终解决的还是汉武帝。有人为他发明了一套既不退回秦制，也不加小农税赋，还能增长国家财力的方法，“民不益赋而天下用饶”。这个人，既非儒家，也非法家，而是一个商人。

第二节　儒商的家国

在景帝去世前的最后一年，洛阳城巨商之子桑弘羊，以特殊才能“心计”（心算）进入宫廷做“郎官”。这一年他才 13 岁。和都城长安不同，洛阳是商业都市，居民都“喜为商贾，不好仕宦”。汉朝也不让商人做官，做“郎”只有郡守和将军的后代才有资格。商人世家子弟能破例进宫很不容易。

桑弘羊进宫是为了给 16 岁少年天子刘彻当伴读。刘彻读什么书，他就跟着读什么。刘彻微服野游，他就去侍卫。刘彻的侍卫大多成了名臣名将，他却 20 年没得到重用。直到商人拒捐车马安顿归降的匈奴这件事发生。

憋了一肚子气的刘彻，在桑弘羊的策划下，于公元前 120 年，做了一件让儒生们目瞪口呆的事——他任用了著名的大盐商东郭咸阳与著名的大铁商孔仅，主导了全国盐铁官营。伴读郎官桑弘羊则以“计算用侍中”，在内廷里予以配合。

盐铁官营，是指将此前由民间经营的制盐铸铁行业，转隶官方实行更大规模经营。盐和铁是古代社会最大消费品，官方经营就是垄断了最大财源。很多人批评这是国家与商民争利，但帮国家搞垄断盐铁的，竟是盐铁商家本人。这就奇了。罗马商人用财力胁迫国家让自己发财，汉朝商人却帮国家搞宏观调控。

桑弘羊还发明了“均输法”和“平准法”。

均输法，就是各地的“土贡”以当地最丰饶之物品上交，再由官营网络运往稀缺地区出售。对民间而言，可以避免中间商的盘剥；对国家而言，亦在不增加农税的情况下获得了巨大财力。平准法，就是以官营网络解决价格波动。某种商品价格过分上涨或下跌，国家就向市场抛售或买进该商品，以平抑物价。而罗马帝国戴克里先皇帝在面对物价波动时下过一道限价敕令（公元 301 年），从商品到工资都规定了最高价格，结果失败了。朱理安皇帝在公元 362 年也试了一次，同样失败了。

桑弘羊还统一了币制，将各郡国分散的铸币权收回到朝廷，铜钱都是用统一铸造的“五铢钱”。而罗马只实现了金币银币由国家铸造，铜钱仍归各城市独自铸造。

正是这套宏观调控财经制度，帮助汉朝同时扛过了农业灾害和匈奴进犯，用“均输”“盐铁”之积蓄，既支付了战士俸禄也赈济了北方饥民。“赖均输之畜、仓廪之积，战士以俸，饥民以赈”[1]。但初创的宏观调控亦有缺陷，如盐铁官营中，公营器物的规格经常不合私用；均输平准中，官吏经常乱征收物产[2]；在鼓励举报隐瞒财产的告缗制度

1　“战士或不得禄，而山东被灾，齐赵大饥，赖均输之畜、仓廪之积，战士以俸，饥民以赈”。参见：王利器校注，《盐铁论校注》，中华书局，1992 年版，第 27 页。

2　“有者半贾二卖，无者取倍称之息”。参见：晁错集注释组注，《晁错集注释》，上海人民出版社，1976 年版，第 31 页。

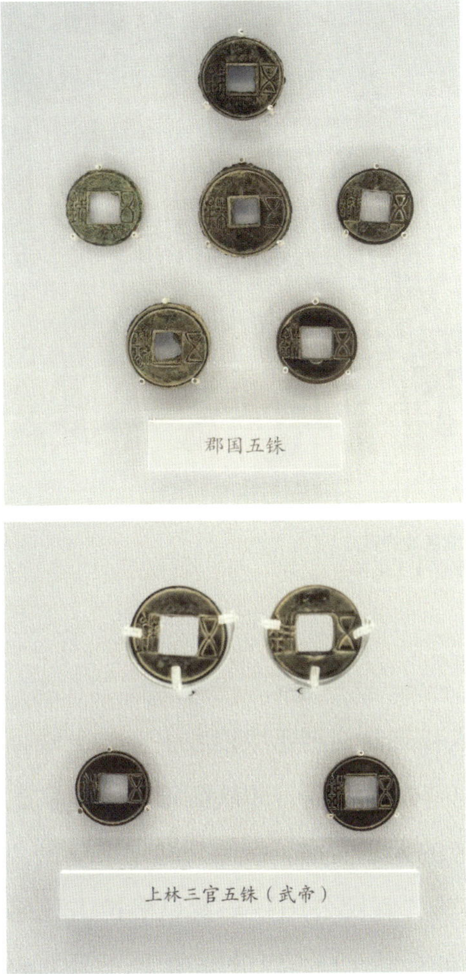

公元前 113 年，汉武帝禁止郡国铸钱，只准上林三官铸造，货币铸造权与发行权完全收归中央。图为郡国五铢与上林五铢

罗马钱币，表现的是站在代表“俘虏朱迪亚”的一名满怀悲伤的妇女身旁的一个骄傲的罗马士兵

中，为了征收高利贷和投机商的财产税，居然搞出了全民告密运动。桑弘羊在晚年承认政策初衷与官僚执行效果的差距——“吏或不良，禁令不行，故民烦苦之”。虽有欠缺，但瑕不掩瑜。

桑弘羊还干了两件大事。第一件大事是“假民公田”。公元前114年，

张骞出使西域，开通了丝绸之路，标志着中国与西域各地的官方交流正式开启。图为莫高窟第 323 窟《张骞出使西域图》（局部）

他首次赴外朝任职，就将从投机商人和高利贷者手中没收上来的土地，重新租给无地的流民耕种[1]。罗马也有公地制度，即从征服土地中拿出一部分租给贫民，但仍挡不住权贵者的大量侵占，致使公地越来越少，国家最终丧失了调节能力。桑弘羊的“假民公田”与罗马格拉古兄弟因土地调节被杀（公元前 133 年、公元前 121 年）时间相距不远，一个成，一个败。

他干的第二件大事是巩固西域。汉朝设立河西四郡，本来只是军事点，正是在桑弘羊的建议下，征发了 60 万戍卒河西屯田。这花费了数以亿计的财富——“中国缮道馈粮，远者三千，近者千余里，皆仰

1 秦汉的土地制度中，同时存在国家拥有的“公地”和个人拥有的“私地”。国家公地用于重新分配和租借，虽然不能解决根本矛盾，但能够缓和土地兼并。北魏和隋唐之盛世，正是与授田制相始终；但每当国家失去公田这一调节手段的时候，也就进入了王朝衰败的周期。

给大农”。没有这个基础，东汉的班超就建不了西域都护府，丝绸之路就永远打不通。桑弘羊对西域比朝廷还要狂热。在刘彻晚年，桑弘羊还力主屯田轮台（今新疆轮台县）彻底巩固西域。最后还是刘彻先放弃了，发布《轮台诏》，下令“弃武归文”。

一个巨商之子为何如此执着地为贫民分土地，为朝廷开西域？因为他读《春秋》。他少年时和刘彻一起读了《春秋》《鲁诗》《尚书》。老年之后，在盐铁会议上舌战群儒时，他还能句句引用春秋大义和儒家经典。自刘彻开始从贫寒儒生中选拔文官后，民间儒学蔚然成风，不谈“王道”都会被樵夫舟子耻笑。没有这样的文化氛围，产生不出这批发明了宏观调控的大商人们。和他共同搞盐铁官营的商人东郭咸阳与孔仅，也同样为朝廷奔波到老。

桑弘羊一直保留着商人习气。他不认为持家必须简朴，反而得意地夸耀如何“善加筹策”朝廷的赏赐和俸禄而使自己过得更富裕[1]。他的子弟也曾因游猎被都城治安官查办。但他靠中央集权筹措的那些钱，全部投入西北的屯田与在山东治水患，投入到了“经营天下”。他服膺儒家精神，却看不起儒生空谈（“不知治世而善訾议”[2]）。他的观点没错。汉朝所有的成就，没有中央财政体系，是根本无法实现的。

桑弘羊是商？是官？是儒？是法？他开启了一个永恒的话题。商道的使命，是追求一个跨越任何束缚的私人商业帝国？还是在独善其身之外去兼济天下？这是中国商人心中永远的挣扎，带来了各种截然不同的命运。

---

1 车马衣服之用，妻子仆养之费，量入为出，俭节以居之；俸禄赏赐，一二筹策之，积浸以致富成业”。参见：王利器校注，《盐铁论校注》，中华书局，1992年版，第219—220页。

2 参见：王利器校注，《盐铁论校注》，中华书局，1992年版，第595页。

第三节　商道的分殊

和桑弘羊同时，罗马的头号巨商是与恺撒、庞培并称“前三头”的克拉苏。他干了件最著名的大事，镇压了斯巴达克斯大起义。

克拉苏是“罗马最富有的人”。普鲁塔克记录道，他致富的方法是，自己成立了一个 500 人的私人奴隶消防队（当时罗马没有消防队）。谁家的房子着火了，他就带人堵在门口要求廉价收购房产。如果房主答应，他就灭火。如果不答应，就任由其烧光。等房主不得已将房子低价卖给他后，他再加以整修，高价租给原来的苦主居住。就这样，他空手套白狼，买下了大半个罗马城。他还经营着罗马最大的奴隶贩卖生意，从意大利的种植园，到西班牙的银矿，到处都是他卖出去的奴隶。他死后的遗产，相当于罗马国库的全年收入。

他从政后的慷慨，与经商时的盘剥同样惊人。他拿出财产的十分之一办庆典，给每个罗马公民发 3 个月生活费。这一票拉的，在公元前 70 年轻松竞选成功，与庞培一起被任命为联合执政官。伟大的恺撒拼命苦战了 10 年，才勉强与他俩并称“前三头”。

克拉苏的名言是，不够武装一个军团，就不能算作富人。[1] 他死于率领罗马军团远征安息帝国的途中，战斗和死亡都十分英勇，充满罗马风范。但他打安息不是为了国家，而是为了自己——罗马的潜规则是，谁打下新行省，谁就有权利先行搜刮那里的财富。他没有成功，帕提亚骑兵砍下了他的头颅，往里面灌满了黄金。

克拉苏这类的商人政治家，在中国不可能出现。其发家手段在商

1　参见：普鲁塔克著，席代岳译，《希腊罗马名人传》III，北京时代华文书局，2020 年版，第 265 页。

界都得不到尊重，更不要说当政治领袖。而在罗马，只要他的财富足以武装起一支军队，只要他的财富足以搞定更多选票，就可以。

罗马创造的地中海世界里，产生了大量克拉苏式的金融家、包税人、奴隶贩子，他们投资罗马的政治，但在罗马崩溃后，他们都没受影响。他们和蛮族、教会充分妥协，转化成新的封建领主。

近代以来，总有人认为明末才有资本主义萌芽，商业精神似乎是儒家农业文明主干上的支流。实则不然。中国的商业精神不是支流，而是儒家农业文明内在的重要部分；不是先天不足，而是天生早熟；不是被动接受了儒家，而是对儒家进行了实质性修正。正如桑弘羊在晚年的盐铁会议上提出的，商业亦可立国（“富国何必用本农，足民何必井田”）。他认为，国家要建立大市场，汇聚万货，让农、商、工、师“各得所欲，交易而退”。他还说，国家没能让人民富裕，不是因为道德问题，而是因为工商业不发达。“有山海之货，而民不足于财者，商工不备也。”这些来源于战国时代齐国的“管子轻重之学”。轻重学派明确地提出用市场调节财富，用货币塑造价格，用利益机制来引导社会行为，反对以行政手段强制管束。这些思想是非常现代的。我们经常低估了先贤的价值。中国最终没有发展出资本主义经济，有很多原因，但并非没有工商文明的种子。有观点认为，桑弘羊倡导国家管控与重要行业国有化，绝非工商文明的代言人。其实，自由市场与国家调控并非对立，有效市场与有为政府可以并存，大一统秩序反而可以成就大市场。中国与西方经济思维不同。[1]

中国工商业一开始就被儒家套上了道德伦理，后来又被套上了家

1 许倬云对汉代农业的研究表明，每当全国统一时，农民的生产高度商品化，全国农村形成统一的市场网络，当国家分裂时，交通阻断，农民会退回到自给自足的小家庭生产，商品化程度降低，市场网络也瓦解。参见：许倬云著，程农、张鸣译，《汉代农业：早期中国农业经济的形成》，江苏人民出版社，2019 年版，第 150 页。

战国齐都临淄的一角（模型），生动真实地再现了纵横家苏秦描绘的“临淄之途，车毂击，人肩摩，连衽成帏，举袂成幕，挥汗成雨”的盛况

国责任。有人说，正是这种双重束缚，让我们没能早产生西方式企业家。然而，道德伦理和家国责任正是今天西方企业家们非要回答不可的问题。自利和利他的关系如何平衡？纯粹自利能否自动达成社会共利？国家和个人的边界何在？自由经济能否脱离国家主权？这些问题，中国两千年前就开始思考了。

第五章　罗马帝国

第一节　上层与基层

西汉王朝灭亡时（公元 8 年），罗马帝国刚刚开始。创建罗马帝国的屋大维，和刘彻有着许多相似之处。

他们都是天才少年。刘彻 17 岁即位，23 岁开始立儒学、打匈奴，49 岁前两件事都完成了。屋大维 19 岁起兵，32 岁时结束分裂，47 岁前完成了罗马帝国的制度建设。

他们又都是复杂的人。刘彻的历史评价在穷兵黩武和雄才大略之间摆动了 2000 年。说他是儒家，他行事却像法家；说他是法家，他又没有退回秦制；说他爱道家神仙，他又偏偏用儒家立国。屋大维也充满矛盾。他与巨头合作，架空了元老院；又与元老残党合作，消灭了巨头。他保留共和国的形式，却变更其内在逻辑，虽称元首，实为皇帝。他身兼多个文职，从执政官到保民官到祭司长，但 18 万罗马军队才是他的真正力量。他没有建立明确的继承制度，但王朝最终还是在家族内传承。

屋大维和刘彻之复杂，在于罗马与秦汉都是超大规模政治体。在草创之初，要整合这样广阔复杂的疆域，任何单一的理论、制度、安排都难以奏效。

屋大维和刘彻的治国思路，也是英雄所见略同。

屋大维很重视制度建设。除官僚、军队、税吏制度外，也很重视国家意识形态，希望以罗马早期的传统道德来凝聚人心，即对家庭、对国家、对本土神灵的忠诚与责任。就像刘彻找到了董仲舒，屋大维也感召了一批文化巨匠。维吉尔仿照希腊的荷马史诗，创作了罗马史诗《埃涅阿斯纪》，构建了“罗马民族”的认同；李维写了《罗马自建城以来史》，总结罗马建城700年来的兴衰成败，批判分裂的派系主义；贺拉斯的《讽喻诗》，批判当下的腐败风气，号召社会回归对家国的责任感。

而两人的路径与结果大不一样。

屋大维建立了文官系统。为了克服财阀对政治的破坏性，他大胆吸纳财阀进入文官体系。骑士阶层可以从实习军官做起，进入税吏系统，最终出任行省的财务官，顶尖的可以进元老院。真正实现了西塞罗的“贵族与财阀共天下”。与之相比，汉朝的文官路线则是求取基层寒士。钱穆说，汉代是第一个“平民精神”王朝[1]。

罗马帝国的文官，都集中在行省首府，更没有建立一杆子插到底的基层政权。行省之下无官僚，下面是一堆拥有自治权的王国、城市、部落，各自按照原有的制度运行。罗马派遣一个总督和若干财务官，掌管税收、军事与司法，对于行省下的公共服务和文化教育则一概不管。中央委派的财务官也只在行省而不下基层，更懒得设垂直管理的基层税吏，征税就摊派给地方领袖。地方领袖对当地事务很有发言权，总督经常按照地方实力派的愿望做决断。如罗马总督彼拉多并不想处死耶稣，然而在犹太领袖们的强烈坚持下，还是不情愿地将耶稣钉上了十字架。总督不管事，也不承担公共经费。地方的城市建设和文化

1　参见：钱穆著，《国史大纲》，商务印书馆，1991年版，第128页。

2014 年 7 月 10 日在甘肃金昌骊靬古城上演的古罗马历史情景表演，“古罗马皇帝”和“皇后”游行，由身穿白色袍子的“古罗马元老院代表”陪同

活动由本土富商自愿掏钱。[1] 在中央政权衰落之后，这些地方实力派就此转化为蛮族王国之下的封建地主，因为他们本来就是独立的，谁收税都一样。英国学者芬纳将罗马帝国称为“由众多城邦所组成的一个庞大的控股公司”[2]。

归根结底，罗马的治国思路是只管上层，不管基层。罗马帝国，只是环地中海的上层精英大联合，只关注罗马城与意大利本土公民的

1 “到了第四世纪，城市状况达到了这样的严重地步，以致政府强迫有钱的人担任官职，并有系统地以消耗私人财富来平衡城市的预算。为了这项目的，使城市官职成为富贵家族的世袭职位。如果什长逃亡的话，他将被抓回，受处罚；他从此不得再离城市他去。”参见：汤普逊著，耿淡如译，《中世纪经济社会史》（上册），商务印书馆，1961 年版，第 66 页。

2 参见：芬纳著，马百亮、王震译，《统治史》（卷一），华东师范大学出版社，2010 年版，第 362 页。

福祉，对外围行省的基层群众从来不关心，更谈不上融合相通。[1] 如西方学者所言，罗马帝国文明有着无比丰富和复杂的上层建筑，经济基础却是粗陋和简朴的“奴隶制大庄园”[2]。文化基础也如此。罗马的行省中，只有贵族、官僚能说拉丁语，基层群众基本上不会，因为罗马从未想教他们。高卢和西班牙并入罗马 300 年后，农民们还在说自己的凯尔特语。也因此，屋大维苦心建构的“罗马民族认同”，随着拉丁语仅停留在贵族圈里，从未抵达基层人民心里。一旦上层崩盘，基层人民就各自发展，把罗马抛到九霄云外。而秦汉则是打通了上层与基层，创立了县乡两级的基层文官体系。由官府从基层征召人才，经过严格考核后派遣到地方全面管理税收、民政、司法和文教。在居延汉简中，连一个在西域屯田的小吏，都被严格要求“能书会计、治官民、颇知律令”。文吏还要专门读史书、写文件、练礼仪[3]。两汉的基层官吏不光管理社会，还要负责公共文化生活[4]。郡守设学，县官设校，配备经师，教授典籍，慢慢将不同地区的基层人民整合起来，聚合成一个大文化共同体。即便中央政权崩塌，基层的人民还是要书写同样的文字、遵循同样的道德、拥有同样的文化。唯有这样的人民基础，大一统王朝才能多次浴火重生。

---

1 尽管罗马的城市为公民提供了诸多的市政服务与城市文化生活（如竞技表演、节日庆典等），起到了连接精英与底层民众的一定作用，但城市对于边缘的、底层的民众照顾有限。

2 参见：佩里·安德森著，郭方译，《从古代到封建主义的过渡》，上海人民出版社，2001 年版，第 137 页。

3 参见：黄晖撰，《论衡校释》，中华书局，1990 年版，第 1123 页。

4 参见：颜师古注，《汉书》，中华书局，1999 年版，第 248-249 页。

第二节 政权与军权

罗马与秦汉第二个不同在于军队与政权的关系。

屋大维起于军队，他解决政权与军队的关系，仍然是军阀式的。他先将最富有的埃及财政收归为“元首私库”，再用私库之钱给军团发酬劳。士兵虽不再是各将领的私军，但依然是皇帝的私军。这导致了一个双向规则：一方面，军队属于能发出最多军饷的那个人；另一方面，一旦皇帝发不出军饷，就得换一个能发饷的人当皇帝。果然，这种规则下的和平，在屋大维之后只维持了 50 年。公元 68—69 年的内战中，地方军阀都从行省赶到首都参与帝位纷争，各军团将领多次举兵夺取中央政权。专家统计，从屋大维到君士坦丁的 364 年中，平均 6 年发生一次帝位更替。其中有 39 位皇帝死于近卫军和军队之手，占总数 70%；只有 12 位皇帝属于自然死亡，不足 20%。

先是意大利本土兵为主的中央禁卫军操控皇帝。近水楼台先得月。合法继承人要贿赂禁卫军才能登基。一旦禁卫军不满意报酬便杀了再换新人。最后发展到在军营前“拍卖”皇位，财阀和元老竞相出价。公元 193 年，尤利安努斯胜选后当了 66 天皇帝就被杀[1]。

压制中央禁卫军的，是边疆军阀。发家于边疆行省总督的塞维鲁王朝，解散了意大利本土兵，带领外省军队占领了罗马。他们屠杀罗马的贵族和财阀，把没收的资产拿来发军饷。军队的赏饷虽增加了一倍，但欲壑难填，塞维鲁王朝也灭亡于自己军队的暗杀（公元 235 年）。之后的罗马，50 年内出现了 23 个皇帝，统治不到一年都死于兵变。

1 Cassius Dio, *The Roman History: The Reign of Augustus*, lxxiv, 17.5, Penguin, 1987. ; *Historia Augusta*, Volume I, Didius Julianus, 8.8. translated by Magie,D., Harvard: Harvard University Press, 1921.

罗马帝国晚期经济崩溃，出不起丰厚的赏金，罗马人都不想当兵，只能雇日耳曼蛮族看家护院。此后，帝国的命运就掌握在蛮族雇佣军首领手里。最后攻陷罗马的阿拉里克、奥多亚克、狄奥多里克，都是蛮族雇佣军首领。罗马兴也军队，亡也军队。塔西佗说：“罗马帝国的秘密，就在于皇帝的命运实际上掌握在军队手中。”[1]

罗马为什么无法控制军人干政？第一个重要原因是，罗马没有基层政权，军队代行着许多政权职能。行省总督们要仰仗军队的威势来维持治安与收税，收上来的税又变成了军饷。行省军队和税赋激增成为恶性循环。如此，本应代表中央的总督，变成了代表地方的军阀。秦汉的军队不能收税，也不能管理民政。在完善的文官制度保障下，军队都是小农，战时征召为兵，战后复耕为农。边疆部队也是屯田为生，兵农一体，没有变成罗马军队那样固化的利益群体。

第二个重要原因是罗马军人的“国家意识”有问题。罗马共和时期的公民兵有较强爱国精神，但帝国中后期雇佣兵取代了公民兵，雇佣兵效忠于将领与地方，失去了对中央政府的忠诚。[2]孟德斯鸠认为，因为军团距离罗马太遥远，便忘记了罗马。“当军团越过了阿尔卑斯山和大海的时候，战士们在许多战役中就不得不留驻在他们所征服的地方，这样他们就逐渐地丧失了公民们应有的精神，而在手中掌握着军队和王国的将领们感到自己的力量很大，就不想再听命于别人了。于是士兵们这时就开始只承认自己的将领了，他们把自己的一切希望

1　参见：塔西佗著，王以铸、崔妙因译，《塔西佗历史》，商务印书馆，1981年版，第5页。

2　罗马共和国时期，公民兵的爱国精神体现在，各地碑刻与墓志铭上显示罗马人以身为退伍军人为荣。但在帝国晚期，罗马主要依靠蛮族雇佣兵，其对中央效忠度大大降低。美国中世纪史名家帕特里克·格里写道：“军队与本地社会群体之间相互融合的过程被加快了，以至于在帝国内部调动军团抵御入侵都有可能引起反叛。”参见：帕特里克·格里著，吕昭、杨光译，《民族的神话》，广西师范大学出版社，2022年版，第75页。

大型音舞诗剧《汉侯班超》在新疆喀什疏勒县首演，该剧反映了公元1世纪汉侯班超率领36名勇士，为山河统一、定远 边土、促进民族团结做出的丰功伟绩

都寄托在将领的身上，而且和罗马的关系也越发疏远了。”[1]

中国大不同。汉朝与西域近万里之遥，中间隔着世界第二大流沙沙漠。但汉将班超赤手空拳仅靠千把散兵，凭着纵横捭阖的外交军事智慧，在西域诸国数十万军队围裹中，为东汉重建了西域都护府，打通了丝绸之路。西域各国与相邻的月氏贵霜等国都只敬服他一人。他完全可以割据自重。但他为汉朝苦心经管西域30年后，只提出一个要求，就是归葬故土，不带走一兵一卒一草一木。他的成就，是在政治

1 参见：孟德斯鸠著，婉玲译，《罗马盛衰原因论》，商务印书馆，1962年版，第48-49页。

极其困难的情况下完成的。他的胞兄班固是与司马迁齐名的史学大家，追随外戚窦宪驱逐北匈奴，起草了《燕然山铭》，之后卷入窦宪宫廷案，61 岁时身死囹圄。此时的班超孤悬西域，前有未克之敌，后有不可测之政治风险。他不仅没为兄长之事抱怨，反而集中精力打下最艰难一仗，西域 50 国全部归附汉朝。战后，班超病入膏肓，屡屡上书乞求回归汉土而不见应答。他妹妹班昭上书求情，这才在死前一个月万里回朝，总算“生入玉门关”。两汉像班超这样的将军还有很多，如卫青、霍去病、马援、窦融等。

有人说，罗马军人能够干政，是因为罗马皇权是“相对专制”，而汉朝皇权是“绝对专制”。似乎军人不造反的唯一理由是受到强力管制。而东汉末年皇权衰微，名将皇甫嵩出师剿灭黄巾军后，有人劝皇甫嵩拥兵自重。皇甫嵩却说：“夙夜在公，心不忘忠，何故不安？”“虽云多谗，不过放废，犹有令名，死且不朽。”[1] 他回到长安，放下兵权。

中国历史上，在皇权没有强制力时，军人为什么还要遵守规则？这并非畏惧皇权专制，而是受到儒家伦理忠于国家的制约，主动服从国家秩序。东汉末年也和罗马一样出现地方军阀割据，但东汉军阀打仗的理由却是为了结束割据、统一天下，他们都得接受“春秋大义”的制约。中国虽然屡屡出现过藩镇割据与军阀混战，但始终没成为主流。中华文明大一统精神产生了“儒将”传统。在法家体制与儒家意识双向发力下，中国古代最终实现了由文官控制军队，保证了长久稳定。虽时有反复，但总算渐成体制。海外汉学家们公认，“文官控制军队”是中华文明又一重要特征。西塞罗的“让刀剑听命于长袍”的梦想，在中国实现了。

1　出自《后汉书·皇甫嵩朱俊列传》。——编者注

第六章 基督国教

第一节 “上帝之城”与“人间之城”

西罗马帝国最后 150 年的主旋律，是基督教。

原始基督教，源于中东巴勒斯坦，是“渔夫和农人”的朴素宗教。这些底层贫民是罗马各行省从不在意的人群，也是拉丁语从未到达的人群。许多基督徒也不在意罗马，他们属于“上帝之国”的兄弟，而不属于“尘世之国”的公民。他们拒绝服兵役，拒绝任公职，拒绝向罗马多神献祭，拒绝向皇帝的雕像焚香跪拜。

罗马本土的多神教，没有严肃的道德规范[1]，无法约制罗马社会堕落。罗马堕落源于富有。毫无节制的个人享乐成为了社会风尚，婚姻家庭责任全面瓦解，国家居然要靠立法来对独身施以重罚，要靠公务员升职来对婚内生子予以奖励。多神教已从宗教变成了娱乐[2]，富贵人家花钱祭神，民众参会取乐，有事求神，无事享受。

罗马越堕落，基督教越高尚。罗马国家对底层贫民、孤儿寡母、残疾病人不闻不问，只有基督徒竭尽全力去养老存孤，去访贫问苦，去照料瘟疫死者。再往后，不光是平民，有点理想追求的精英都开始信基督。如 30 岁就出任意大利总督的贵族安布罗斯，信教后放弃官职，

1 参见：奥古斯丁著，王晓朝译，《上帝之城》，人民出版社，2006 年版，第 53 页。

2 参见：特奥多尔·蒙森著，李稼年译，《罗马史》，商务印书馆，2017 年版，第 184 页。

罗马万神殿

散尽家财分给穷人和教会。

多神教以宗教宽松为傲，万神殿里供奉着一万个神灵，但不同神灵的祭司各自为政，多元缺一体。基督教却纪律严明，在边远城市和蛮族地区建立了基层组织，在军队与宫廷中也发展了大批信徒，在罗马的躯体内形成一个日益壮大的“隐形国家”。

对这样强大的组织力和精神力，罗马起初感到恐惧，进行了300年屠杀迫害。公元313年，君士坦丁大帝转而怀柔，承认基督教合法，甚至赋予主教司法权，希望将“恺撒”和“上帝”统一起来。公元392年，狄奥多西皇帝正式确立基督教为国教，摧毁多神教的神庙。

罗马为什么要以基督教为“国教”？有史家说，是为了争取下层民众和平民士兵的支持。还有史家说，是因为多神教的神太多了，每个军人造反都宣称自己是某个神的后裔，一神教更有利于塑造绝对皇权。不管是哪一种，罗马皇帝们的愿望都落空了。

在君士坦丁宣布基督教合法的40年后（公元354年），罗马的北非行省努米底亚一个罗马官吏家庭，诞生了一个孩子。这个孩子按照罗马精英模式，系统学习了拉丁语、希腊语、雄辩术、哲学，尤其痴迷于维吉尔的史诗和西塞罗的政论。当他第一次阅读《圣经》时，因其语言简陋而斥“这部书和西塞罗的典雅文笔相较，真是瞠乎其后”[1]。他深研新柏拉图主义，也短暂信奉过摩尼教。无论哪种，都带着罗马式的慧辩。他的私生活也有罗马时尚——年纪轻轻就和一名底层女子婚外生育了私生子。

30岁那年，他去了米兰在罗马皇帝瓦伦提尼安二世的宫廷内当公共演讲家，颂扬皇帝，宣讲政策。罗马老政治家西马库斯认为他是希腊罗马古典文明的“火焰传承人”。然而，优渥的生活，自由的思想，宽松的环境，极低的私德门槛，都无法填补他心灵深处的缺憾。当他再次阅读“言语粗陋”的《圣经》时，却经历了一个无法言说的“神启时刻”。从此，他就变成了基督教最伟大的神学家奥古斯丁。他用已学成的希腊罗马知识，将基督教原始教义发展成庞大的神学体系。他的原罪、神恩、预定论、自由意志等思想，成为基督教教父哲学的集大成者。其后中世纪几乎所有的西方神学，都是给奥古斯丁做注脚。

被视为古典文明火种精英的奥古斯丁，转头开始清算希腊罗马。曾经的他为西塞罗的政论五体投地，皈依后的他改称西塞罗为“半吊子哲学家”；曾经的他为维吉尔的史诗热泪滂沱地，唤作“我们的诗人”，皈依后的他改称维吉尔为“他们的诗人”；曾经的他为《埃涅阿斯纪》

1 参见：奥古斯丁著，周士良译，《忏悔录》，商务印书馆，1996年版，第41页。

中的英雄辗转反侧，皈依后的他说，罗马祖先埃涅阿斯从特洛伊废墟上抢救回来的祖先神，连特洛伊都保护不了，如何能保护罗马？

公元410年，西哥特首领阿拉里克攻破了罗马，洗劫了三天三夜，被称为“永恒之城的陷落”。罗马民间出现了一种呼声，认为这是因罗马抛弃了自己的多神教而信奉外来基督教所遭致的“报应”。奥古斯丁拍案而起，写了《上帝之城》予以驳斥，并彻底否定了罗马文明。他说罗马建城的罗慕洛斯杀掉兄弟而得国不正，从一开始就埋下了败亡的种子。罗马的太阳神、战神和美神没能阻止罗马人道德败坏，也并没有抵挡蛮族入侵，毫无用处[1]。他引用西塞罗《论共和国》，指责罗马从来没有实现正义，从没实现“人民的事业”[2]，因此不是共和国。罗马人民不爱上帝，爱多神教，因此没有公义，而取消了公义的王国就是匪帮。[3]他甚至全盘否定了早期罗马战士“爱国即荣誉”的精神，认为所有的荣耀应该归于上帝。连罗马早期的节制、审慎、坚忍都不是美德，只有基督教的信、望、爱才是。

奥古斯丁最后总结说，罗马的陷落是咎由自取，基督徒最终的期许是上帝之城。而教会正是上帝之城的代表。[4]

---

1 参见：奥古斯丁著，王晓朝译，《上帝之城》，人民出版社，2006年版，第79页。

2 参见：奥古斯丁著，王晓朝译，《上帝之城》，人民出版社，2006年版，第76–77页。

3 奥古斯丁否认罗马是共和国，因为罗马不正义，“只有基督创建和统治的国家才有公正”，“使人远离真正的上帝、服从不洁的精灵算什么正义呢？”。奥古斯丁又说：“取消了公义的王国除了是一个强盗团伙还能是什么？所谓匪帮不就是一个小小的王国吗？。”尽管我们不能肯定地说奥古斯丁认为罗马不正义而是匪帮，但可以推断，晚期罗马帝国在性质上存在陷入“匪帮”的可能性。参见：奥古斯丁著，王晓朝译，《上帝之城》，人民出版社，2006年版，第78、936、144页。

4 人间之城/上帝之城是以爱自己/爱上帝来区分的。奥古斯丁认为教会中也有人间之城的公民；相应地，教会外也有人最终会成为上帝之城的公民。

第二节 “国家之恶”与“国家之善”

奥古斯丁为什么称罗马国家为不正义的？考虑到罗马帝国如同“控股公司”的组织形式，考虑到长达200年乱军分肥的中央政权，考虑到上层精英对于底层人民的忽视，奥古斯丁用“不正义”形容晚期罗马可能有一定原因。

但按照中国人的观念来看，罗马再不好，也是母国。恨其腐败，难道不应该先去改革制度重塑精神，使之再次成为一个伟大的国家？外族入侵时，难道不应该先投笔从戎捍卫家国，等天下太平后，再去追求宇宙真理？怎么能在尚未尽到改造国家责任之前，就全然抛弃打倒？说到底，基督教虽被罗马奉为国教，但从未与罗马血脉相连。

这是汉朝与罗马又一不同之处。一方面，儒家政治的道德伦理严格于罗马多神教，“鳏寡孤独皆有所养”是从政者的天然责任；另一方面，法家的基层治理和行政责任制远胜于“控股公司”，这不是靠说教能达到的，只有在现实中见过“好的国家”，人民才会拥有长久记忆。

一神教在中国很难像在罗马那样发展。因为儒家信仰涵盖天理与人伦，文官组织又贯通精英与人民，没有留给任何一神教像罗马那样的空间。更重要的是，儒家敬鬼神而远之，以人文理性立国，中华文明是罕见的不以宗教做根基的古代文明。所有外来宗教进入中国后，都必须褪去非此即彼的狂热，在国家的秩序之下和谐共处。与基督教传入罗马的同时期，佛教传入中国。300年后赶上五胡入华，北方胡族政权大多信奉佛教，而所有胡族帝王都主动选择中原地区的儒学为官方意识形态，都主动争取华夏正统，都没有变成佛教国家。中国对佛教不像罗马对基督教那样轻率，要么屠杀镇压，要么全盘接受，而是在吸收、消化后与中国文化融合基础上产生了中国化佛教。

河南洛阳白马寺是佛教传入中国后由官府营建的第一所寺院，距今已有 1900 多年历史，素有佛教“释源”“祖庙”之称

中国很难产生奥古斯丁这种宗教家。因为基督教的上帝之城可以脱离人间而存在，中国的天道却要在人间实现才算数。儒家知识精英很难认同宗教大于国家，反倒认为，国家有难时“遁世”才是“非义”。“以遁世为非义，故屡退而不去；以仁心为己任，虽道远而弥厉。”因为儒家意识和国家已融为一体。儒家的“教会”就是国家建制本身。在儒家精神浸润下，中国化宗教都对“国家价值”有着深刻认同。产生于中国本土的道教一直有着致天下太平之蓝图，中国化的佛教也认为当政者治理好国家的功德绝不亚于当一个高僧。国家观念外还有哲学观念。基督教之前的希腊哲学既有个体也有整体。但经中世纪 1000

年的神权压制，导致宗教改革后的“个体意识”反弹到另一个极端，此后的西方哲学执着于“个体意识”和“反抗整体”。中华文明从不曾以宗教立国，没有神权压迫，也没有对个体的执念，所以中国哲学更关注整体秩序。

自基督教与罗马国家分离之后，残存的罗马知识分子，不再背诵维吉尔和西塞罗，剑术和《圣经》变成了进身之本，主教职位更能获取地位权势。[1]罗马的地方贵族，也不追求“光复罗马”，而是就地转化为新的封建地主。罗马文化只有很少一部分得以继承。罗马之后再无罗马。

中国东汉末年大乱不下于罗马。上层宦官外戚奸臣党争轮番权斗，基层百万黄巾军大起义。此时，在朝堂上总站着一批杨震、陈蕃、李膺、李固、范滂这类的忠臣士子，不顾身家安危，成为黑夜中的盏盏孤灯，最后死无葬身之地。在草野之中，总生出一批桃园结义刘关张之类的贩夫走卒，主动为国家兴亡尽匹夫之责。他们永不抛弃国家永不抛弃道义。这是中国士民的主流。历史上出现的诸多昏君乱臣，从未阻断过这一主流。这一主流，虽没能改变两汉灭亡的结果，却始终高悬出一个价值观。任何逐鹿天下之人，都必须遵守这一价值观。士民信仰倒逼着英雄选择。

有人说，中国哲学中没能产生西方独立自由，是阻碍政治现代化的精神缺陷。实际上，现代美国与欧洲新自由主义政治中把“国家当成恶”的“消极自由”精神，不是来源于启蒙运动，而是来源于基督教中“上帝之城”与“人间之城”的分离。基督教将“罗马国家”视为恶。到最后，天主教会也被视为“恶”而被宗教改革攻击。除了上帝之外，

1 参见：克里斯·威克姆著，余乐译，《罗马帝国的遗产：400—1000》，中信出版社，2019 年版，第 122 页。

在“众生皆罪人”的尘世间，没有任何由“人”组成的机构有资格领导其他人。因为尘世的人定法始终不完美，而必须以永恒的神法为模型。从洛克的保护私有产权的“有限政府”，到卢梭的基于公共意志的“社会契约政府”，再到亚当·斯密只能做“守夜人”的政府，都是为了防范国家之恶。

而中华文明的主流是相信“国家之善”的。[1]儒家相信人性有善有恶，只要见贤思齐，化性起伪，总能够通过自我改造，建设成一个更好的国家。法家相信能够通过精密的治理体系和严格的行政责任制，在现实生活中造就一个“好国家”。就像“国家之恶”的概念不是凭空产生的一样，“国家之善”的概念也不是凭空产生。两汉儒法并行后的盛世记忆，又将“好国家”的信念传了下去。

双头连体鸟的形象在佛教中称“共命鸟”，在中国称为比翼鸟。东汉时期，比翼鸟形象从并飞双鸟演变成为连体双鸟。图为和田博物馆藏连体双鸟木雕，这件连体双鸟木雕是丝路文化交流的代表之作，体现了中原文化和中亚文化的交流

1 尽管也有如庄子“彼窃钩者诛，窃国者为诸侯”（《庄子·胠箧》）与黄宗羲“天下为主，君为客”“后世之法，藏天下于筐箧者”（《明夷待访录》）等思想家对国家提出批判。

结篇

吕思勉说：“秦汉之世，实古今转变之大关键也。”对此转变，誉者赞为“从封建到郡县的进步”，毁者谤为“东方专制主义的开始”。

“东方专制主义”这一概念最初由亚里士多德定义，指君主对人民就像主人对奴隶，拥有随意处置的无限权力，不需遵循任何法律。但那时希腊罗马眼里的东方，仅限于埃及波斯；中世纪欧洲眼里的东方，仅限于印度蒙古，对“东方之东”的中国，毫无一手认知。尽管早在亚里士多德定义“专制”20多年前（公元前350年），中国的商鞅变法就已实现了“编户齐民”“一统于法”的郡县制度，已经接近于韦伯意义上的“现代理性国家”。

欧洲最初了解中国，是通过明清来华传教士们带回的信息，形成了短暂的“中国热”。凡尔赛宫的舞会上法王穿着中国服装；塞纳河边民众争看皮影戏；淑女养金鱼，命妇乘轿子。由此激起了两派大师的争论。一派是以伏尔泰为首的“崇华派”。他想“托华改制”，把自己的书房称为“孔庙”，给自己取笔名叫“孔庙大主持”；莱布尼茨认为中国的“科举取士”类似柏拉图的“哲学王治国”；魁奈认为“中国的制度建立于明智和确定不移的法律之上，皇帝也要审慎遵守”[1]。另一派是孟德斯鸠为首的“贬华派”，为了指桑骂槐反对法王的“绝对王权”，而把中国塑造成东方专制的典型。同样是君主统治，西方

1　参见：魁奈著，谈敏译，《中华帝国的专制制度》，商务印书馆，2018年版，第28页。

人可以叫“君主制”(monarchy),而中国人只能叫“专制”(despotism)。因为欧洲君主制有贵族和教会制约，而中国没有。他不了解对中国君主加以制约的是规模庞大的文官体系（“皇权与士大夫共天下”），不了解相权分治、行封驳事、史官监督、言官谏议等制度设计。文官制度与基层政权，是中国与西方国家治理体系的根本性不同。孟德斯鸠还把中国和鞑靼帝国同归一类“东方专制”进行批判。他说，即便是西方的君主暴政，也要远胜于“东方专制”[1]。再后来，黑格尔发明了历史从东方开始到西方结束的历史观，东方天然是落后、停滞、奴役;西方天然是进步、自由、文明。这些评论中国的大师们，除了从传教士那儿道听途说，没有一人到过中国，没有一人看得懂中文，没有一人用中文研究过一手中国历史文献，甚至没分清有多少种“东方文明”。他们对中国政制的一知半解，被不少中国人自己当真了。

除了“东方专制”这条脉络，西方学界对中国的误判还有很多。比如马克斯·韦伯。尽管他阅读了大量的关于中国的二手文献，并对清代中国的情况有相当了解，他对于中国政治的定性却令人困惑。他说中国是“家产官僚制”，说官僚们都是君主家臣，说中国没有建立统一的财政体系，说读书人科考做官是对“官职俸禄”的投资，期待成为“包税人”，上交完正税配额后的钱全归私人腰包。这不符合基本史实。从汉代开始，财政就分为国家财政（大司农）和皇家财政（少府），皇帝从不用私钱支付俸禄，官僚也不是皇帝家臣。从秦朝开始，征税都是由县乡两级的基层税吏完成，“包税人”从不曾在大一统王朝时代存在过。韦伯描述的场景倒完全是罗马皇帝与家臣、与军队、

1 “鞑靼人在被征服的国家里建立奴隶制和专制主义；哥特人在征服罗马帝国之后，到处建立君主政体和自由。”参见：孟德斯鸠著，张雁深译，《论法的精神》（上册），商务印书馆，1959 年版，第 331 页。

与包税人的关系。福山认为，韦伯看不出中国是“理性国家”的原因在于，中国不符合西方现代化的标准与路径，中国的“理性国家”的诞生并没有伴随经济的、社会的与意识形态的“现代化”（比如资本主义市场经济），以至于韦伯认不出中国的现代政治秩序[1]，以为现代化只有西方式一条路径。对这类误判，中国史学家们想讲也没处讲，因为西方很少认真倾听过中国。几百年来的现代化始终以西方为中心，中国一直处于被改造被教育的边缘。今日西方之所以聚焦中国，只是由于中国工业化成功的事实使他们回头看看而已。

我们不能跟在西方中心主义后面认识自身。中国近代以来，许多改革者也在“自由”与“专制”间挣扎。如梁启超，戊戌变法失败后，他先后写了《拟讨专制体檄》与《中国专制政治进化史论》，一边说“专制政体者，我辈之公敌也”，号召人民“破坏而齑粉之”；一边又承认，中国的科举制和郡县制有着皇帝与平民联手从门阀世家、诸侯藩镇手里夺取治权的积极一面，与欧洲贵族封建历史有所不同。之后，他访问美国，当听到西奥多·罗斯福总统扩充海军的两次演讲中谈到“彼中国者老朽垂死，欧洲列强当共尽势力于东亚大陆，而吾合众国亦以同时扩其版图”[2]时，彻夜不眠，“怵怵焉累日，三复之而不能去”（《新大陆游记》，1903 年）。梁启超便又写了一篇《开明专制论》（1906 年），说中国古代儒、法、墨三家都是“开明专制主义”[3]，类似于启蒙运动时期欧洲的绝对主义王权（absolute monarchy）或绝对

1 参见：福山著，毛俊杰译，《政治秩序的起源》，广西师范大学出版社，2014 年版，第 123 页。

2 参见：梁启超著，《梁启超游记：欧游心影录 新大陆游记》，东方出版社，2012 年版，第 227—229 页。

3 参见：梁启超著，汤志钧、汤仁泽编，《梁启超全集》，第 5 集，中国人民大学出版社，2018 年版，第 297—357 页。

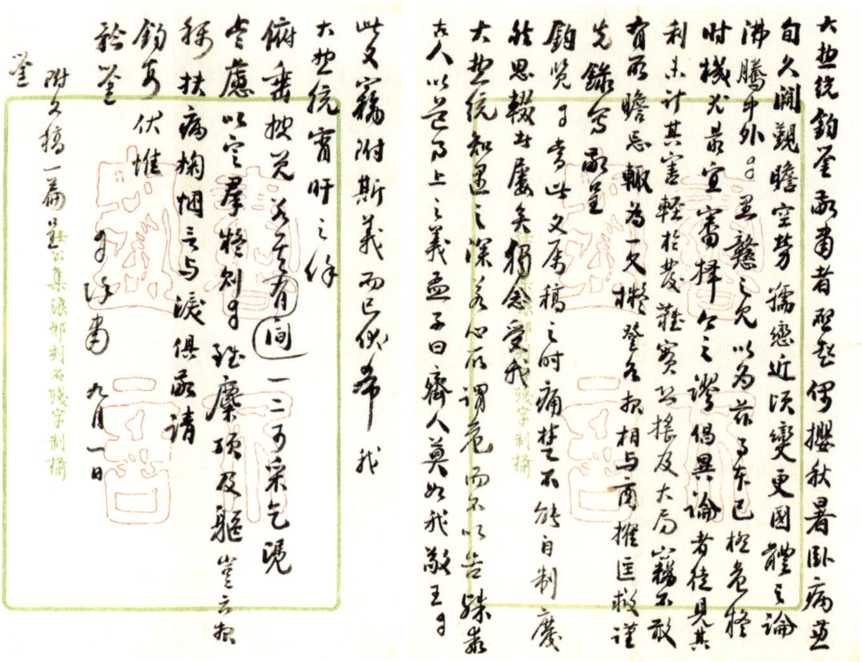

梁启超写给袁世凯反对其称帝的信件

主义国家（absolutist state）。儒墨重民本，类似于启蒙运动时期欧洲的绝对主义王权（absolute monarchy）或绝对主义国家（absolutist state）。儒墨重民本，类似于沃尔夫与霍布斯；法家重国本，类似于博丹与马基雅维利。梁启超的内心矛盾与变化，反映了具有儒家传统的中国知识分子一方面想借西方文明改造自身，一方面又对西方社会达尔文主义丛林法则无法认同的痛苦心路。

回到本篇主题，秦汉与罗马，两条不同的文明道路，各有高峰低谷。我们不能用别人的高峰来比自己的低谷，也不能用自己的高峰去比别人的低谷。我们应当从高峰中体会到彼此的优点，从低谷中体会到彼此的缺陷，再寻找各自改进之途。中国历史远非完美无缺，否则就不会在近代遭遇惨败；中华文明仍需转型提升，才能真正体现与时俱进的能力。

罗马之独特价值，在于相信有限的冲突能创造活力。罗马史家林托特说："这个社会允许其最能干的公民以广阔空间实现自我、成就伟大。这个社会所接受的是：界限之内，有活力的冲突可能富有创造性。"罗马之失不在于冲突，而在于冲突失去了界限，又没有"一体"来予以调节，最终导致大分裂。"冲突政治"最要命的就是团结需要外敌。西方史学家们认为，罗马政制一旦排除了外敌，达到一种无人能及的优势和统治地位时，一切平衡的因素都开始越过应有的"界限"而开始崩裂。罗马之衰落，从击败迦太基成为霸主之后就开始了。

秦汉的独特价值，在于一体与多元并存。一体保证凝聚，多元保证活力。难在同时保持一体与多元。当一体完全压倒了多元，就开始僵化。当多元完全压倒了一体，就开始分裂。秦亡于"法家压倒一切"，西汉亡于"儒家压倒一切"，东汉亡于上下层同时分裂。如何同时驾驭"一体"与"多元"，是中国政治的永恒课题。

在真实的世界里，没有一种政治制度，能仅仅依靠制度本身得以成功。制度发挥好坏，取决于运行制度的人。因此每一种制度的真正生命力，在于是否能源源不断培育出既能维护根本价值观，又能修补其缺陷的人。今天，在于是否能培育出既能拥抱世界多元，又能坚持自身一体的青年一代。

中国不是唯一的古老文明。其他古老文明也挣扎在"现代化"和"重新审视自己"的痛苦中，他们必将完成现代化，也必将开始讲述被现代化一时遮蔽的古老价值。中国如能与西方完成文明对话，就会为所有古老文明互融互鉴开辟出一条近路。

东方和西方，都站在自己的历史遗产上，谁都不可能推倒重来。但我们依然可以商量着来。

甘肃境内的汉长城遗址

附：评论 2

罗马兴衰的历史机理

晏绍祥（首都师范大学历史学院教授、博士生导师）

在中西文明比较中，中国的秦汉王朝与西方的罗马帝国特别受到青睐。早在20世纪80年代中国兴起的中西历史比较热中，中国学者就已经注意到两大帝国之间的可比性。马克垚先生讨论过罗马与汉代的奴隶制，指出奴隶的来源并不一定需要外部的补充，从帝国内部也可以解决。梁作干先生写过一部煌煌38万言的《罗马帝国与汉晋帝国衰亡史》。如果说那时的中西比较主要是中国学者的兴趣，而且除少数人外，大多数比较从现代化的立场出发，把中国放在了不太有利的位置。近年面对日益崛起的中国，西方学者开始对中西历史比较发生浓厚兴趣。美国斯坦福大学的沙伊德尔教授原本是做古代西方经济史的，后来转向了秦汉帝国与罗马帝国的比较，他主编的《古代中国与罗马的国家权力》最近刚由三联书店出版，涉及两大帝国的行政官僚体系、中央政府与城市社会的关系、财政收支、宗教信仰等诸多方面。笔者2015年在哈佛大学访学时，合作导师艾玛·邓奇教授与另一位东亚系的教授正合作开设秦汉与罗马的比较课程，当时也相当受欢迎，邓奇后来还获得该校类似教学名师的荣誉。

对秦汉与罗马帝国比较的兴趣，除中国崛起的客观因素外，如沙伊德尔指出的，本身有足够的理由：作为大约同一时期崛起于欧亚大陆东西两端的庞大强权，几乎在同一时间兴起和衰败，是前现代的庞大帝国中存在时间最为长久也最有成绩的。只是近年来中国学者在这方面反倒不太积极，综合性比较研究的成果更是凤毛麟角。潘岳先生的《秦汉与罗马》尝试从国家治理层面探讨秦汉与罗马的异同，并且在传统与现代、文明共存与对话的层面，挖掘各自的“古老价值”，以实现“为所有古老文明互融互鉴开辟出一条近路”的宏伟目标，用心不可谓不良苦。对作者的基本看法：“秦汉与罗马，两条不同的文明道路，各有高峰低谷。我们不能用别人的高峰来比自己的低谷，也不能用自己的高峰去比别人的低谷。我们应当从高峰中体会到彼此的优点，从低谷中体会到彼此的缺陷，再寻找各自改进之途。”深刻地指出了学界在比较研究中可能落入的“陷阱”，值得我们认真对待。因该文的秦汉部分另有专家评议，我个人于秦汉史近乎白纸，不敢置喙，因而下面的评论会以罗马史为主线，基本不触及秦汉王朝及其在中国历史上的地位。

潘先生显然对罗马史有相当的认识和研究，对波利比乌斯和西塞罗理论的评述，对罗马共和国与帝国制度的论断，尤其是对共和国向帝国过渡期间罗马的历史，提出了不少精辟的见解。对于希腊罗马经济始终是农业经济、共和国的制度是某种程度的混合政制、共和国的灭亡源自罗马贵族拒绝关注人民利益，基本是罗马史学界共识，笔者也深表赞同。罗马共和国能够从台伯河畔的一个小邦，经过 200 多年的奋斗，统一意大利，又在统一意大利后不到 200 年的时间里成为地中海地区的霸主，共和国的混合政制程度不等地发挥过作用。

罗马共和国的高级官职基本被显贵控制，显贵往往又限于少数有政治传统的家族，范围相当狭小；由卸任高级官员（其中大多数可以相信是显贵或者他们的后代）组成的元老院在罗马共和国中占据重要地位；所谓的民主因素：公民大会决定宣战与媾和和通过立法、选举和监督官员以及保民官必须时刻注意人民利益等民主因素，在共和国的很长时期里，经常处于蛰伏状态，难以真正对所谓的贵族因素和君主制因素形成有效制约。虽然如此，但是显贵内部的竞争，让罗马人民的选票仍然具有意义：罗马的官员一年一任，一般不得连任，而且在很长时间里，所谓的荣誉阶梯，迫使有心从政的罗马显贵不能不从最基层的财务官做起，之后历经市政官、副执政官，最后到最高官职执政官。在他担任财务官之前，他还必须服役 10 个战季。从担任财务官到最后担任执政官，必须有一定的间隔，因此即使他一切顺利，等到他爬到执政官的职位时，也已经 40 多岁了。由于罗马所有官职选举产生，而罗马人民是否会投票支持某个贵族的政治生涯，除他本人家族的势力外，还有他是否有足够的金钱并且慷慨，或有足够能力不断赢得成功，或如西塞罗那样足够雄辩，能够积累起足够的人脉关系，以达成最后的成功。

因此，罗马官职的候选人必须像今天西方的某些政治家一样，经常出现在公民面前，适当地讨好选民，并且谨言慎行。如果他志在竞选执政官，则必须在担任市政官或副执政官时，做出足够让罗马人民印象深刻的事情，让罗马人能够知道他和认可他。否则他可能如同马略那样，在一天中两次输掉市政官选举[1]，也可能如西庇阿·纳西卡那样，因为一个不恰当的玩笑而输掉竞选。在这个意义上，罗马共和国的贵族们并不完全是忽视民意的。

潘先生提到的罗马共和国的殖民，既是为了罗马战略上的需要，当然也是为了解决农民的土地问题。而殖民者的土地，就来自罗马击败敌人后夺取的公有地。正如芬利等注意到的，公元前 218 年之前，罗马人至少把 9000 平方公里的土地分给殖民者或个体定居者，另有 1 万平方公里的土地出售或出租；在公元前 200 年之后的一代人里，罗马为罗马公民和拉丁同盟者创造了 5 万座小农场。其中 9000 平方公里大约相当于公元前 5 世纪末罗马领土的 10 倍[2]，而 5 万座小农场，如果一座对应一个家庭，则相当于当时罗马公民的四分之一到五分之一重新获得了土地，即使 5 万人中仅有一半是公民，也有 10% 左右的人重新得到了土地。所以，至少在公元前 2 世纪中期之前，罗马的贵族们并不完全是忽视农民利益的。格拉古改革的发生，以及随后发生的农民争取土地的斗争，正因为公元前 2 世纪中期以来罗马分配土地的行动基本停止了。由于土地分配的停止，共和国末年的罗马破产农民才不能不求助于高级官员和保民官，以从国家再获得一块土地。

所以，共和国的稳定，正因为罗马的那些掌权者们时刻关注农民的需求，而一旦他们不再关心，则农民就转向高级官员兼军队统帅以及保民官，罗马共和国的末日也就来到了。在对共和国瓦解的原因做出判断时，

---

1 马略开始作为贵族市政官参与竞选，落选后转而同一天竞选平民市政官，但两次选举他都告失败，因此一天之中两次输掉了市政官选举。纳西卡则因为看到一个农民手上因干活而磨出厚厚的老茧，开玩笑地说这农民是不是用手走路。结果这句玩笑在罗马人中传播开来，许多罗马人觉得他看不起农民，因此拒绝投票支持他，导致他在执政官选举中出局。

2 芬利：《古代世界的政治》，商务印书馆，2015 年版，第 142–143 页。

我们是否应该把整个共和国的历史都考虑进来，而不主要依据共和国后期的证据立论？

同样的情况适用于共和国贵族对政治行动的态度。早期的罗马贵族的确有不少傲慢的，也不乏潘先生文中所说只会高谈主义、不干实事的，但也有不少真正为国或为自己出力的实干家。毕竟罗马从台伯河畔的蕞尔小邦扩张成为一个囊括地中海区的大帝国，绝不是天上掉下来的，更不都是帕加马国王送来的，而是罗马人一块块地啃下来的，尤其是面对迦太基的威胁时，罗马人多次经历艰难，才终于取得了成功。

第一次布匿战争的关键阶段，是罗马富人出资组建了舰队；坎奈惨败后的岁月里，费边、马尔凯鲁斯、西庇阿等将领的浴血奋战，为罗马人赢得了熟悉汉尼拔战争技术的机会，最终利用迦太基的战术，在扎玛击败了他们的老师汉尼拔；在对马其顿战争中，罗马成功维持了一条长达上千公里的后勤供应线；罗马人对希腊文化的吸收和学习，使得他们有可能充分利用希腊人的成就去统治希腊。从某种意义上说，罗马的贵族们不在乎主义，只在乎实用，才能够赢得后来那个把地中海视为内海的帝国。在《外族的智慧》中，莫米利亚诺对此有精彩论证，不再赘述。

与秦汉王朝相比，罗马帝国的确对基层基本不加干预，让各个城市或者地方共同体自主处理自己的事务。但那并不意味着罗马真的让地方自行其是，需要的时候，罗马是会出手的。只是大多数时候，罗马人通过笼络当地的精英阶级，成功掌控了帝国的政权，根本不用他们出手。基层的普通民众或许并没有多少人说拉丁语，至少在帝国西部，大多数人只说希腊语。在帝国西部的诸多地区，当所谓罗马化的外表被揭开后，深层的基因，也仍然是当地原有的文化。新近对帝国西部城市如西班牙和迦太基的研究，越来越多地表明，帝国内部的多样性，远不是笼统的罗马化可以涵盖的。但这似乎与基层民众不认同罗马统治并不能完全等同。卡拉卡拉敕令，更准确地说是安东尼敕令于 212 年颁布的时候，整个罗马帝国，尤其是那些因此获得公民权的人，实际仍是欢欣鼓舞的[1]。他们中的绝大多数实际已经不可能通过公民权获得官职，也不太可能获得经济上的好处，但仍然非常珍视自己获得的公民权。3 世纪那么严重的延续时间约半个世纪的危机，也未能彻底分裂罗马国家，戴克里先仍能把帝国统一起来，显然要考虑到罗马人对帝国认同的因素。甚至拜占庭帝国的居民，在西部罗马灭亡很长时间以后，仍自认罗马人，否则我们不知道君士坦丁堡的皇帝们还抱着罗马人的皇帝称号有什么意义，查理大帝、奥托大帝，还有俄罗斯的伊凡雷帝等，如果真的对臣民没有任何意义，何必那么急急忙忙地宣布自己是罗马的继承者。奥古斯丁的确并不认同罗马帝国，但那是在罗马被西哥特人攻陷、许多人转而把罪责归到基督教头上的时候。在此之前，基督教是非常希望与罗马合作、认可罗马统治的。即使那些冲入西部罗马帝国的蛮族，例如西哥特人国王阿图尔夫（410—415 年在位），一旦他们在罗马帝国境内站稳脚跟，为了需要也积极认同于罗马，他对自己的妻子罗马公主加拉·普拉西狄娅说：

> 最初我曾强烈要求消除罗马这一名称，罗马的全部土地应转变为哥特帝国；我希望罗马的应变成哥特的，而阿图尔夫应成为奥古斯都（即罗马皇帝）。但是许多事实教育了我，桀骜不驯的哥特人从不遵循法律，而一个共和国没有法律则不成其为共和国。因此我选择了更为可靠的道路，希望以哥特的勇力恢复和增长罗马名声的

1　刘小青：《安东尼努斯敕令新论》，《世界历史》，2013 年第 6 期。

光荣。我不可能改变帝国的形式了，希望能作为复兴罗马的首倡者而流传后世[1]。

如果他统治的臣民真的都像奥古斯丁所说，根本不关心罗马统治是否延续，我不知道阿图尔夫的做法还有什么意义。

西部罗马帝国覆亡了，覆亡的原因当然非常复杂。社会关系的变化，统治阶级的内乱，气候的突然变化，瘟疫的爆发，当然还有蛮族的冲击，都会发挥或大或小的作用。但根本的原因，正如英国学者汤普逊在论及西罗马帝国的崩溃时所说，一个帝国的灭亡，是需要理由的，而这个理由，主要的当然在内部。罗马帝国前期，共和传统仍有某种程度的残存，皇帝固然需要军队，但不能不在一定程度上依靠民众的支持，为此不能不给予平民一定的关注。扩散罗马公民权、提高行省地位、强化行省治理、惩治贪污腐败，最重要的是维护帝国和平，使民众可以安居乐业，由此造成了帝国前 200 多年的繁荣。但权力一旦落入皇帝手中，它天然的扩张倾向，逐渐侵蚀了其他机构如元老院和民众的权力。罗马皇帝可以依靠的，只有军队了。而军队也发现，他们固然需要皇帝发工资，也可以左右皇帝。在 68 ~ 70 年的内战后，塔西陀所谓罗马的秘密暴露了的评论，正指士兵发现他们可以创造皇帝的事实。弗拉维王朝和安东尼王朝的皇帝们大体贤德，还能掌控军队，但皇权的扩张和军队重要性在不知不觉中逐渐加深，终至出现了 3 世纪危机中士兵拍卖帝国的最恶劣景象。所以，罗马帝国的灭亡，与皇帝权威的强化、官僚队伍的膨胀与军队的增加是有关系的。相应地，其他阶层特别是普通劳动者地位日益沦落，公民权彻底贬值，以至于到了帝国末年，一些罗马人宁可逃到蛮族中生活，

1 转引自马克垚：《西欧封建经济形态研究》，人民出版社，1985 年版，第 34 页。

也不愿再成为帝国的臣民。因此，帝国的瓦解，其他因素当然不能忽视，但在一个农业社会中，如果忽略了统治者对普通劳动者尤其是农民的态度，大约也难以完全令人信服。

历史比较研究的核心，首要的是要选择合适的可供比较的对象，之后是对可比较的各项参数的具体考察。在比较研究中，条件的对等非常重要。但历史研究，无论学者们多么试图客观，总难免受个人情感、经历、掌握的材料、知识和理论等多方面因素的制约。所以当我们提出某个问题的时候，心里可能已经知道了自己要去追求的答案。历史研究的魅力正在这里。如果所有人都持一个看法，那犹如这个世界所有人都穿着同样颜色和款式的衣服一样，令人奇怪。我非常赞成潘先生的基本看法：在比较研究中，我们需要实事求是地对待历史，不能用对方的缺点比自己的优点，也不能用自己的缺点去比对方的优点。借用刘家和先生的话说，要对历史抱着敬意[1]。好的比较可以给我们提供许多新的思路和启迪，促使我们进一步去探讨。潘先生从国家治理的角度去看秦汉王朝和罗马帝国，并且从后来西方及中国的历史发展中，发掘出过去许多被忽视的方面，提出了非常好的问题，也做出了精彩的论证，于理解秦汉王朝和罗马传统的身前身后，多有启迪。我这里只是从罗马方面做了一点补充，而且因为不了解秦汉，不免就罗马论罗马，片面和不当之处，请潘先生和读者诸君不吝批评指正。

1　郭小凌：《对历史的敬意——刘家和先生访谈录》，《史学史研究》，1993 年第 2 期。

于百年大变局中观“剧”品“诗”

王学斌［中央党校（国家行政学院）文史部中国史
教研室主任、教授、博士生导师］

“战国以后有秦汉，决不能和西方之希腊以后有罗马相比。这显然见得双方历史互有不同，此即是我上面所指述的历史之特殊性。但此处当注意者，我们只可说，西洋史可分割，中国史不可分割，却不能说中国历史没有变动性。我们只能说，西方历史的变动比较显而在外，使人易见。中国历史的变动，却隐而在内，使人不易觉察。我常说，西洋历史如一本剧，中国历史像一首诗。诗之衔接，一句句地连续下去，中间并非没有变，但一首诗总是浑涵一气，和戏剧有不同。”

此乃钱宾四先生比较中西历史的一段论述。身为晚辈，每翻至该处，仔细品味，总略有新获。西史如剧，中史像诗，虽悟不出钱老高论背后的确凿依据，但常因心生“不明觉厉”之感，私以为自有其深意所在。

近读潘岳先生长文《秦汉与罗马》，在深深钦佩其学识之广、见识之高的同时，也不禁唤起了我对二位学人撰写论著背后之问题意识的追问：以中国历史见长的钱老缘何念念不忘观照西人之史；潘先生继《战国与希腊》之力作后，又比较中西古史上两大帝国与文明，隐伏在纸面之下的深沉关怀，恐怕总跳脱不出延续至今的一百多载以来大变局现实的纠缠与面对一波波挑战的回应。

一

治史总须有一番意义。意义不同，目标各异，则所采用的材料与驾驭材料的方法，亦随之变换。秦汉与罗马，“相似的基础，相似的挑战，不同的路径，不同的结果”，这便是潘文《秦汉与罗马》的主题，也是其所欲实现的意义。

历史有其特殊性。作为两个都建立在农业社会之上的超大规模政治体，秦汉与罗马的不同显而易见。嬴政确立皇帝制度，广设郡县，汉承秦制，虽有调整，但不出中央集权郡县制的模式；罗马则与之异趣，其崛起过程中一直维持着共和制（或如史家波利比乌斯所言，罗马的成功是因为实行“混合政制”，融合了王权制、贵族制、民主制）。当然，宏观体制之下，具体的制度差异更是颇多。潘文指出，屋大维建立了文官系统，大胆吸纳财阀进入文官体系，骑士阶层可以出任行省的财务官，真正实现了西塞罗的“贵族与财阀共天下”。而这厢的西汉王朝，其文官路线则是求取基层寒士，钱穆称之为中国第一个“平民精神”的王朝。再者，在军队与政权的关系上，两大帝国亦不同。屋大维起于军队，他仍用军阀式的思路和手段处理政权问题，终致军阀并峙，纷乱不休。而中国虽然也出现过藩镇割据与军阀混战，但从来没成为主流。中国古代最终实现了由文官控制军队，保证了长久稳定。

没有特殊性，就不成为历史。倘若世界上所有国家民族，都是整齐划一同样模式，彼此间毫无特殊性，那一部人类史便概括殆尽，全球亦从此不再斑驳多彩了。

认识且承认差异，应是考察不同文明的基本态度。

二

历史又是变动不居的，故而“变”是研究的主题与主体。质言之，历史本身就是一个变，治史自当明变。

达致明变，说易也易。如从春秋发展到战国，从希腊发展到马其顿，尚是小变；由战国演变到秦汉，由马其顿演变到罗马，则是大变。对于这种整体上的发展趋势与动向的把握，并不难以捕获。

不过如果要深入追踪此历史趋势动向中蕴含的内在脉络，知其为何在此时此处此人此事上变动，为何最终变向他处，由之洞察历史中之个性，为当下及未来做一参考，方算真正的明变。这谈何容易！

潘文显然在此方面用力甚深。罗马帝国为何分崩离析？文中写道：

> 当贫富差距扩大到没有机制能进行结构性调整时，中等冲突就变成了你死我活的大分裂。弥合它的，不是感情安慰，也不是票决政治，而是政治家们进行结构性改革的自我牺牲精神。
>
> 保卫自由的，从来不只是“自由”本身。

这段酷似结案陈词式的论断，堪称精彩！

至于汉代为何国祚甚久，且底定了之后历朝的基调？潘文亦有一段至评：

> 大一统并没有造成地方文化的消亡。地方文化反而越过原生的界限，在更大范围内传播。只要永远保持开放，统一之上也能多元。汉文化之所以比秦文化更能代表中华文化，是因为汉将多元乃至矛盾的思想、制度、文化和人群，最终融为一体。

一体多元，是汉的精神。

意义没有被诸多庞杂繁复的史料、史实所掩盖，而是以风霜高洁后的水落石出式的面貌呈现，让人不觉会心。

经历了数百年以至千年的变幻与积淀，一个民族及其文化之有无前途，其前途何在，皆可从历史过往中寻得蛛丝马迹或宝贵密码。治史的大意义，亦在此。

三

明变似不足以驶往意义的彼岸。历史毕竟仍是层层积累的，埋于最深处的，是蜕变成如钻石般珍贵的传统。所谓传统，指其在历史演进过程中有其内在的一番精神，一股活力。换言之，它是历史的生命所在。每个国家与民族，在不知不觉中，无不在“传统”的驱使下，各自循着自己的轨迹而前行。

潘文在比较秦汉与罗马时，着意强调这是两条不同的文明道路，各有高峰低谷。言及两大文明的传统，笔者对罗马一无所知，仅试就西汉时期“大一统”观念的确立稍做补充。

经历过几代帝王的开拓与发展，至汉武帝初年，西汉国势已今非昔比，据《汉书·食货志》载："至武帝之初七十年间，国家亡事，非遇水旱，则民人给家足，都鄙廪庾尽满，而府库余财。京师之钱累百巨万，贯朽而不可校。太仓之粟陈陈相因，充溢露积于外，腐败不可食。众庶街巷有马，阡陌之间成群，乘牸牝者摈而不得会聚。守闾阎者食粱肉；为吏者长子孙；居官者以为姓号。人人自爱而重犯法，先行谊而黜愧辱焉。"物质财富积累到一定程度，便意味着自汉初所制定的旨在巩固统一，与民休息的国策业已完成，下一步如何基于既有的执政实践，因时因势而变，拟定新的治国方案迫在眉睫。申言之，治术的调整必然会引发治道的变更。汉武帝求国策于贤良，可谓顺势而为。于君臣论政中，广川大儒董仲舒脱颖而出，其所提供的政治纲领“天人三策”为之后汉武帝进行国家治理奠定了理论基础，也给后世留下了治国之范本。在这篇著名政治文本的末尾，董仲舒提出了“大一统”的政治理念：

> 《春秋》大一统者，天地之常经，古今之通谊也。今师异道，人异论，百家殊方，指意不同，是以上亡以持一统；法制数变，下不知所守。臣愚以为诸不在六艺之科孔子之术者，皆绝其道，勿使并进。邪辟之说灭息，然后统纪可一而法度可明，民知所从矣。

该主张被汉武帝所采纳，于是这一理念由书斋进入了庙堂，升格为规范主流思想与国家治理的核心原则，具备了意识形态和政治统驭的双重涵义。

自汉武帝将“大一统”纳入其构建王朝治理的实践后，对于我国多民族国家的形成产生了非常重要的影响，可以说历朝无一不将之贯通于治道的因革损益与治术的进退消长之中。经历了400多年的政治动荡与民族交融，隋唐终于再度实现了国家统一。在如此长时段的历史变迁中，大一统思想被赋予了新的内涵。中原民族与边疆民族经过反复的双向碰撞和互动，一方面改变了既往的以“大一统”为主要内容的天下观，开边疆族群入主中原成为“天下共主”之先河，而边疆族群入主“中国”促进了边疆地区尤其是北疆地区和中原地区的凝聚。与此同时是突破了“严华夷之辨”的界限，使得唐代在以唐太宗为代表的统治者心目中“华夷一家”的观念成为一种重要的“治国”理念，“天下”可以是华夷共同参与治理的“天下”。故唐太宗在处理民族关系上强调“自古皆贵中华，贱夷狄，朕独爱之如一”，这正是该时期大一统思想的新特征。与之配套，隋唐君主在制度设计上也无不围绕大一统展开。如在中央决策机制层面，唐代设立三省六部，通过制度程序与刚性律法，来约束之前渐趋泛滥的皇权，从而保证决策的合理性；在人才选拔层面，隋唐开创科举制，为广大庶族子弟开放政权，从而使得中央与地方之间可以更加顺畅地互动，保证权力可以下沉到最基层，而且获取功名的士子作为乡绅享有参与地方治理的资格，成为稳固大一统局面的最敏感触角；此外尚有隋时疏浚开凿的大运河，这不仅加强了齐鲁、中原地区与江南地区的文化交融，更历经千年把汉唐的长安、洛阳，两宋的开封、杭州和金、元、明、清的北京为首的文化中心联为一体，以这种独特的交通方式使各区域文化融合为中华民族的多元一体的大一统文化。

五千年中国史，大一统贯穿始终，延续不辍，代有递嬗。虽然具体的政治制度不断更迭，但其背后蕴含的制度精神内核之一的大一统思想却不曾泯灭，这也启示着后人要善于秉持辩证的态度去继承古代中国制度文明的遗产。要之，大一统传统早已跃出政治实体视阈，升华为一种价值观念、意识形态和中华民族共有的历史记忆，熔铸于中国人的心理和行动中，内化为中华民族内心强大的文化信仰和政治使命。

“秦汉的独特价值，在于一体与多元并存。一体保证凝聚，多元保证活力。”大一统便是潘文论断的一大佐证。

某种程度上讲，今日之中国与西方，实扎根于在历史的延长线上。

四

180 年前，清廷败于拥有着罗马衣钵的英国。

今朝，硝烟褪尽，隐然的对抗尚存。

近 200 个春秋更替，世人仍处于百年未有之大变局中。作为局中人，作为古老文明的承继者，我们“也挣扎在‘现代化’和‘重新审视自己’的痛苦中”，因此既不能品茗观“剧”，也不能闲适品“诗”。

“今吾朝受命而夕饮冰，我其内热欤？”

想真正了解自己，须真正了解对方，它是一面镜子，或许其中更活着一个有待我们认识的自己。

我们应该怎样看待“东方专制主义”？

郭子林（中国社会科学院中国历史研究院研究员）

潘岳先生立足于以历史自信提升文化自信，加强道路、制度、理论自信，考察世界历史上几乎处于同一历史阶段且各为本地区强大政权的东亚中国和欧洲罗马，梳理中国从秦至汉、罗马从共和到帝国的历史、社会、政治、军制、思想，探讨秦汉治理之道与罗马盛衰之由，重在澄清“西方中心主义”对中华文明的偏见与误判。《秦汉与罗马》一文娓娓道来，深入浅出，有理有据，自然导入“西方中心论”关于中华文明的主要偏见。其中，最突出的是“东方专制主义”。

“东方专制主义”的确是西方部分学者和政客对中国古代社会制度的错误认识，甚至是故意给古代中国社会戴上的一项“高帽”，堂而皇之地用来为各自的目的服务。可以说，中国古代社会是被“东方专制主义”的主要对象之一。潘先生已经指出了这点。

要说“东方专制主义”，恐怕必须从“专制主义”这个词谈起。“专制主义”一词是对英文 despotism、法文 despotisme 和德文 der despotismus 的翻译。despotism 源自古希腊文 δεσπότης。[1] Δεσπότης 的本意是“主人”或“家长”,[2] 在古代希腊的各种语境中都被用作“家长、主人”或“统治者”，没有特殊的贬义；在现代希腊语中，它还有“主教”的含义。[3] 古希腊著名哲学家柏拉图在《理想国》中首次使用 δεσπότης[4]，但未赋予其国家政体的含义。亚里士多德在《政治学》中，对希腊世界 158 个城邦进行研究，并把其与周围“蛮族”国家和地区做比较，根据执政者的人数和执政宗旨，将各种政体分为三种正常政体和三种变态政体：王制和僭主政治，贵族政体和寡头政体，共和政体和民主政体。亚里士多德在讲到异族政治制度的时候，确实称“异族天生就比希腊各民族更具奴性……甘受独裁专制”。[5] 这里的“独裁专制”主要是指统治者以对待奴隶的方式对待被统治者。亚里士多德并没有用 despotism 这个词来明确地指代一种专制主义的政体。[6] 可以说，古希腊人在使用这个词时并无专制主义的含义，只是表明一种“专制的”关系，一种家长式的统治方式。近现代西方人用专制主义这个词的时候，没有古希腊人的根源。或者说，古希腊哲学家们并没有给他们的西方后代留下这种判断。

从罗马帝国后期到中世纪早期，despotism 的词根 despot 逐渐被用作对皇帝、主教、元老的尊称，甚至有些人用这个词来攻击西欧教权

1 *The Oxford English Dictionary*, Oxford: Oxford University Press, 1989, vol. 4, p. 533

2 [美] 亨利·乔治·利德尔、罗伯特·斯科特编，张巍导读：《希英词典》(影印本)，第 180 页。

3 John Ayto, *Dictionary of Word Origins*, New York: Bloomsbury, 1990, p. 166.

4 [希腊] 柏拉图：《理想国》，郭斌和、张竹明译，商务印书馆，1986 年版，第 27 页。

5 Aristotle, *Politics*, 1285a 20-22.

6 M.Richter, “Aristotle and the Classical Greek Concept of Despotism”, *History of European Idea*, 1990.

的专制统治。[1] 后来，despot 的意义发生了很大变化，1585 年 despot 用来指代土耳其帝国一个行省的基督教首领，1727 年 despot 演变成了 despotism。[2] 经中世纪西欧学者（如马基雅维利）的注释补充，到近代经过法、德、英等国学者和思想家们（如孟德斯鸠和伏尔泰）的论述，在 18 世纪“专制主义”这个概念逐渐系统化，逐渐有了今日的内涵。[3] 在现代词典中，despotism 有这样一些含义：一位专制君主的统治，专制统治，专制权威的实施；一种专制君主控制下的政治制度，一个专制国家，一种专断政府；专制权威或控制，严格的限制。[4] 可见，从罗马帝国灭亡到欧洲启蒙运动时期，专制主义这个政体概念逐渐形成，但这个概念的形成也是在不断由具体到泛化的，甚至是在对比较对象一知半解的情况下概括出来的。孟德斯鸠在 1748 年出版的《论法的精神》里面，把人类历史上的政体区分为专制政体、君主政体、共和政体。他以中国、印度等国家为例，阐释了专制政体的弊端和可能导致的灾难，目的在于找一些时人了解不多的东方社会作为“背景”，告诫法国政体一旦走向专制政体的可能后果。也就是说，孟德斯鸠便恰恰是在对东方社会尤其中国社会所知不多的情况下，为了推行自己关于自由、民主等的主张，而把远在东方的中国“树立为”专制主义典型。

专制主义这个概念被启蒙运动思想家格式化以后，就成为反动、落后、压制的代名词，是一定要被赶下历史舞台的旧制度。于是，这个概

1 R. Koebner, “Despot and Despotism: Vicissitudes of a Political Term, ” *Journal of the Warburg and Courtauld Institute*, vol. 14, No. 3/4(1951), pp. 275-302.

2 Robert K. Barnhart, ed., *The Barnhart Concise Dictionary of Etymology*, New York: Harper Collins Publishers, 1995, p. 199.

3 施治生、郭方：《“东方专制主义”概念的历史考察》，李祖德、陈启能主编：《评魏特夫的〈东方专制主义〉》，中国社会科学出版社，1997 年版，第 298–330 页。

4 *The Oxford English Dictionary*, vol. 4, pp. 534-535.

念也就成为一些人“任意打扮的小姑娘”。1957 年，德裔美国人魏特夫出版了精心炮制的著作《东方专制主义——对于集权力量的比较研究》，系统阐述东方社会因治水而导致专制主义，因专制主义而导致集权，因集权而导致奴性文化，为其反对共产主义的言论寻找所谓事实根据。

魏特夫的东方专制主义理论把西方中心主义者关于东方社会的偏见发展到了极致，不惜歪曲事实、前后矛盾、编造历史。20 世纪 90 年代，我国学者对中国、美索不达米亚、日本、希腊、罗马、查理曼帝国、阿散蒂王国等早期王权的产生和发展演变，对法老埃及、印度、赫梯、匈奴游牧帝国、希腊化时期、罗马帝国、拜占庭以及英国都铎王朝等专制主义的性质特征，进行集中探讨，得出了基本共识：专制主义并非埃及、印度、中国等东方社会的特质，包括希腊罗马在内的人类社会早期文明基本都经历了专制王权的早期阶段——早期王权阶段。[1] 也就是说，专制主义是人类社会的一种政体形式，不存在东方与西方之别，更不存在所谓“治水专制主义”，魏特夫的东方专制主义之说实为荒谬，是冷战思维的产物。

然而，时至今日，仍有人认为中国古代社会为专制主义社会，认为古代埃及为集权的专制主义社会。关于中国社会是否为中央集权的专制主义社会，潘文已经有所展示，中国史学者已经做了很多阐释。作为四大文明古国的埃及似乎也并非如魏特夫和当下一些人认为的那样专制、那样独裁、那样集权。

古埃及文明从公元前 3200 年左右进入文明社会，出现统一的国家，实行君主制，由国王统治。埃及的国王被现代人称为“法老”。一提到法老，

---

1 施治生、刘欣如主编：《古代王权与专制主义》，中国社会科学出版社，1993 年版，第 1–8 页。

大家的印象就是至高无上、专制独裁、任意杀人的国王形象。实际上，古埃及国王在从公元前 3200 年到公元前 1400 年之间，都没有被称为法老，都只是被称为“上下埃及之王”（上埃及和下埃及的国王，表示一个统一的埃及国家的王）。直到图特摩斯三世的时候，埃及国王才被西亚地区的国家称为法老。法老在古埃及语里面是“大房子”的意思，表示庞大的宫殿。西亚国王用大房子来称呼埃及国王，无非是表达对埃及国王的敬重。也就是说，法老这个词本身并不能表明埃及国王的专制独裁。

纵观古埃及历史，我们发现，古埃及经历了早王朝、古王国、第一中间期、中王国、第二中间期、新王国、第三中间期、后期埃及、希腊人统治时期、罗马人统治时期。中间期是古埃及历史上分裂割据的时代，一般至少有两个政权，上埃及一个，下埃及一个，有时同时有几个政权存在，甚至还有长时间外来入侵和统治时期。“合久必分，分久必合”这种历史周期律式的概括，比较适用于古埃及社会。相对而言，在统一的早王朝、古王国、中王国、新王国时期，埃及君主拥有较大权力，在分裂时期权力较分散。

即使在强大的新王国时期（有人称其为古埃及的帝国时期），国王的权力也受到各种限制。首先，古埃及王权基本是王朝家族的世袭制，原则是长子继承制，但大多数情况下国王是各种斗争甚至是王室阴谋的产物。拉美西斯三世的王后就曾为了把自己的亲生儿子早日扶上王位而不惜阴谋毒害国王，阴谋暴露，惨遭惩罚；托勒密王朝王室斗争更是剧烈，国王与王后、国王与兄弟、国王与侄子都发生过真刀真枪的王位之争。这种制度下产生的国王，必然要受到各种家族势力的牵制，无论在登基为王之前，还是当上了国王，其权力都难免受到牵制。从古埃及历史实际来看，也的确如此，埃及国王往往要把全国的主要土地分给王室成员管理，第18王朝末期几位国王受到军事大臣的控制便是此种情况的体现。其次，古埃及国王依靠一整套官僚体系来实施统治。国王下面设置维西尔（即宰相），维西尔下面设置若干位中央大臣，40个省各设置省长、总督、财务官等，省下面还有区和村。每一层都有一批官员。这些官员按照一整套制度管理社会，尽管没有成文的法律，但基本按照一定的惯例管理社会。这就使得国王的权力得以延伸，国家运行有所保障，但也不太可能出现国王可以对所有臣民专制独裁的程度。在埃及的史料中，也的确没有见到埃及国王对本国臣民任意处决的事例。再者，古埃及是一个非常信仰多神崇拜的文明。宗教祭司对于国王具有很大影响。在古埃及人看来，国王是太阳神的儿子，是具有神属性的人。王子要成功登基为王，必须获得神庙祭司支持，必须由神庙祭司为其加冕。而国王统治能否稳固，对外战争能否得胜，都是神在保佑。也就是说，必须获得神庙祭司的支持，至少是宣传上的支持。国王为了获得神庙祭司的支持，就必须为其提供各种献祭，包括土地和其他财富。久而久之，神庙祭司集团的实力越来越大，有的祭司充当了维西尔，影响国王的继任，甚至拥兵自重、另立王朝。在很大程度上看，著名的埃赫那吞改革就是对阿蒙祭司集团干涉其继位的报复行为。第20王朝结束以后，第21王朝基本是处于北部军政王朝与南部祭司王朝的对立状态。最后，古埃及国王正是受到诸多牵制和限制，他也就不得不做出一些收买人心的事情。比如，古王国时期有个国王到金字塔建筑工地视察，他的建筑师突然晕倒在地，他立即命人将其抬回王宫，找来最好的医生为其治疗，但最终这位建筑师还是一命呜呼了。国王把自己关在屋子里唉声叹气，表示惋惜和痛心。

这位国王的行为或许表明了他对大臣的关心和痛惜，但不免存在收买人心的嫌疑。古埃及君主制到底能在多大程度上称为是专制主义，恐怕也要进一步深思。

对历史概念的理解，尤其对诸如专制主义、东方专制主义这种标签化概念的理解和使用，恐怕要全面考察、深入领会，既要考察其历史，也要领会其内涵，更要分析其提出的历史背景。当我们对东方专制主义的历史和语境探讨清楚以后，便可以很明确这个概念完全是“西方中心论”的产物；也可以明确专制主义不是对古代埃及、中国、印度等国家政体的恰当概括。在我们当下话语中，很多概念都存在这样的问题，需要我们进行符合历史实际的反思，这恰恰是史学研究和辩证思考的魅力所在。

理解帝国权力运行

樊鹏（中国社会科学院政治学研究所研究员）

潘岳先生《秦汉与罗马》一文，对秦汉与罗马两大帝国进行比较，探究“为何两大政治体具有相似的基础，相似的挑战，却又走出了不同的路径和不同的结果”。

潘文围绕两大帝国体系的运行及其历史“时运”，勾勒了不同的兴衰轨迹。我们常说“罗马不是一天建成的”，潘先生更加关心的是，罗马也非“毁于一旦”。在他看来，罗马帝国的发展蕴含着一系列结构性的缺陷和致命性政治疾病。在区分两个帝国的根本性分野上，作者没有排除仁慈与残酷、善与恶的道德因素考量，但我更看重的是文章高度重视国家的组织目标和组织体系的形成，重视对政治制度和权力运作逻辑的比较分析。

沃格林在他著名的《政治观念史稿》中，曾这样谈及罗马：“为了理解接下来数百年中（指罗马的兴衰）演化出的那些概念的基调，我们必须明了权力结构彻底脱离人民这个根本性的事件。”对比这样一句抽象的评论，潘先生的文章则借助于更加丰富的历史经验素材和中西对比优势，给出了有关帝国权力运行更丰富具体的分析。

第一，关于权力运行的目标。任何政治体系都需要国内重大利益的均衡与平衡，需要国内的“治理”。潘先生注意到，汉帝国尽管没有摆脱土地兼并的现实，但是其中央权力立足于创造有助于消除“贵族”因素的权力结构（例如“推恩令”的实施），探索了以财政制度为核心的宏观调控制度，抑制豪强。相比之下，罗马的政治体系从其初建就没有调节土地兼并的意愿和能力，缺乏有效处理内部社会冲突的行政机制，而是选择了外向“殖民”的方式和路径，殖民成了消除内战最好的安全阀，也成为政治平静与稳定的关键安排。

凭借它的殖民成就，罗马帝国获得了伟大的威望，但是也使得政治单元的内部结构——这在希腊时期曾被广泛视为政治领域的核心主题——退居次要地位，政治不再被看作一个明确的共同体内部事务。在潘先生看来，如果说中国政治体系运行的总体目标相对来说更加围绕帝国内部事务和人民需求而来，那么罗马帝国则将国家权力体系的平衡与镇静，建立在一个无止境的殖民欲望竞争基础之上，虽然暂缓了政治斗争，却加速了政治权力的离心力与恶性的政治军事竞争，使得帝国组织以及帝国的精英阶层逐渐失去了对内部事务和治理系统的关切，从而也加速失去了他们同罗马大众之间稳健的联系。

我认同文中所描述的这样一种差异化的历史现象，但更倾向于从权力运行的历史结构的角度来加以理解。相较于汉帝国所处的欧亚大陆东部所构成的相对统一、独立、封闭的整体地理环境，罗马地处欧陆西段，地中海世界的复杂地理族群构成和战略竞争的环境，是人类政治文明中比较早的复杂“国际体系”。外部战略环境的差异，对帝国权力运行的目标导向产生了重要影响，这是“罗马治下和平”(Pax Romana) 形成的前提条件。

此外，罗马帝国的权力运行的特点，造成诸如核心精英阶层的腐坏等灾害，但这些政治场景及其帝国权力运行方式的变化，实际上也是西方政治领域的早期政治实验。正如沃格林所观察到的，这个由罗马所塑造的群雄扩张的地中海世界，在政治层面极大拓展了西方关于“寰宇”(orbis terrarium) 的概念，即所有国家的政略都必须考虑权力主体所处的广袤地理政治空间，这里包含了大陆与海洋，中心与边缘，以及国际政治空间领域的魑魅魍魉。就这一点而言，中国的帝国统治者们，可能又经历了许多个世纪才有所领会。

复杂的地中海世界，围绕着军事、科技、金融交易等，还产生了一系列在世界范围内影响深远的历史现象和政治物种。文章指出：“罗马创造的地中海世界里，产生了大量克拉苏式的金融家、包税人、奴隶贩子，他们投资罗马政治”。潘先生似乎更加重视这些罗马新生事物在帝国政治腐化中所发挥的“毒瘤”作用，但是他们也可能是现代意义上复杂性金融体系雏形的创造者。

第二，关于权力运行的机制。罗马与汉帝国的精英集团都在形式上牢固掌控着帝国权力，但似乎汉帝国更加洞悉如何长期有效地经营和维护权力。在潘先生文中，讨论最多的就是支撑罗马帝国权力系统的“铁三角”：元老、军头与财阀，但它们却成为帝国灭亡的加速器，这个貌似稳固的上层政治联盟，真正的危险不在于缺乏同人民分享权力的任何意愿，而是在内部“谁应当拥有权力”这个问题上，充斥着极大的随意性。

相比而言，汉帝国的精英似乎更加洞悉维护大一统的奥秘，在潘先生看来，第一，汉帝国精英最清楚帝国的上层与基层如何结合，因为他们创造了郡县制的高效运作方式；第二，他们最明了庶民的需求。这里基层与上层的结合机制主要仰赖于秦汉时代开辟的郡县制的运作，以及仰赖郡县制所提供的制度工具在基层进行的精细化行政。

汉帝国对从秦帝国那里继承来的官僚制体系进行了改造，设计出了简约化的官僚行政体系配合宏观调控的制度，以此确保中央权力对基层最小程度干预的同时还可以换得“民不益赋而天下用饶”。但这里需要指出的是，汉帝国保持上层与基层结合的唯一方式并非仅止于保护小农经济的安全与自由，帝国执政精英似乎还学会了以各种方式同基层社会分享权力，两汉时期曾是乡党及士人阶层形成的重要历史阶段，士风的修饬在两汉成为重要政治现象。汉帝国以相对较低的财政投入和制度成本，完成了维系一个地域异常广大的帝国的治理任务。

根据潘先生的分析，帝国后期，执政团体与军头联盟像“走马灯”一样变换，政治体系运行的随意性持续增大。从潘先生的描述中，我们可以体会到这一时期的政治体系充斥着严重的失重感，这种失重感几乎完全超越了权力集中表面所形成的针对统治集团的恐惧感。

第三，关于政治秩序的构造。罗马政治上的成功常被视为其独特的“共和”基因，即它分别融合吸收了王权制、贵族制和民主制的优势。但是潘岳先生对这一西方主流政治叙述提出了质疑，他认为罗马政治体系中实际参政人数极少，只有极其富裕的阶层才能参与帝国的运作，在大多数时期，罗马的政治稳定不得不依靠于少数政治家的权术加以维系，而一旦这种权力游戏玩不下去了，赤裸裸的权力游戏与武断的军事自由逻辑就登场了。

相比较于罗马，汉王朝政治体系的特征似乎更加难以进行清晰准确的描述，但潘岳激烈批评了对中国古代政体的这种“东方专制”式的传统叙述。他提出，大规模政治体的长治久安绝不是建立在纯粹威权之上，必须是各群体各阶层对道统的内心认同，“中华道统”是对任何政治体系运行的唯一性规范选择，是确保政治稳定的价值根基。

尽管潘先生对于什么是“道”没有给出十分清晰的概括，但他列数了支撑帝国体系平稳运行的一系列政治理念与治理机制，他提到了汉代的基层察举制、监察制等，它们成为激励各层面精英持续参与帝国基层事务的关键制度安排。我的理解，相比较于罗马体系中的上层“制衡”，汉王朝体系的稳定性似乎建立在一个更加复杂、精密的权力平衡系统之上。它的重心不在于帝国顶层横向之间“硬权力”系统的制衡或制约，而在于遍布于帝国体系中纵向和横向之间复杂交错的结构性制约与总体平衡。

我不否认潘先生所坚持的政治稳定性仰赖于“道统”，但我们仍需注意到，观念可以产生一个群体或一个系统，但是管理一个群体和一个系统却无法完全依靠观念的力量。两汉“士风”的形成，乡党与士人的团结，这个风气的形成也难说不是一个“集团性”的政治现象，维系和激励汉帝国复杂的社会平衡系统，需要极高的政治智慧与制度成本。与此同时，我还相信政治稳定更大程度上源自于可预期与有效性。对愉悦和荣誉的追求是任何政治系统稳定性的通用货币和悬赏机制，以及可以由此推导出来的一般性行为逻辑。政治系统的稳定平衡，最基本的是对这些通用货币、深层次的稳定机制以及一般性行为逻辑的尊重，而在这方面，我们的古老帝国到底拥有何种经验，还需要更深入的研究。

第四，关于政治系统的主宰。罗马帝国同汉帝国都拥有一个相似的政治主体：皇帝。罗马的皇帝制度没有能力防止自由军头政治和利益集团政治，汉帝国的皇帝则通过结构性的集权（即文章探讨的躬耕基层政权、建立复杂的国家体系与牢固的基础权力）较好解决了这个问题。汉帝国的皇帝制度在克服军事集团和利益集团政治方面，无疑留下了重要历史经验。

但是潘先生的文章并没有进一步探究这种差异性的原因。如果我们借用张五常的一个概念来理解，中国的皇帝制度在减少内部利益集团带来“租值消散”效应方面似乎发挥了更显著的效用，皇帝制度成了防止公共价值被特殊利益集团侵害的一套关键制度安排。

罗马政治系统紊乱的一个重要表现，是皇帝制度在大多数时期没有提供有约束的竞争，这是解释两个帝国分道扬镳的关键变量。政治秩序的核心是政治系统的稳定性，而不是政治权力是否集中或是否具有高度的效率。事实上，无论是罗马还是汉帝国，政治稳定的根源都是各种公开或隐匿的稳定性机制。

潘先生文讨论了两汉之初的“无为而治”，但文章并没有详细讨论它在政治上的意义。事实上，从无为的角度来看，如果一个制度充分尊重历史生成的稳定性机制，或者权力受到稳定性机制一定程度的制约，皇权制度才可以获得长期运行。凭借这个尊重，至少可以获得政治体系长期运行的时间优势，如果可以运行到超过几代人的自然生命，那么这个政治系统自然有足够的冗余时间和平稳心态处理一些政策困境或风险挑战。

换句话说，汉帝国赢在了权力的相对无为与漫长的时间优势。“无为而治”的政德，本质是反对偶然性与随意性，后者是以皇帝制度为核心的政治安全的最大敌人。但不管是汉帝国还是罗马帝国，内外危机都助推了权力运行趋向高度集中，随之出现了任何政治组织都可能出现的自然反应，政治系统最终被随意性拖垮。对此，需要重新强化新的仪式与制度化安排，对权力集中的内在随意性进行限制，这就是我理解的两个帝国政治体系留给后世的最大政治遗产。

读《秦汉与罗马》有感

徐卫民（西北大学文化遗产学院教授、博士生导师）

秦汉与罗马是丝绸之路上东西方有代表性的帝国文明，在世界文明发展史上具有重要的作用。“西有罗马，东有长安”妇孺皆知，也展现出东西方发展过程的异同。由于东西方在自然环境及人文环境上的巨大差异，因此在世界文明进程中也出现了不小的差别。正如恩格斯讲的：“随着野蛮时代的到来，我们达到了这样一个阶段，这时两大陆的自然条件上的差异，就有了意义。……由于自然条件的这种差异，两个半球上的居民，从此以后，便各自循着自己独特的道路发展，而表示各个阶段的界标在两个半球也就各不相同了。”

近读潘岳先生的《秦汉与罗马》，颇有收获，以三万言比较全面的对比了世界历史上几乎处于相同时期的东西方两大文明体系的异同，并分析了产生异同的原因，其中不少见解是有见地的。作者认为，秦汉与罗马，两条不同的文明道路，各有高峰低谷。我们不能用别人的高峰来比自己的低谷，也不能用自己的高峰去比别人的低谷。我们应当从高峰中体会到彼此的优点，从低谷中体会到彼此的缺陷，再寻找各自改进之途。

中国历史远非完美无缺，否则就不会在近代遭遇惨败；中华文明仍需转型提升，才能真正体现与时俱进的能力。两汉的独特价值，在于一体与多元并存。一体保证凝聚，多元保证活力。这些观点值得读者和学界思考。

公元前3世纪中叶，罗马统一意大利半岛；公元前3世纪末，西汉王朝建立。其后双方日臻强盛，罗马征服了整个地中海地区，成为“世界”的霸主；汉朝也奠定了西逾流沙、东濒沧海的广袤版图，君临“天下”，成为大汉帝国。这两个分处东西、遥相辉映的大国，在人种、语言、宗教信仰、社会制度、文化传统等方面的差异极大，是从全然不同的背景中诞生和发展起来的两种不同的文明形态，各自又产生了不同的影响。

文明的主要表现形式体现在都城文明上。秦汉时期都城功能是为维护其中央集权服务的，以“天人合一”为设计理念，都城中的各种设施与布局均以此为目的，宫殿是城市的核心，高大雄伟。其功能主要是政治中心、文化中心和军事重镇，手工业、商业处于次要地位，而且都城中市场的设置主要是为统治阶级服务的。都城中缺少市民活动的公共建筑和广场。罗马城的设计除了考虑统治者的政治功能之外，在都城中也有老百姓可以随意活动的地方，广场文化得到了充分体现。广场是都城的核心，成为市场和集会之地。统治者在这里修建庙宇、宫殿、政府机构，是政治、宗教、商业和公众活动的中心。大量修建的公共建筑成为罗马城日常生活中不可缺少的部分，是为城市建设和市民服务的。

秦汉时期都城与古罗马城尽管都显示出“好大喜功”的特征，建筑物都富丽堂皇，但建筑物服务的对象是不一样的。尽管罗马城和汉长安城在建筑材质、风格等方面具有很多不同，但是，由于同属于帝王所在地，两座古城都在想方设法地将城市建设与帝国的强盛结合起来，使建筑能最大限度地表现君王的威严和显赫。古罗马时期的著名建筑学家维特鲁威在盛赞罗马建筑的伟大时，就曾直言不讳地将“显示了伟大的权力”作为首要因素，秦汉时期宫殿建筑也有“非壮丽无以重威”的要求。秦汉与罗马存在比较大的差异，这种差异很大程度上体现在都城的公共性上。出现这种差异与所处地区自然环境，与东、西方民族在各自成长发展过程中的经济、政治结构和文化体系的不同有关，也与各自都城的建设功能和目的、各自的社会阶层结构的差异有关。

秦汉时期的都城是统治者获取或维护权力的手段或工具，是借以宣示王朝的合法性、凸显国家权力的象征符号，是国家、官府威权的象征。都城的形态和空间布局，主要是基于某些制度安排而形成的，是权力运作与各种社会经济因素共同作用下的产物。在等级森严的秦汉社会，其本身要适应礼制的需要，从而也被赋予了某种“文化权力”。总而言之，是权力“制造”了都城，制度“安排”了都城的空间结构。而罗马城早期以手工业和商业为主，以卫城、庙宇为中心，受民主制度的影响，以都城广场为中心。罗马广场是罗马城的核心，原为沼泽地带，大约公元前6世纪加以整修，成为市场和集会之地。历代统治者在这里修建庙宇、宫殿、政府机构。帝国时期添置尤多，而且规模宏大，十分壮观。广场上还有店铺和摊棚，是政治、宗教、商业和公众活动的中心。罗马的公共建筑散发出奢侈、豪华的辉煌气氛。

秦汉和罗马的重要生产区域大体都分布在北纬30~40度之间，但却是迥异的两种气候类型。季风性气候使得秦汉时期的农业得到长足发展，因为季风气候的最大特点就是雨热同季。而同纬度的罗马，由于多分布在地中海沿岸而形成的地中海气候，使得农作物生长比较困难，因为地中海气候的最大问题就是雨热不同季，对农业生产不利。在农作物最需要雨水的时候，其提供的只有热量。所以在罗马虽然重视农业，但农业的发展没有手工业与商业那样繁荣。

罗马城是一座占地面积20多平方公里的“大理石之城”，且不说城内的神庙、议事厅、柱廊、凯旋门、大浴室等之雄伟壮观。至今走进罗马的古建筑遗址，仍不能不为其磅礴的气势所震撼。但由于东西方建筑体系、建筑材料大不相同，因此罗马式石构建筑无法展现于秦汉都城。不仅建筑物本身，连其内部的陈设也与秦汉大相径庭。

尽管罗马与秦汉相隔万里，但文化交流一直存在，且相互影响。无论汉代或罗马的宴会上都佐以乐舞，秦汉有说唱，罗马则有哑剧。双方都有的是杂技。罗马杂技声名远播。汉武帝元鼎五年（公元前112年）安息使臣来献“犁幻人二”。安帝永宁元年（公元120年）掸国又献幻人，“能变化吐火，自支解，易牛马头。又善跳丸，数乃至十。自言我海西人，海西即大秦也”。跳丸即现在所称抛球，须用双手同时抛接。汉画像石中也有类似表演，他们将球和剑一同抛接，当时叫“跳丸飞剑”。这应该是受到罗马幻人的启发。罗马人的娱乐似乎并不满足于看抛球，最刺激而且带血腥味的项目是角斗，在罗马的许多城市中都修建了竞技场。罗马城中的科洛赛姆大竞技场可容观众5万人，是世界上最著名的古建筑之一。这在尊奉儒家学说的汉代人看来，则有点匪夷所思了。

秦汉与罗马在历史上曾经经济繁荣、国运昌盛、交通便利、文化发达。人常说，西有罗马，东有长安，一东一西代表了东西方文化的最高成就。它们都曾有过无比辉煌的过去和无比灿烂的历史和文化，并保存着无数珍贵的历史文化遗产。

虽然罗马与秦汉存在着诸多差异，但汉代对罗马则充分肯定。《后汉书·西域传》说："其人民皆长大平正，有类中国，故谓之大秦。"清薛福成《出使日记》解释道，秦为"亚洲大一统之国"，罗马为"欧洲大一统之国"，故号罗马为大秦。

为什么罗马文明在罗马帝国灭亡后迅速衰落？为什么秦汉文明能够持续发展？这些问题值得深入思考。从历史的角度来看，影响罗马与秦汉文明的因素很多。除自然条件之外，社会环境对经济的影响更为显著。进行东西方文明的研究比较是一个长期而艰巨的任务，是摆在学术界面前的重大课题，路漫漫其修远兮，只有同心合力，才能使学术研究为现代社会服务，使古为今用，洋为中用。

第三编

中国五胡入华与欧洲蛮族入侵

公元300—公元600年间，中国与罗马再次面临相似的历史境遇，同时面临中央政权衰落，同时遭遇周边族群大规模冲击。

在中国，是生活于北方的匈奴、鲜卑、羯、氐、羌五大胡人族群等（中国历史称其为“五胡”）纷纷南下，相继建起了众多政权。在罗马，是西哥特、东哥特、汪达尔、勃艮第、法兰克、伦巴第等日耳曼部落潮水般地一波波入侵，建起了一个个“蛮族王国”。

相似的历史轨迹却产生完全不同的结果。

中国五胡十多个政权中，先有氐族的前秦，后有拓跋鲜卑的北魏统一了整个北方，虽屡经纷争与分裂，最后还是实现了内部整合，并融合了曾经代表正统的南朝，继承了秦汉中央集权超大规模国家形态，奠基了融合胡汉的隋唐大一统王朝。

欧洲各大蛮族王国几百年征伐中，尽管有个别王国，如法兰克，曾一度实现了西欧基本统一，最有希望继承西罗马帝国衣钵，但由于内在分治的逻辑，最终还是分裂成一个个封建国家，全靠“普世教会”作为精神统一的力量勉力维系。

这个历史岔口，再次体现了中国和西方从族群观念到政治制度的不同道路。其中的文明逻辑最为关键。

第一章　五胡入华

第一节　南迁之战

中国与罗马的命运，因公元 89 年燕然山的一场战役而改变。

经此一战，北匈奴西迁欧洲，成为后来日耳曼各部落侵入罗马疆界的重要推手；南匈奴南下中原，开启了五胡入华的先声。

2017 年，中蒙考古学家发现了班固为汉朝彻底击败匈奴而作的《燕然山铭》。有大汉情结之人常因“燕然勒碑”而欢呼“明犯强汉者，虽远必诛”。但真实历史是，南匈奴单于首先侦测到北匈奴的内部动乱，主动向汉朝建议出兵[1]。窦宪率领的 4.6 万骑兵里，3 万是南匈奴人，剩下的 1.6 万中还有一半是羌人[2]。可以说，是汉朝率领南向中原的游牧族群共同迫使北匈奴西迁的。

这一幕，后世也屡屡重现。国际突厥学者列为始祖文物的“阙特勤石碑”的突厥文一面上，突厥可汗哀伤抱怨：为什么回纥要与唐朝合作而围攻自己，为什么草原族群总是要迁徙到中原去生活[3]。

这是游牧社会不团结吗？不是。从地理气候上说，每当草原寒潮

1　参见：范晔撰，李贤等注，《后汉书·南匈奴传》，中华书局，1965 年版，第 2952 页。

2　参见：范晔撰，李贤等注，《后汉书·窦宪传》，中华书局，1965 年版。

3　参见：韩儒林著，《突厥文阙特勤碑译注》，北平国立北平研究院总办事处出版课，铅印本，1935 年版。

来临时，北方的游牧族群都会向南迁徙。从资源禀赋上说，草原地区所能承载的人口只是农耕地区的十分之一，游牧族群必须从中原获取粮食、茶叶、丝麻织品以维持生存和开展贸易。中原对周边族群强大的吸引力之一是先进的农业和手工业[1]。与更北的族群愿意向西发展不同，漠南族群更想与中原融合。他们与中原共享着北中国经济交通网络，更容易在荒年获得粮食，更容易以低廉成本进行贸易，从而多次形成经济社会共同体。久而久之，从地理到经济，从民俗到语言，从文化到制度，一千五百年后，一个囊括东北亚的政治共同体最终形成。

燕然山之战后，南匈奴深入汉土，在北方边郡游牧生息。由于汉朝怀柔远人的政策，他们不缴税赋，但要接受郡县制的人口管理。[2]今天在宁夏、青海、内蒙、陕西、山西发现南匈奴墓地，既有汉式墓穴，又有草原的头蹄葬，青海还出土了受封匈奴首领的“汉匈奴归义亲汉长”的骆纽铜印[3]，胡汉文化彼此交融。南匈奴南下前后，内迁的还有西北的氐羌、东北的鲜卑、漠北的羯人。三国后期由于中原人口剧减，魏晋不断“招抚五胡”。百年间，内迁的五胡数百万人，其中，匈奴70万，羌人80万，氐人100万，鲜卑250万。[4]西晋“八王之乱”后，北方总人口1500万，汉人只占三分之一。有人误以为“汉化”就是“同化”，是“大族群”靠着人口数量的绝对优势改变“小族群”的生活方式。[5]

---

1 参见：费孝通著，《中华民族的多元一体格局》，《北京大学学报(哲学社会科学版)》，1989年第4期。

2 参见：房玄龄等撰《晋书·四夷列传》，中华书局，1984年版，第2548页。

3 1973年在青海省大通县后子河乡上孙家寨村汉墓群一号墓中出土一枚铜印，方座，驼纽。阴刻篆文“汉匈奴归义亲汉长”八字，是东汉中央政府赐给匈奴族首领的官印，其中“归义”是汉政府给予其统辖的周边族群首领的一种封号。

4 参见：朱大渭著，《十六国北朝各少数民族融入汉族总人口数考》，《朱大渭说魏晋南北朝》，上海科学技术文献出版社，2009年版。

5 参见：海伦·麦吉尔·休斯编，《种族和民族关系》(*Racial and Ethnic Relation*)，波士顿，霍尔布鲁克出版公司，1970年版，第117—119页。

但真实历史是，北方五胡族群不仅军事占优势，人口数量也占优势[1]，完全可以按照老习惯“牧马中原”，完全可以“胡化”汉人，但他们却主动选择了一条“汉化之路”。

第二节　汉化之路

汉化之路，由南匈奴开启。

五胡中第一个建立王朝并灭亡汉人政权（西晋）的，是南匈奴人刘渊。他是南匈奴羌渠单于之曾孙，因汉匈和亲而改为刘姓。作为贵族子弟，刘渊曾在晋朝宫廷中游学，他读《毛诗》与《尚书》，学《史记》与《汉书》，最爱《左传》和《孙吴兵法》。他割据山西称帝，却并不想恢复匈奴的北方故业，而非要以“汉”为国号统一天下。为此，他自称是刘邦、刘秀、刘备之后，为了说明“汉代之甥”的身份与“兄亡弟继”的合法性，他竟将蜀汉后主“扶不起的阿斗”刘禅也设个牌位祭拜起来。

但刘渊的政权并未延续，被羯人石勒所灭。羯人“高鼻多须”，属于塞种人，曾依附匈奴为“别部”“杂胡”。石勒的出身与刘渊不同。刘渊是游牧贵族，混迹于宫廷；石勒是雇农奴隶，流浪于民间。但石勒也一样喜爱汉文化。他不识字，却“雅好文学”，爱听人给他念《汉书》。太子石弘受他安排而完全变成了儒生。但石勒也没有成功，统一北方的基业被残暴的后代败光。从后赵的废墟里，又诞生出了慕容鲜卑的前燕和氐人的前秦。

1　根据江统《徙戎论》的说法，关中地区胡汉人口比例是一比一，东北地区胡人人口比例更高。

内蒙古呼和浩特北魏皇家祭祀遗址，在形制上结合了中原王朝祭祀礼制和北方游牧民族祭祀传统

五胡政权中第一个统一北方的是前秦苻坚。前秦发家于秦之关中故地，领土一度“东极沧海，西并龟兹，南包襄阳，北尽沙漠”。但没几年，就因仓促伐晋而败亡。在前秦的“残躯”上，分化出羌人姚氏的后秦、慕容鲜卑的后燕、匈奴赫连的大夏。

混战中，拓跋鲜卑从蒙古草原一路打来，力破群雄，定国号为魏。经过三代人励精图治，终于统一北方百余年。北魏随后分别演变成了北周和北齐，再由北周统一北方并开出了一统天下的隋唐。

前秦与北魏，这两个最接近一统天下的政权，汉化程度最高，汉化态度也最坚决。

苻坚生于世代好酒的氐人家族，是戎马倥偬的豪雄，却自小熟读经史。即位后最重文教，每月亲临太学，考问诸生经义。他的目标，是道德上要不坠“周孔微言”（周公孔子），实践上要超越“汉之二武”（汉武光武）。他打服西域，却送回汗血宝马，要显得比“为马打大宛”

的汉武更加仁德。他一边打东晋，一边在朝廷里为东晋君臣留好位置修好府第，要模仿“兴灭继绝”的周政。他俘虏了慕容鲜卑却不肯杀，安排慕容暐与慕容垂君臣入朝为官。无数人劝他消除隐患，他却非要树立以德服人的榜样[1]。他刚在淝水战败，鲜卑豪杰们果然造反，建立后燕和西燕。苻坚对“仁义”的偏执程度，曾被讥讽成“不肯半渡而击”的宋襄公。

有人说前秦亡于“过于汉化”，但之后的北魏统一北方后，却比前秦更加彻底地推行“汉化”。道武帝拓跋珪说“为国之道，文武兼用”。太武帝拓跋焘大量重用汉人士族，把河西学者迁到首都平城（今山西大同），鲜卑子弟都得跟着学儒典，“于是人多砥尚，儒林转兴”。孝文帝拓跋宏更是“体制性汉化”。他迁都洛阳，仿照两晋南朝官制；命令鲜卑人定门第、改汉姓、说汉语；自己带头并让弟弟们和汉人士族通婚。

有史家认为，北魏之所以能统一北方，演化出的北周与隋朝之所以能统一全国，是因为他们改汉俗行汉礼。不尽然。因为天然习汉俗行汉礼的南朝并没能统一天下。北魏成功的最重要原因，是进行了大一统精神的政制改革，再造了秦汉儒法国家形态。

第三节　再造一统

西晋崩溃后，天灾人祸，基层政权完全崩坏。北方遍布“坞堡”，百姓依附强宗豪族聚居起来自我保卫。战乱导致土地抛荒，一方面流

1　“修德则禳灾。苟求诸己，何惧外患焉。”参见：房玄龄等撰，《晋书》，中华书局，1974 年版，第 2896 页。

北魏孝文帝改革内容表	
公元 484 年	实行官吏俸禄制度。
公元 485 年	实行均田制。
公元 486 年	实行新的租调制。
公元 486 年	建立三长制。
公元 493 年	禁止鲜卑人同姓通婚。
公元 494 年	从平城迁都洛阳。
公元 494 年	禁止穿鲜卑服装。
公元 495 年	禁止官吏在朝廷说鲜卑语。
公元 496 年	改鲜卑姓氏为汉族姓氏，鼓励鲜卑人与汉人通婚。

北魏孝文帝改革内容表

民无地，一方面豪强趁机多抢多占。贫者越贫，富者越富。

公元 485 年，北魏实行均田制改革，将无主荒地收归国有，并平均分配给贫民耕种。其中，“露田”是要种粮征田赋的，耕农去世后还给国家，再分配给下一批青壮年；而“桑田”是种桑麻枣榆之地，不用归还，可以留给子孙。均田令还规定了如何给老人、小孩、残疾人、寡妇分田。经此变革，强者仍强，但弱者也有立足之地。从北魏一直到唐中期，贞观之治与开元盛世的土地制度基础都是均田制。

与均田制同时的另一项重大改革，是“五家立一邻长，五邻立一里长，五里立一党长”的三长制。针对的是乱世中的豪强割据。豪强即“宗主”，朝廷下不去基层，通过“宗主”来间接管理，称为“宗主督护制”。三长制废除了宗主制，重建秦汉式的“编户齐民”三级基层政权。再从百姓中选取乡官，负责征税与民政。

提出均田制改革的，是汉人儒生李安世。提出三长制改革的，是汉人官僚李冲。通过均田制，北魏获得了充足的编户、赋役与兵源；通过三长制，北魏结束封建式统治，重建了基层政权；通过官僚制，北魏恢复中央集权行政体系。比起“着汉衣”“改礼仪”这些形式，这更是“汉制”的灵魂。在西晋灭亡170年之后，中原竟然在少数民族王朝手里重新恢复了“汉制”。诚如钱穆所言，“北魏本以部落封建制立国，逮三长、均田制行，则政体上逐渐从氏族封建变为郡县一统，而胡、汉势力亦因此逐渐倒转”[1]。短短30年内，北魏的人口数量与军队数量迅速超过了南朝。公元520年，北魏人口近3500万，是西晋太康年间的翻倍[2]。汉人农民大量加入北魏军队，打破了从前“鲜卑作战、汉人种田”的分野。

当北魏继承“汉制”的时候，东晋和南朝的“汉制”却走向僵化。起于东汉的察举制，产生了四世三公的经学门阀与盘根错节的官僚豪族，转到魏晋就发展为门阀政治。由于东晋政权的建立是靠世族支持，于是出现“王与马，共天下”的场景。到东晋和南朝时还产生了一个奇观，虽然北方千万流民南渡，虽然江南经济依然繁荣，但“自孙吴至陈亡的六个王朝，在长达300年的时间内，江南户籍上的户口几乎完全没有增长”[3]。因为这些人民都投奔世族大户成了“私属”，没在官府登记，朝廷不掌握人口数字，也失去了更多税赋。门阀政治倡导清谈，产生了最优雅的魏晋风度和玄学思辨，社会衰颓与艺术高峰同时发生。

1 参见：钱穆著，《国史大纲》，商务印书馆，1996年版，第336页。

2 参见：魏收撰，《魏书·地形志》，中华书局，1974年版，第2455页。

3 参见：唐长孺著，《魏晋南北朝隋唐史三论》，武汉大学出版社，1992年版，第88页。

陈寅恪、钱穆都认为，之后的隋唐总体上继承了北朝的政治制度与南朝礼乐文化。比起南朝的因循守旧，北朝的均田、府兵等制度创新更符合“汉制”大一统精神。这种精神使隋朝成功地实施第一次全民清查编户（大索貌阅），还开创了科举制。陈寅恪说“取塞外野蛮精悍之血，注入中原文化颓废之躯”[1]，注入的与其说是人种，不如说是改革创新精神。

北朝对南朝的胜利，不是野蛮对文明的胜利，而是谁更能继承大一统精神的胜利，是兼采胡汉的“新汉制”对僵化守成的“旧汉制”的胜利。同样是世家大族，北方比南方更重现实政治能力，因为北朝大考百僚看实绩。同样是经学，北朝重实学，南朝重玄学。同样是儒生，北朝大量用于朝堂与基层政权，南朝直到晚期才让寒士当官为将。

南朝也并非一无是处，其发明的“三省六部制”原型为之后的隋唐所吸取。且东晋与南朝在大一统的理念上，也从未含糊过。这比东罗马强，拜占庭帝国存在 1000 余年，为统一的西征只有一次半。而东晋南朝 272 年里，北伐有 10 余次。从东晋的祖逖、庾亮、桓温、谢安，到宋武帝刘裕刘义隆父子、梁武帝萧衍、陈宣帝陈顼等。虽然都未成功，但谁也不敢宣布放弃。在华夏大地上，任何统治者，谁要放弃了大一统，就等于失去了合法性。

第四节　汉化与罗马化

五胡族群之所以执着于“汉化”，是因为汉文明之精髓在于长治久安的超大规模政治体之构建。游牧族群虽具有军事优势，但若不是

1　参见：陈寅恪著，《金明馆丛稿二编》，生活·读书·新知三联书店，2001 年版，第 344 页。

土耳其塞尔丘克以弗所古城

云冈石窟第 9 窟前室北壁窟门西侧
交脚弥勒盝形龛龛柱爱奥尼式柱头

吸取了汉文明的制度经验，是无法战胜自诩“正统”的南朝的。“汉制”不是“汉人”的习惯法，而是一种无偏私的理性制度。夷与夏不是看血脉看习俗，而是看文明看制度。即便是汉人，不去继承发扬“汉制”精神，也会失去华夏传人的资格。

“汉化”不是“被汉人同化”的意思，而是“择定汉制”的意思。西汉初期，没有“汉人”，只有“七国之人”。司马迁写《史记》时还用七国之人来描绘四方人民的不同性情。自汉武帝之后，“汉人”变成了“汉王朝子民”的定称。因为汉武帝将秦国的法家制度、鲁国的儒家思想、齐国的黄老之术与管子经济、楚国的文化艺术、韩魏的纵横刑名、燕赵的军事制度融为一体，形成了“大一统汉制”。从此，认同这种制度文明的人，就成了“汉人”。可以说，“汉人”是用政治制度建构“国族”的最早实践。这套制度虽由秦汉创造，却不再专属于中华世界，成为了东亚古典文明遗产。汉字也不仅是“汉族的文字”，而是东亚古典文明的重要载体。因为建构大一统的经验教训都记载于汉文律典与史籍中，不学习就无法重建前行。五胡主动汉化，并非忘记祖先和自我矮化，而是拥有超越部落建设超大政治体的雄心。

与“汉化”类似的概念是“罗马化”。古罗马制度虽由罗马人发明，却成为地中海文明的古典形态。拉丁文已经不是“罗马人的文字”，而是欧洲古典文明的载体[1]。当诸多日耳曼蛮族王国抛弃了拉丁语口语，当不同的日耳曼族群因部落与方言不同而分化成不同王国不同语言后，以拉丁文为载体的古罗马文明从此湮没于蛮荒洪流与普世教权之下，尽管法兰克王国出现过短暂的加洛林文艺复兴，但终究不是主流。[2]西欧直到 12 世纪初罗马法才开始复兴[3]，直到 14—15 世纪文艺复兴时才

1 从 8 世纪到 9 世纪，欧洲各王国尽管产生了各自方言的书面文字，然而，直到中世纪末期，拉丁语一直是官方、记录与教会语言，而书面日耳曼语只是辅助工具。参见：彼得·伯克著，李霄翔、李鲁、杨豫译，《语言的文化史：近代早期欧洲的语言和共同体》，北京大学出版社，2007 年版，第 107 页。

2 正如亨利·皮朗所说：“这种文艺复兴纯粹是一种基督教教会内部的事物。它对当时广大普通民众并无什么影响作用，因为他们根本就不懂得这些。这种文艺复兴既是古典传统的复兴，又是与罗马传统的决裂，……此时的拉丁语仅仅只是一种为教士等级所专用的语言，他们垄断了所有的知识学问，而这个教士等级同那些民众却在不断地分离。”参见：亨利·皮朗著，王晋新译，《穆罕默德和查理曼》，上海三联书店，2011 年版，第 286 页。汤因比也认为：“第一个法兰克王国墨洛温王朝面向着往昔的罗马，但其后的加洛林王朝却面向未来；因为尽管它偶尔唤起罗马帝国的阴魂，喊道：‘死人们都起来吧！’——但它只是通过招魂来帮助活人完成他们自己的事业。”参见：阿诺德·汤因比著，郭小凌等译，《历史研究》（上卷），上海人民出版社，2010 年版，第 138 页。

3 公元1135年在意大利北部发现《查士丁尼学说汇纂》原稿，引发了“罗马法复兴运动”。

古希腊柱子的细图示

云冈石窟第 10 窟后室南壁中层西式装饰纹样

重新发现了“人文主义”和“国家理性”[1]。而这个“重新发现”的源头不在欧洲本土。如果没有十字军从君士坦丁堡带回来古希腊古罗马手稿，如果没有阿拉伯人翻译的柏拉图、亚里士多德的古典作品，欧洲就难以发生文艺复兴，也就不会有启蒙运动。可以说，希腊罗马的古典文明没有像汉文明那样由周边族群与本地居民共同传承，而是从外部“出口转内销”找回来的。

1　马基雅维利的“国家理由”（Ragione di Stato）学说。参见：马基雅维利著，潘汉典译，《君主论》，商务印书馆，1985 年版，第 18 页。

云冈石窟第 6 窟南壁下层
东龛右侧胡人面貌供养天

云冈石窟第 6 窟中心塔柱
下层胡人形象供养天

第二章　蛮族入侵

第一节　一族一地王国

蛮族不是突然降临罗马的。如同汉人总是将远方族群称为“夷狄”一样，罗马人也将莱茵河、多瑙河外的异族部落称为“蛮族”，后来又泛称为“日耳曼人”。和汉朝一样，罗马沿着两河边境修筑了一道“日耳曼长城”，与日耳曼诸族勉强相安。而当北匈奴从东边一路挤压，在匈人王的“鞭笞”下，草原各部落一次次冲破了这道脆弱的长城。日耳曼人深入腹地掠夺杀戮，占领了北非和西班牙等产粮区和银矿区。罗马帝国的人口、税基、军队不断衰弱。到 420 年，西罗马核心地区只剩下 9 万野战军能用于防御[1]。各蛮族纷纷占地建国，苏维汇人占领了西班牙西北部（409 年），汪达尔人占领了北非（439 年），勃艮第人占领了法国东北部（457 年），盎格鲁 – 撒克逊人占据了不列颠（449 年）。

上述都是一族一地的小王国，真正建立起“大王国”的，是哥特人与法兰克人。东西哥特王国占据了整个南欧（西班牙、意大利与法国南部）[2]，法兰克人则征服了西欧大部。

1　超过 40% 的东罗马军队（占东西罗马军队总数的 20% ～ 25%）一直用于专门防备波斯，剩余罗马军队中大部分是驻地部队，主要处理对边境安全威胁较低的突发事件。

2　西哥特人占领法国南部和西班牙（419 年），东哥特人（493 年）占据了意大利。

波兰著名哥特式城堡马尔堡全景图

史家统计，参与476年灭亡西罗马帝国的蛮族，只有12万人[1]。后来进占北非的有8万汪达尔人，进入高卢的有10万法兰克人、阿兰人、勃艮第人，狄奥多里克带到意大利的有30万东哥特人。由此估计，进入罗马帝国的蛮族总人口当在75万到100万之间[2]。

相比之下，两晋南下的族群人口则有数百万。考虑到罗马与西晋人口规模大致相同，进入罗马的日耳曼族群数量应远远低于罗马人，应比五胡更容易“罗马化”，罗马制度应像汉朝制度那样在西欧延续下去。但事实却相反，这些日耳曼王国，除个别短暂“部分罗马化”外，

1 参见：彼得·希瑟著，向俊译，《罗马帝国的陨落：一部新的历史》，中信出版社，2016年版，第532页。

2 根据Tim O’Neill，阿拉里克时期的西哥特人可能包含2万名战士，总人口可能不超过20万，洗劫罗马的盖萨里克手下的汪达尔臣民也是近似数量，法兰克人、阿兰人、勃艮第人可能不超过10万，总和在75万至100万。

绝大部分实行了“去罗马化”[1]。正如彼得·希瑟所言，“行省的‘罗马性’在公元476年之后仍在西部的一些地方继续存在，但中央的‘罗马性’已经成为往事”[2]。

如哥特人建国，就刻意与被征服的罗马人分开居住，一般选择在城外建立城堡。乡村中耸立的一个个独立城堡，犹如一座座孤岛，成为今日欧洲乡村城堡风貌的起源。为了保持血统的纯洁性不被罗马人同化，为了保持勇武精神不被罗马文化腐蚀，哥特人建立了“二元政治”[3]。在治理上，哥特人实行“族群分治”制度，禁止罗马人与哥特人通婚；在法律上，哥特人用蛮族习惯法，罗马人用罗马法；在行政制度上，哥特人搞军事，罗马人管民事；在文化教育上，不鼓励哥特人学习罗马拉丁语与古典文化；在宗教信仰上，罗马人信奉基督教，哥特人信奉基督教“异端”阿里乌斯派。这些分治的规矩保持了多年。正如英国史家佩里·安德森所说，蛮族建国“用得更多的是分裂而不是融合的方式”[4]。

---

1 正如威克姆所说：“从5世纪开始，军队的经费来源逐渐由公共税务收入转向私人土地的租金收入，这显然是征服者的精英集团对土地的渴望造成的。……无论用何种方式，‘蛮族’军队都一步步演变成拥有土地的军队，再演变成拥有土地的政权。也正因如此，地主阶级的身份认同逐渐‘蛮族化’，而无论这些地主原本是什么民族。”参见：克里斯·威克姆著，余乐译，《罗马帝国的遗产：400—1000》，中信出版社，2019年版，第118-120页。

2 参见：彼得·希瑟著，向俊译，《罗马帝国的陨落：一部新的历史》，中信出版社，2016年版，第516-517页。

3 蛮族建国初期都一定程度上保留了二元制的体制，即罗马残存体制与蛮族传统习惯的混合。其中，东哥特的罗马化程度最高，其次是西哥特。罗马化的消失有一个过程，西哥特的二元体制直到7世纪中期才消失。参见：彼得·希瑟著，向俊译，《罗马帝国的陨落：一部新的历史》，中信出版社，2016年版，第503页。

4 参见：佩里·安德森著，郭方、刘健译，《从古代到封建主义的过渡》，上海人民出版社，2016年版，第81页。

第二节　走不通的融合

日耳曼诸王国中，唯一一个进行过“部分罗马化”的特例，是东哥特王狄奥多里克。他虽然也搞“二元政治”，但却是最理解罗马文明价值的一个蛮族国王。

狄奥多里克是东哥特的王子，如同刘渊一样，作为人质在东罗马宫廷中接受教育，对罗马贵族社会很熟悉。但和刘渊精通《左传》《尚书》不一样，他虽然语言交流无碍，却不喜欢希腊文与拉丁文，为了不签名也能行公文，他竟用一个“记号”来代表签名[1]。

狄奥多里克拿下西罗马自立为意大利国王，虽然不让哥特人与罗马人混居，但他却保留了西罗马的文官制度，罗马依然由执政官、财务官、国务大臣们管理。他下令罗马人当官，哥特人当兵。哥特士兵能获得的唯一好处是从罗马乡村地主手里索要“三分之一”的土地，这是所有蛮族占领军中拿地最少的。

狄奥多里克很仁厚，在他治下，罗马人完全保留着自己的服装、语言、法律和习俗。甚至对宗教，狄奥多里克也十分宽容。尽管自己信奉阿里乌斯教派，但他亲自去圣彼得的墓地献祭。他从未强迫任何一个基督徒改宗自己的教派。

狄奥多里克特别保留了罗马遗老们的权力。最受重用的大贵族波爱修斯，是奥古斯丁之后最伟大的教会哲学家。他翻译注解了欧几里得的几何学、毕达哥拉斯的音乐、尼科马科斯的数学、阿基米德的机械学、托勒密的天文学、柏拉图的哲学和亚里士多德的逻辑学，被史

1　参见：爱德华·吉本著，席代岳译，《罗马帝国衰亡史》，吉林出版集团有限公司，2008 年版，第 2 页。

家称为“最后一个罗马人”。

狄奥多里克将朝政托付给波爱修斯，并将波爱修斯两个年纪很轻的儿子早早封为罗马执政官。罗马遗老和哥特新贵常闹争端，当罗马贵族告发狄奥多里克的亲侄子霸占了罗马人的产业，他眼睛都不眨立即强令侄子退还。他对罗马遗老的“偏袒”在自己族人中造成了怨恨，2 万名哥特士兵在意大利“带着愤怒的心情维持着和平和纪律”[1]。在狄奥多里克统治的 33 年中，意大利、西班牙维持着旧日罗马的风貌，宏伟的城市、优雅的元老、盛大的节日、虔诚的宗教。

英国史家吉本说，罗马人与东哥特人是完全可以进行族群融合的，“哥特人和罗马人的团结原可以使意大利的转眼即逝的幸福生活世代相传下去；而最先兴起的民族，一个由自由的臣民和有知识的士兵组成的新的人民完全可以彼此在高尚品德方面相互争胜，而逐渐兴起”[2]。说得容易。哥特人与罗马人的深层矛盾先从宗教开始。狄奥多里克宽容罗马教会，但罗马教会却不肯宽容犹太教，烧其教堂抢其财产。狄奥多里克为了一视同仁，惩罚了犯事的基督教徒。基督教徒因此怀恨在心，纷纷背着他与东罗马拜占庭教会勾结。

523 年，罗马元老阿尔比努斯被揭发送信给东罗马皇帝，请求他推翻哥特王国，让罗马人重归“自由”。这些信件被截获了，狄奥多里克大怒，将叛变的元老们抓了起来。此时，波爱修斯挺身而出，以身相保——“如果他们有罪，我也有罪！如果我无罪，他们也无罪！”

---

1 参见：爱德华·吉本著，黄宜思等译，《罗马帝国衰亡史》（下册），商务印书馆，1997 年版，第 160 页。

2 参见：爱德华·吉本著，黄宜思等译，《罗马帝国衰亡史》（下册），商务印书馆，1997 年版，第 152-153 页。

他与哥特人虽关系密切，但关键时刻仍选择站在了罗马贵族一边。[1]

吉本总结说，哥特人再宽容仁爱，也永远不能得到罗马人的认同，即使最温和形式的哥特王国，也必会使一位罗马人的“自由精神”感到无法忍受，“这些不知感恩的臣民却永远不能对这位哥特征服者的出身、宗教，或甚至品德，由衷地加以宽容”[2]。

此时，狄奥多里克已至暮年。他发现他毕生为罗马人民辛劳付出，得到的却只有仇恨；他为这种没有回报的爱而感到愤怒。[3]最后，他处死了波爱修斯。故意用一种“最不罗马”的方式——剥夺了波爱修斯死前为自己的辩护权。波爱修斯刑前身披枷锁，在塔牢中写出了《哲学的慰藉》。这本书成为了中世纪学子们的必读书。处死波爱修斯后，狄奥多里克精神极度痛苦，很快也病死了，死前呻吟辗转了三天三夜。

狄奥多里克死后第十年，东罗马皇帝查士丁尼在消灭异端的热忱与收复故土的热望下，对东哥特发动“圣战”。一方面，拜占庭教会同声发布了一项消灭阿里乌斯派的敕令；一方面，查士丁尼用 5250 公斤黄金主动向波斯求和，稳住东方，腾出手来西征。535 年，派出名将贝利撒留进行了 20 年战争，消灭了东哥特王国。

---

1 有学者对波爱修斯之死提出不同观点，认为波爱修斯之死并非由于东哥特统治者与罗马元老贵族之间的矛盾，或者出于天主教基督教正统与阿里乌斯异端之间的宗教矛盾，而是源于他本人在罗马元老院和东哥特宫廷中的诸多政敌的陷害。参见：康凯著，《罗马帝国的殉道者？——波爱修斯之死事件探析》，《世界历史》，2017 年第 1 期。

2 参见：爱德华·吉本著，黄宜思等译，《罗马帝国衰亡史》（下册），商务印书馆，1997 年版，第 160 页。

3 参见：爱德华·吉本著，黄宜思等译，《罗马帝国衰亡史》（下册），商务印书馆，1997 年版，第 161 页。

第三节 罗马抛弃罗马

重回东罗马怀抱的西罗马人，如愿以偿了吗？答案出乎意料。

当贝利撒留攻打东哥特时，西罗马的贵族与百姓纷纷里应外合。贝利撒留正是通过罗马的贵族主教西尔维里乌斯的暗地接应，才兵不血刃地进入罗马城。

而西罗马人对“王师”的热情却没维持多久。由于长期的攻防战，西罗马人吃不惯苦，先是为不能洗澡、不能睡眠，后是为缺少粮食而咒骂东罗马军队 。贝利撒留给查士丁尼皇帝写信说：“虽然目前罗马人对我们是友好的，但如果他们的困苦处境持续下去，也许他们会毫不犹豫地选择一条更符合他们自己利益的道路。”[1]

西罗马人的抱怨，使曾经帮助东罗马开城门的西尔维里乌斯主教，竟然计划再次趁夜开锁，虚掩城门，帮助哥特人潜回城内袭击贝利撒留以结束围城。但阴谋泄露，西尔维里乌斯被立即流放。贝利撒留从此不再信任西罗马人，每月两次更换罗马城墙 15 座城门的门锁，经常换防守城门的罗马人自卫队。

这“一迎一拒”的转变，前后仅 4 个月。

抛弃拜占庭的，不光是贵族，还有平民。许多西罗马农民和奴隶重新加入了旧主哥特人的部队；许多没有拿到薪水的蛮族雇佣军也加入了哥特人军队，一齐向“解放者”进攻。

西罗马人既不忠诚于东哥特，也不忠诚于东罗马。他们只看重自身利益，最好谁也别来管。正如学者赫尔穆特·海米茨指出的，“对西部行省的很多罗马人来说，‘罗马的灭亡’并不是一场灾难。事实上，

---

1 参见：普洛科皮乌斯著，王以铸、崔妙因译，《普洛科皮乌斯战争史》，商务印书馆，2010 年版，第 500 页。

地方精英与蛮族、罗马军阀和藩王（client kings）之间，在更小的权力单元上形成了一种合作关系”[1]。

西罗马人反对东罗马人也有理由，因为拜占庭毫不考虑当地的民生，只想着收税。战后意大利北部已化为一片废墟，经济退化，人口锐减；接替贝利撒留的将军纳尔西斯却建立了军政府，实行了15年的掠夺性税收。拜占庭税吏号称“亚历山大剪刀”，因为每笔税款中的十二分之一都可以合法据为己有，这激起了税吏们搜刮殆尽的狂热动力[2]。私人从国家税收中抽取提成的“包税制”，是从马其顿帝国到罗马的一贯恶政，拜占庭又将其变成国家行为。同时，拜占庭没有恢复罗马治理体系，延续千年的罗马元老院就此终结。

身为蛮族的狄奥多里克还苦心维系罗马体制，身为罗马人的拜占庭却将其一扫而光。欧洲史家认为，如果没有哥特战争，罗马古典文明不会这么快消失而进入中世纪。这就要怪骄傲的罗马贵族内心深处永远不会接受“蛮族”人做皇帝，不管他有多仁厚多罗马。

东哥特之后的蛮族，从此再不刻意“罗马化”。他们干脆抛弃了罗马的政治制度，彻底走自己的路。尽管20世纪后的欧洲史学界抬高了加洛林文艺复兴的地位，认为蛮族也继承了不少罗马文化，罗马世界的消亡不应归罪于蛮族，而应归罪于伊斯兰入侵地中海。[3]实际上，即便蛮族继承了部分罗马文化，但没有继承罗马的政治制度。正是罗

---

1 参见：赫尔穆特·海米茨著，刘寅译，《罗马帝国与加洛林帝国之间的历史与历史书写》，载于王晴佳、李隆国主编，《断裂与转型：帝国之后的欧亚历史与史学》，上海古籍出版社，2017年版，第276页。

2 “皇帝的臭名昭著的征税官在任内大发其财……对于他所能课征的范围，除了民众的负担能力以外，再也没有别的限制了。甚至军队的饷银，他也要窃取。”参见：汤普逊著，耿淡如译，《中世纪经济社会史》，商务印书馆，1961年版，第185页。

3 参见：亨利·皮朗著，王晋新译，《穆罕默德和查理曼》，上海三联书店，2011年版，第146页，第301页。

马政治制度的失传，导致了西欧的碎片化与封建化。[1]

第四节　中华选择中华

与狄奥多里克、波爱修斯君臣关系非常相似的，中国有两对人物。一对是前秦的苻坚与王猛，一对是北魏的拓跋焘与崔浩。

先说第一对。苻坚是五胡中最仁德的君主，王猛则是“北方沦陷区”首屈一指的名士。当时东晋也一度北伐，大将军桓温打进了关中，天下名士对他期许甚高。王猛见了他，双方互摸了下底。桓温用高官厚爵力邀王猛南下。王猛拒绝了。拒绝的第一个原因是桓温并不真正想搞“大一统”。王猛对他说，你和长安近在咫尺，却不渡过灞水，大家已知道你并没有统一天下之真心[2]。

王猛选择了苻坚。因为苻坚立志大一统。他一个氐族人，一生不论顺逆，心心念念就是“混六合以一家，同有形于赤子”。他还未消化好长安的鲜卑贵族，便要冒险南伐东晋，他说：“惟东南一隅未宾王化。吾每思天下不一，未尝不临食辍餔。”只有“统一”才能使他够得到“天命”[3]。苻坚身为百战豪杰，并非不知风险，只是“大一统”的最终志向是不计较个人成败的。这和诸葛亮的“王业不偏安”是一

1　汤普逊指出，蛮族征服之后，罗马国库所属的富饶庄园都被在意大利、在高卢、在西班牙、在非洲的日耳曼国王所占有。“因为日耳曼国王没有建立赋税的一般制度，这些庄园遂构成了王室进款的来源，并和过去一样地继续管理着。从它们得来的进款，用作政府官吏的薪给以及蛮族宫廷的维持费。然而，其中有些庄园是分给那些追随国王的主要首长，后者因此就变成为最大的土地业主，即封建时代的地主贵族的祖先。”参见：汤普逊著，耿淡如译，《中世纪经济社会史》（上册），商务印书馆，1961 年版，第 155 页。

2　“长安咫尺而不渡灞水，百姓未见公心故也。”参见：房玄龄等撰，《晋书》，中华书局，1974 年版，第 2930 页。

3　“中州之人，还之桑梓。然后回驾岱宗，告成封禅，起白云于中坛，受万岁于中岳，尔则终古一时，书契未有。”参见：房玄龄等撰，《晋书》，中华书局，1974 年版，第 2911—2912 页。

个道理。东晋明明有能力，却从未全心全意地北伐。苻坚虽大败于淝水而被史家嘲笑，然以初心使命而论，南北相比，高下立判。

王猛拒绝桓温的第二个原因，是东晋为政之道与王猛的理想不一样。东晋太讲究门阀政治，王猛的理想是儒法并行的汉制。一方面要法家的“明法峻刑”“禁勒强豪”；一方面要儒家的“拔幽滞，显贤才……劝课农桑，教以廉耻”。

东晋按门第任官，而苻坚却从下层选拔精英，号称“多士”[1]。东晋“天下户口半数入门阀”，而苻坚直通基层，亲自或遣使巡查汉人百姓和“戎夷种落”[2]。东晋搞玄学，为政讲风雅。而苻坚禁老庄、图谶之学，找的是“学为通儒、才堪干事”之人。

氐人的前秦，比起汉人的东晋更符合王猛对于“汉制”的理解。“汉”在王猛这类真士子心中，不是血统种族，而是制度理想。狄奥多里克若生于中国，会有无数胡汉豪杰辅佐他争正统。

再说第二对。拓跋焘是鲜卑雄主，崔浩是北方汉人世族子弟，在北魏历仕三朝，博览经史百家，精通玄象阴阳，又长于计谋，自比张良。一方面，崔浩为拓跋焘出谋划策，驱逐柔然，荡平大夏，消灭北燕，完成了北中国的大统一[3]。另一方面，崔浩推动拓跋焘进行“文治”改革。废止军事贵族的六部大人主政制度，恢复文官制度的尚书省，并置秘书省；整顿基层政权，考课地方吏治；三次更订律令，大量吸收中原律令条文。崔浩还力主鲜卑精英与汉人精英大融合，拓跋焘言听计从，大规模征召汉人名士数百人进入中央和地方。

拓跋焘无比宠信崔浩，亲临他的府第问计军国大事，命乐工为他谱曲颂功。鲜卑贵族对太武帝“偏听”崔浩极其不满，甚至发生过匈

1　参见：房玄龄等撰，《晋书》，中华书局，1974 年版，第 2888 页。

2　参见：房玄龄等撰，《晋书》，中华书局，1974 年版，第 2887 页。

3　“扫统万，平秦陇，翦辽海，荡河源。”参见：《魏书·世祖纪下》。

奴贵族与鲜卑贵族共谋的未遂政变。

与波爱修斯一样，崔浩也因牵扯到族群意识而不得善终。他在主修北魏史时，书录了鲜卑人部落时代的“收继婚”等旧俗，刻上石碑立在都城要道旁。此时鲜卑人已接受了中原的伦理观，且自称炎黄后裔，对于这种“揭丑”非常愤怒。又正赶上南朝宋文帝北伐，鲜卑贵族纷纷状告崔浩侮辱先人，还传闻崔浩密谋投宋——因为崔浩家族太庞大，其本族和姻亲都有别支在南朝。拓跋焘盛怒下将崔浩所属清河崔氏灭族。此时，崔浩已是七旬老人，备受戮辱。[1]

汉人与鲜卑的融合会因为崔浩之狱而骤然中止吗？鲜卑和汉人的故事，偏与哥特和罗马不同。

与罗马贵族屡次背叛哥特不同，清河崔氏灭门后各个支系旁系依然留在北魏。当孝文帝即位后，清河崔氏复居四姓之首，崔光、崔亮等人复为北魏朝臣，重修北魏史。尤其崔鸿，收罗各种残余史料，撰成了《十六国春秋》100 卷，记录了五胡各政权史实。

与哥特因罗马人背叛而在政治上去罗马化不同，崔浩案没有使拓跋焘“因人废事”，他依然 命令鲜卑贵族子弟学习儒学。崔浩虽死，其政犹在。之后的孝文帝更是把汉化改革推向顶峰。汉人与鲜卑人都没以个人荣辱来构建政治，他们对历史有着更深刻的理解。

第五节　法兰克的疏离

当哥特人消失在欧洲舞台后，命运之神降临法兰克。

法兰克是“蛮族迁徙”中唯一算不上“大迁徙”的族群。他们长

1　“自宰司之被戮辱，未有如浩者。”参见：魏收撰，《魏书》，中华书局，1974 年版，第 826 页。

十六国简表

政权	创建者	民族	起止年代	都城或政治中心	亡于何国
成一汉	李雄	巴賨	304—347 年	成都（今四川成都）	东晋
汉一前赵	刘渊	匈奴	304—329 年	平阳（今山西临汾） 长安（今陕西西安）	后赵
后赵	石勒	羯	319—350 年	襄国（今河北邢台） 邺　（今河北临漳）	冉魏
前凉	张茂	汉	320—376 年	姑臧（今甘肃武威）	前秦
前燕	慕容皝	鲜卑	337—370 年	龙城（今辽宁朝阳） 邺　（今河北临漳）	前秦
前秦	苻健	氐	351—394 年	长安（今陕西西安）	后秦
后秦	姚苌	羌	384—417 年	长安（今陕西西安）	东晋
后燕	慕容垂	鲜卑	384—409 年	中山（今河北定州）	北燕
西秦	乞伏国仁	鲜卑	385—431 年	苑川（今甘肃榆中） 金城（今甘肃兰州） 枹罕（今甘肃临夏）	夏
后凉	吕光	氐	386—403 年	姑臧（今甘肃武威）	后秦
南凉	秃发乌孤	鲜卑	397—414 年	乐都（今青海乐都） 西平（今青海西宁）	西秦
南燕	慕容德	鲜卑	398—410 年	广固（今山东青州）	东晋
西凉	李嵩	汉	400—421 年	敦煌（今甘肃敦煌）	北凉
北凉	沮渠蒙逊	匈奴	401—439 年	张掖（今甘肃张掖）	北魏
夏	赫连勃勃	匈奴	407—431 年	统万（今陕西靖边）	吐谷浑
北燕	冯跋	汉	409—436 年	龙城（今辽宁朝阳）	北魏

“十六国”由崔鸿的《十六国春秋》而得名，是当时中国北方20多个政权中国祚较长、影响力较大、较具代表性的国家

期生活在比利时海岸与莱茵河沿岸，只不过是从世居之地稍稍南下。与东哥特占据意大利大致同时，法兰克占据罗马高卢行省，创立墨洛温王朝，在7世纪大致统一了今日法国疆域，8世纪中期改朝换代为加洛林王朝。查理曼大帝征服了除西班牙之外的西部欧洲，疆土上接近西罗马帝国，与拜占庭并立于世。

为什么东哥特人被罗马人消灭而法兰克人却能够发展壮大？主要原因是法兰克王克洛维改宗了罗马基督教。克洛维以残酷闻名，他刚参加完宗教大会，就能亲手用斧头直劈人头。因为克洛维改了宗而狄奥多里克死不肯改，基督教会庞大势力便不遗余力地支持了克洛维。

除了同信基督教，法兰克与罗马文明可没多少共同之处。

罗马皇帝的短发上戴着桂冠，法兰克国王始终留着蛮族标志性的长发，被称为“长发的国王”。

罗马是城市文明，拥有凯旋门和宫殿，但法兰克国王喜欢住在农庄，四周建有畜舍饲养着牛和鸡，奴隶生产的粮食和酒还可以出售。罗马是中央财政税收，法兰克王室是“私人庄宅”经济。

罗马律法虽然内外有别，但至少在形式上维持了罗马公民的内部平等。但法兰克习惯法实行等级制。《萨利克法典》严正宣称法兰克人的生命比被征服的高卢罗马人值钱。杀死一个法兰克普通人赔偿200苏，而高卢普通人赔50 ~ 100苏就够了[1]。这种征服者和被征服者之间的差别，转化成了法兰克人与高卢人之间的族群差别，进而转化为贵族和平民之间的阶级差别。法国大革命前，贵族学者布兰维利埃还论证说，法兰西贵族是征服了高卢的法兰克后裔，理应继承祖先的特权，而法国第三等级是高卢罗马人的后裔，理应被统治，没有资格要求政

1　参见：孟德斯鸠著，张雁深译，《论法的精神》，商务印书馆，1963年版，第243页。

治权利[1]。

罗马法讲究证据，是有法理支持的成文法。而蛮族法采用简便的裁定法与神意判决，如火裁法、水裁法[2]。证据不足时就靠“决斗”，文弱的罗马人常因打不过高大的法兰克人而放弃起诉。这种不讲道理讲拳头的蛮族习惯，日后竟被很多人尊为贵族骑士精神。

西罗马中上层拥有精密的财政和市政官僚制度，最高峰时官吏达 4 万人。法兰克彻底抛弃了官僚制而实施了封建采邑制。采邑是指国王把土地封赏给臣属，形成封君与封臣以土地和军役为纽带的效忠关系。最初土地不能世袭，但年深日久，土地被强大的贵族变为世袭财产，形成了欧洲中世纪国王、大中小领主层层分封制。领主在采邑内享有行政、司法、军事、财政权力，生杀予夺集于一身，俨然独立王国。孟德斯鸠说，查理·马特实行采邑制度改革之后，国家被分割成众多的采邑，也就没有执行公共法律的必要了，也就没有向地方派遣专门官吏巡视与监督司法和政治事项的必要了[3]。

法兰克在统一战争中兼并的其他蛮族王国，并不像罗马那样建设行省，收归中央管理，而是封给贵族与教会，维持领主自治[4]。所谓国王，就是最大的地主。法兰克几代国王死后都将国土均分诸子。王权地方化，遍地是国王。日耳曼诸族之后，是斯拉夫诸族大规模侵入东欧，虽然在国家能力上有所提高，但后者与前者的建国方式、制度选择仍如出

1　参见：康凯著，《“蛮族”与罗马帝国关系研究论述》，《历史研究》，2014 年第 4 期。

2　遇难决之事，则以水与火的实验裁决——让嫌犯手握烧红的烙铁，受伤则有罪，安然则无罪；把嫌犯扔进池塘中，浮起来则有罪，沉下去则无罪。

3　参见：孟德斯鸠著，张雁深译，《论法的精神》，商务印书馆，1963 年版，第 252 页。

4　如法兰克打败西哥特占领比利牛斯山区后，把土地全收为王室领地，赐给法兰克官员与哥特贵族作为庄园与自治领地。又如查理曼把被征服的萨克森、伦巴第意大利及西班牙的大量土地封给僧侣们，作为教会的领地。

一辙。[1] 罗马后的欧洲再未成为一个大一统帝国。理解这段历史，才会理解欧洲现状和未来政治的演变。

第六节 封建政治与文官政治

罗马帝国的制度遗产近在眼前，法兰克为何偏要选择封建制？

罗马法体系和官僚制度都记载于拉丁文的法典和史书中，但日耳曼领袖们不让族人学习罗马文化，因而无法掌握这些历史经验。如哥特的男童只能学母语而不能学拉丁文，谁学就要挨骂。

日耳曼族内语言直到 8 世纪之前尚未形成书面文字。由于拒绝学习希腊罗马文字，中世纪早期的 300 多年中（从 476 年到 800 年）的日耳曼诸族普遍不能书写。求知欲强的查理曼大帝会说蹩脚的拉丁语，但依然不会写。神圣罗马帝国皇帝们竟然都不会写字。与中国宋太祖同期的奥托大帝 30 岁才开始识文断字，与宋仁宗同时的康拉德二世看不懂书信，中古欧洲绝大多数封建贵族都是文盲。

不能书写，就无法处理复杂的文书，就无法建立文官系统，就无法运行精密的罗马法律。如史家布洛赫所言：“虽然大多数领主和众多大贵族（名义上）都是行政官和法官：但作为行政官，他们却无力亲自研究一份报告或一张账单；作为法官，他们的判决则是用法庭听不懂的语言记载。”[2] 无法运行官僚制度进行管理，就只能搞简便易行的封建制度，而丧失了对庞大国土的管理能力。当时能培养知识精英的，只有修道院和教会学校。诸侯们不得不依靠领地上的教士搞行政。

---

1 参见：彼得·希瑟著，任颂华译，《帝国与蛮族》，中信出版社，2020 年版，第 683 页。

2 参见：马克·布洛赫著，张绪山译，《封建社会》，商务印书馆，2004 年版，第 153 页。

查理曼大帝就任用主教充当外交官和巡阅[1]，他的绝大多数敕令、公告与训诫都出自英格兰修士阿尔琴之手。几个世纪里，法兰克诸王的大臣职位都由教会人员居首。教士们不仅是精神世界的诠释者，还成了行政权力的掌握者。

这和罗马帝国的政教关系不同。“罗马教皇”是由罗马皇帝的敕令确定的（445 年）[2]，总体上皇权高于教权。但在法兰克王国，教会与王权共治天下。教会不仅全面参政，还成为大领主，多次成功抵抗王朝的征税企图[3]。法兰克人对于行政权力的让渡，成为日后“普世教会”崛起的基础。本来，日耳曼传统中也有珍贵的遗产，如代议民主 制就产生于他们的军事民主制而不是产生于罗马官僚制，但他们未能嫁接好罗马帝国的政治大一统体系，导致数百年罗马天主教会的宗教垄断。有观点认为，罗马后的欧洲虽然没有实现政治大一统，但普世教会也算完成了精神大一统。然而，没有政治大一统作为保障，普世教会实际已分裂成多个“迷你基督教世界”（micro-Christendoms）[4]。日耳曼诸王国再无可能凭精神大一统重造罗马帝国。相比之下，古代中国同时保持了政治大一统和精神大一统，如此才能一次又一次恢复统一王朝。

有学者说，日耳曼人选择自治和封建，乃是出于“自由的天性”。

1　参见：汤普逊著，耿淡如译，《中世纪经济社会史》，商务印书馆，1961 年版，第 350 页。

2　445 年，罗马皇帝瓦伦廷三世授予当时的罗马主教利奥一道敕令，将罗马教会提升至西方教会最高的地位，敕令宣布罗马主教制定的法律，全基督教会都应执行，罗马主教传召其他教区的主教，各地主教均应应召，不能抗拒，违者由所在地区总督以强制手段押送罗马。利奥一世自此号称教皇。

3　参见：汤普逊著，耿淡如译，《中世纪经济社会史》，商务印书馆，1961 年版，第 297 页。

4　Peter Brown, *The Rise of Western Christendom: Triumph and Diversity, AD 200 -1000*, London: Wiley-Blackwell, 2002, pp.1-34.

龙门石窟佛像

孟德斯鸠就认为，日耳曼诸族天性喜欢“分居”和“独立”的生活方式。“日耳曼人的居住地被沼泽、河泊、森林所分割……这些部族是喜欢分居的。……当这些部族分开的时候，它们全都是自由、独立的；当它们混合的时候，它们仍然是独立的。各族共有一个国家；但又各有自己的政府；领土是共同的；部族是各异的”[1]。因此，日耳曼各王国独立分散，不追求彼此融合，形成了多中心格局。

而中国的五胡同样是草原与森林游牧民族；同样被大漠、森林、山谷所分割；同样热爱自由；同样受制于游牧社会的天然“分散性”。但五胡却并没有回到更适合游牧天性的自治分封路线，而是主动恢复了多族群一体的中央集权官僚制。五胡的政权，是多族群政权，从来

1　参见：孟德斯鸠著，张雁深译，《论法的精神》，商务印书馆，1963 年版，第 241 页。

云冈石窟第 20 窟“露天大佛”释迦坐像，云冈石窟佛像的杰出代表，
据推测是依照北魏开国皇帝道武帝的形象雕刻而成

不是一族一国[1]。五胡的政权，是多族群官僚政治，从来不用宗教代理。五胡君主们大都笃信佛教，但他们做政治决策时，从不需要以佛教为判断依据，也不需要佛教动员基层，他们有着发达的文官系统与运用官僚制度的能力。北魏佛风极盛，著名的佛教石窟都凿就于此朝。寺院以万计，僧人以百万计，占有大量寺户庙产，和法兰克教会一样是

1　匈奴汉赵政权中，可统计的 263 名官员中，匈奴 114 人（包括皇族）、汉人 131 人、其他民族 18 人。（后燕职官可考者 281 人。中央职官 175 人，慕容氏 45 人，其他鲜卑人 19 人，其他少数民族 18 人，汉人 56 人（37 人族属不确）；军事职官 110 人，慕容氏 30 人，其他鲜卑人 15 人，其他族群 15 人，汉人 20 人（30 人族属不确）；地方职官 93 人（刺史级 34 人），慕容氏 22 人（刺史级 18 人），其他鲜卑人 8 人，其他族群 4 人，汉人 43 人（16 人族属不确）。后秦可统计的 30 种中枢之官 32 人，皇室 6 人，汉人 19 人，羌人 3 人，氐人 3 人，休官人 1 人。据统计，66 个职官中，铁弗 27 人，汉人 26 人，鲜卑 4 人，匈奴 4 人，羌人 2 人，吐谷浑 2 人，屠各 1 人。）参见：周伟洲著，《汉赵国史》，社会科学文献出版社，2019 年版，第 203 页。

大地主[1]。但北朝君主没有被宗教捆绑，反而出手关闭寺庙，收回田产，将人口重新纳入编户。

第七节 分割世界与混一天下

公元 800 年，查理曼大帝接受了教皇“神圣罗马皇帝”的加冕。法兰克帝国因为这一加冕变成“罗马”了吗？欧洲学界争论了几百年。史家们不得不承认，法兰克对“罗马继承者”半心半意。查理曼曾说，他并不喜欢罗马皇帝的称号，假如早知道教皇想加冕，他就不会进入圣彼得教堂[2]。查理曼称帝后仍保留了“法兰克王和伦巴第王”的头衔，在 806 年著名的《分国诏书》中甚至没提“罗马皇帝”。

法兰克人并不仰慕罗马。公元 961 年，神圣罗马帝国皇帝奥托一世派遣一个伦巴第人主教出使拜占庭。拜占庭说他没资格代表“罗马人”。主教则答说，在法兰克说“罗马人”这个词是一种侮辱[3]。

法兰克与罗马分离的意愿，最明确地体现在法兰克的史书中。

在罗马帝国的黄金年代，罗马编年史是“百川归海”，虽有不同王国与诸多族群的源流，但最终汇入罗马世界，“上帝的计划”在罗马帝国实现。而在哥特与法兰克的自行编史中，却强调本族的独立来源，把罗马从历史中剔除出去，蛮族对西部行省的“武力侵占”变成了“天

1 参见：陈梦雷编，《古今图书集成》，《神异典二氏部彙考》卷上，《卍新续藏》第 88 册，第 464 页。

2 参见：艾因哈德、圣高尔德修道院僧侣著，戚国淦译，《查理大帝传》，商务印书馆，1979 年版，第 30 页。

3 利乌特普朗回击说，在他们那里，“罗马人”这个词才是一种侮辱。作为罗慕路斯的后代，他们是弑兄者的后裔，是通奸的产物。他们在罗马聚集了无力偿还债的流氓、逃跑的奴隶、杀人犯和犯下死罪的人。参见：Helmut Reimitz, *History, Frankish Identity and the Framing of Western Ethnicity*, Cambridge: Cambridge University Press ,2015, pp. 199-212.

然继承”。这种“造史运动”在法兰克《弗里德加编年史》中达到顶峰——“罗马秩序”甚至从未存在过，“罗马世界”从开端就是一系列族群和王国的平行发展，而且最终也没有汇入罗马帝国。罗马人，只不过是诸多族群中的一个而已。

完成这个转变的工具，就是“种族性”（gens）这一概念[1]。“种族性”增强了日耳曼人的自我认同，以此将日耳曼世界从曾经依附的罗马秩序中解放出来。“族群分治”成为日耳曼世界的核心特征。

查理曼帝国是由不同的“族群集体”构成的。宫廷史家们将查理曼帝国刻画为法兰克人、巴伐利亚人、阿勒曼尼人、图灵根人、萨克森人、勃艮第人和阿奎丹人共同组成的联合体，共同之处只在一个基督教。西欧的族群—政治史观由此从“一个罗马治世”走向“多族群分割世界”。

而中国五胡政权史观却与欧洲蛮族史观完全不同。不是族群隔离的“瓜分天下”，而是族群融合的“混一天下”[2]。

在族群认同上，绝大部分欧洲蛮族史力图彻底切割本族群与罗马的关系，寻找自己族群遥远的始祖神话，证明自己是罗马世界的“外人”[3]；而中国五胡史书都试图论证部族起源与华夏有着千丝万缕的关系，绝大部分五胡君主都想从地缘血缘上自证为炎黄后裔，是华夏的

1　“一个种族就是共享单一起源、并根据自身的类聚区分于另一种民族（natio）的一群人，例如‘希腊种族’或‘小亚细亚种族’……‘种族’这个词因此源于家族的代际，也就是从‘生育’（gignendo）得名，正如‘民族’一词来源于‘出生’（nascendo）。”参见：王晴佳、李隆国著，《断裂与转型：帝国之后的欧亚历史与史学》，上海古籍出版社，2017年版，第290页。

2　参见：薛居正等撰，《旧五代史》，中华书局，1976年版，第1528页。

3　法兰克人把自己的祖先追溯为罗马人的祖先特洛伊人。参见：帕特里克·格里著，吕昭、杨光译，《民族的神话》，广西师范大学出版社，2022年版，第130页。

亲人[1]。

在族群治理上，欧洲蛮族通过法律设置人为区隔，决不实行族群混居。而五胡政权从来提倡多族群混居。两汉时的游牧族群尚由酋长与汉廷官吏双重管理，而五胡自己发展出的人口政策，则是更彻底的大迁徙、大融合、大编户。五胡政权大规模移民竟达 50 余次[2]，动辄百万，且都是在核心区域[3]。北魏更彻底，直接喊出了“离散诸部，分土定居”的口号，打破部族酋长制，实行编户齐民。

在文明认同上，欧洲蛮族史观坚持“宗教”身份决定文明和野蛮，但在同宗教之中也有种族高下分野；而中国五胡史观则强调文明身份不由宗教和种族决定，而由德行决定。五胡君主们最爱援引孟子的观点称：“舜……东夷之人也。文王……西夷之人也……得志行乎中国，若合符节。先圣后圣，其揆一也”（《孟子·离娄下》），据此佐证“帝业无常，唯德所授”。

在统一问题上，欧洲蛮族史观认为罗马世界在精神（宗教）上大一统就足够，没有必要追求政治大一统，罗马世界可以由多个种族分而治之。中国五胡史观则认为中华天下不仅应当在精神上大一统，政

1　刘渊是“汉氏之甥”——因为汉匈和亲（刘曜改称“出自夏后”——《史记》说匈奴是夏人之后），慕容氏是“昔高辛氏游于海滨，留少子厌越以君北夷”，苻氏是“有扈之苗裔，世为西戎酋长”，姚氏是“禹封舜少子于西戎，世为羌酋”，拓跋氏是“昌意少子，受封北土”，宇文氏系“炎帝为黄帝所灭，子孙遁居朔野”。参见：《晋书·载记》，中华书局，1974 年版；《北史·本纪》，中华书局，1974 年版。

2　参见：村元佑著，《中国经济史研究》，东洋史研究会，1968 年版，第 96–99 页。

3　匈奴之刘汉，迁徙了 63 万户汉、氐、羌人到首都（平阳、长安）；羯人之后赵，迁徙了几百万汉、乌桓、鲜卑、巴、氐、羌等人口，安置在各个政治军事重镇；鲜卑之前燕，迁移了段氏、高句丽、宇文部、夫余、羯人，人口倍增至千万。氐人之前秦，把远方的鲜卑、乌桓、丁零等族迁至根据地关中，又将关中氐族 15 万户迁至关东“散居方镇”；羌人之后秦则将各地流人及雍、凉等边地人口迁往关中，达百万余口。参见：《晋书》相关“载记”，中华书局，1974 年版。

山西大同北魏封和突墓出土狩猎纹波斯银盘

莫高窟第103窟壁画局部。此图表现胡人牵着大象、毛驴，驮着各类货物，行走在山间道路

治上也应当大一统，不能分治，不管哪个族群当道，都把政治大一统当成终极目标。

在政统建构上，欧洲蛮族史观并不热衷继承西罗马帝国遗产，更不去与东罗马争夺正统。[1] 中国五胡史观则用各种方法将政权置于中华王朝的正统序列之中，年年与南朝争正统。

经300多年不停歇地混居融合，胡汉族群最终形成了新的民族共同体——隋人与唐人。今日北方中国人，其血脉都是胡汉融合，即便是汉人也是商周时诸夏与周边各族群融合成的大族群。在这样的大融合中，不是谁同化谁，而是多方的互化。政权旋生旋灭，族群旋起旋落，由于任何族群上台都坚持混居融合政策，“汉人”数量也就越融越多了。由此又回到一个老问题，汉族血统基因当以哪朝为标准？毕竟中华民

1　克洛维、狄奥多里克等只是蛮族王国的国王，不敢僭称“罗马人的皇帝”，东哥特人也不愿意接受罗马在一切方面都很优越的观点，对他们来说，“皇帝”狄奥多里克将是难以接受的。8世纪时，为了与东罗马抗衡，罗马教皇擅自加冕法兰克国王查理为“罗马人的皇帝”是不符合罗马传统的。但东罗马已无力干涉，后来法兰克人通过各种外交手段也让东罗马承认了这一事实。参见：彼得·海瑟著，马百亮译，《罗马的复辟：帝国陨落之后的欧洲》，中信出版社，2020年版，第91页。

族大规模交融史早在两千年前就开始了。

不理解这样的史观，就不会理解为什么五胡君主虽然习俗上皆有祖风，但政治楷模却是汉人诸帝而不是自己的英雄祖先[1]。不理解这样的史观，就不能理解五胡为什么不肯像法兰克那样与罗马分离，不管是强大还是弱小，非要以“华夷大一统”为理想[2]。

如果说古日耳曼人习惯于“自由分居”，那么中华各族群则始终存有“天下之志”。伦巴第人面对东罗马皇帝的讥讽时，不过回嘴说，我们不稀罕当罗马人。可北魏人面对南朝的讥讽时，却回骂南朝为“岛夷”，称自己才是中华正统。因为北魏不仅据有中原，而且在文化上也有“移风易俗之典”“礼乐宪章之盛”[3]。

这不是一句虚话。从东晋末年刘裕篡位开始，出现了南朝大批知识分子“北奔”的现象。北魏后期把洛阳营造为上百平方公里的“大城”，如饥似渴地吸纳南朝官制、衣冠礼乐、书画文学，并加以创新[4]。经学上贯通南北的大儒明显多于南朝 。以至于 529 年，南朝陈庆之打进洛阳后，与北人交游舌战后叹息道，南人总以为“长江以北尽是夷狄”，

1　石勒在言行上处处效仿刘邦。苻坚的榜样是超越“汉之二武”。古成诜鼓动姚苌起事以“汉、魏之兴也”为说辞（《晋书·姚苌载记》）。就连被权臣宇文护压制的周明帝宇文毓，也要用刘邦“大风歌”明志：“还如过白水，更似入新丰。……举杯延故老，今闻歌大风”。

2　石勒听人读史，听到郦食其劝刘邦分封六国之后而大惊，听到张良阻止才安心；北魏雄主道武帝宣称要成就“《春秋》之义，大一统之美”（《魏书·太祖纪》）；北魏节闵帝也说“獑为万国首”，“书轨一华戎”；赫连勃勃也以“四海未同，遗寇尚炽”而无可“谢责”，以复“大禹之业”立号为华夏之“夏”，以“统一天下，君临万邦”为寓意建立了首都“统万城”。

3　参见：杨衒之著，杨勇校笺，《洛阳伽蓝记校笺·卷二》，中华书局，2002 年版，第 113 页。

4　例如，孝文帝吸收南朝官制，又把九品官阶析出正从上下 30 级；北朝书法既有“雄强浑穆”的魏碑，又吸收“二王”而催生刚柔相济之美。

现在才知道“衣冠士族并在中原”。北朝是“礼仪富盛，人物殷阜”，自己是“目所不识，口不能传”，所以“北人安可不重？”。不仅要在军事上取得胜利，还要在文化上融合创新。五胡这样的气概，是欧洲古日耳曼人不可比拟的。

五胡成功了。北朝与南朝共同塑造了之后的隋唐文化。与汉朝文艺的朴拙简约相比，隋唐文艺更雄浑博大。北魏北齐和隋唐的石窟造像融合了犍陀罗艺术、笈多艺术与魏晋风度。隋唐的七部乐、九部乐，既有中原曲调（《清商伎》《文康伎》），也有北朝盛行的异域之乐（《高丽伎》《天竺伎》《安国伎》《龟兹伎》）。本诞生于西域的琵琶，亦成为唐人表述心曲之物。北亚风和波斯风并没有被视为“异质”文化，而是受到了所有中华族群的热爱。

五胡是失去了自我，还是赢得了更大的自我？

不理解这样的“天下之志”，就会把“族群融合”误解为“族群同化”，就会把“文化融合”误解为“文化挪用”。如果用起源于欧洲的民族主义范式来思考，就会永远在族群认同的政治文化里打转。

云冈石窟中雕刻着西方传来的琵琶、箜篌、筚篥等数十种乐器，多达 500 余件。云冈石窟 12 窟因为乐器多，被称为“音乐窟”或“佛籁洞”

第三章　中西比较

第一节　自治与郡县

不同史观来自于不同文明。中国五胡继承了中华文明“合的逻辑”，欧洲蛮族则放大了罗马文明“分的逻辑”。

罗马帝国虽有上层文官体系，但其本质仍是基层自治。之后的欧洲不管采纳何种政体，其国家治理框架都天然孕育着城市自治、族群自治、领主自治形态。从古希腊的城邦民主政治，到罗马帝国的自治城市；从中世纪早期城堡林立的封建王国，到中世纪晚期的意大利城市共和国（如威尼斯、热那亚）；从按照“小共和国”方案建立的北美各州共和 国，到欧洲按照“一族一国”模式建立的现代民族国家。

不管什么时代，欧洲人的制度史观与价值认同中，基层自治都是核心密码。从塔西佗发现“蛮族人的自由”，到孟德斯鸠盛赞蛮族独立分居的性格[1]，从基佐发现起源于盎格鲁–撒克逊人地方自治传统的代议制精神[2]，再到托克维尔考察的支撑美国民主的乡镇自治[3]，均如钱

1　参见：孟德斯鸠著，张雁深译，《论法的精神》，商务印书馆，1963 年版，第 241 页。

2　参见：弗朗索瓦·基佐著，张清津译，《欧洲代议制政府的历史起源》，复旦大学出版社，2008 年版，第 240 页。

3　托克维尔指出，法制，尤其是民情能使一个民主国家保持自由。英裔美国人的法制和民情是使他们强大起来的特殊原因和决定性因素。而美国人最主要的民情是乡镇自治。“乡镇制度既限制着多数的专制，又使人民养成爱好自由的习惯和掌握行使自由的艺术。”参见：托克维尔著，董果良译，《论美国的民主》，商务印书馆，2004 年版，第 356 页、第 332 页。

穆所言："翻看一部欧洲史，看他们直从希腊以来，永远是分崩离析，各自立国，互不合作。虽面对大敌，危机在前，其各地区之不能融和相协，依然如故。……西方历史看似复杂而实单纯，其复杂在外面，而内里则单纯。……西方历史上之所谓英国人、法国人，只似一种化学单位。而中国历史上之中国人，则似化学上一种混合制剂。"[1]

与之相比，中国无论建立什么样的上层建筑，其国家治理的基础都是县乡两级基层政权[2]。正如芬纳所言，"中国是现代形式的官僚机构'发明者'"。[3]从秦汉缔造大一统中央集权郡县制国家以来，基层政权建设就被纳入中央派遣与管理的文官体系之中。虽然历史上也曾有极短暂的封建割据，但大一统的中央集权郡县制一直是主流。尽管中国留有一点封建制变体，如没有政治实权的食邑制度，如基层的官绅合作制度，但这些都是有限自治，国家权力早已嵌入社会结构各个细胞之中，不存在欧洲式基层自治。

基层自治与基层政权，两套文明逻辑。

从罗马的眼光看秦汉，会认为中央集权的弱点在于牵一发而动全身，地方性叛乱容易蔓延成全国性暴乱。相比秦汉，罗马历史上发生的叛乱都是地方性的（除了巴考底起义），这是基层自治的好处。芬纳

---

1 参见：钱穆著，《中国历史研究法》，九州出版社，2012年版，第113页。

2 汉代时，地方的行政层级虽只有郡县两级，但县以下的基层政权体系非常完备。郡太守和县令均由中央派遣。县的辖区又被分成不同的乡、里，由"三老"统辖，但只负责教化，不负责社会管理，具体工作则由啬夫、有秩、游徼来完成。啬夫和有秩负责征税、组织劳役和司法，游徼是事实上的警察首长。乡下设亭，由亭长管理，维持法律与秩序、管理驿站兼警察职能。亭下置"里"，由里正管理。参见：芬纳著，马百亮、王震译，《统治史（卷一）：古代的王权和帝国》，华东师范大学出版社，2010年版，第332页。

3 参见：芬纳著，马百亮、王震译，《统治史（卷一）：古代的王权和帝国》，华东师范大学出版社，2010年版，第71页。

就认为“威胁汉帝国生存的中国式农民起义，在罗马却从未发生过”[1]。

从秦汉的眼光看罗马，会奇怪罗马之后的欧洲因种族和宗教引起的文明冲突竟能绵延千年。5至7世纪，打了6次拜占庭与波斯战争；7到11世纪，打了400年阿拉伯与拜占庭战争；8到15世纪，打了800年西班牙基督教与穆斯林的战争；11到13世纪，为侵占东地中海地区进行了8次十字军东征；13到15世纪，打了拜占庭抗击奥斯曼战争、苏格兰抗英战争；1618年到1648年，爆发了全欧洲都卷入的30年宗教战争，几乎没有一个世纪是民族与宗教真正和解的。可以说，在“文治”方面，中华文明领先于整个古代世界。即便认为“罗马自治”更优越的芬纳，也不得不承认“汉帝国不同于它前后的其他国家与帝国，特别是罗马，它蔑视军事荣耀。它是一个衷心地反对军国主义的帝国。它的特点在于‘教化’，也就是中国人所说的‘文’。这种宗教上的宽容（也许只是漠不关心）以及对文明教化的倡导构成了帝国的光荣理想”[2]。

西方社会喜欢生存于“小共同体”里，从城邦政治到封建自治到小共和国再到美国乡村自治，最终演化成自由主义的个人权利至上。中国社会也有各种“小共同体”，例如家族、三老（古时掌管教化的乡官）、乡绅和各种民间社团，但总还去追求一个“大共同体”，即“家国天下”。

西方诸多学者，如唐宁、查尔斯·蒂利、麦克尼尔和迈克尔·曼等都自信满满地认为，西方中世纪的分与乱，反而带来了进步。因为发生在前现代欧洲的一系列战争打出了欧洲的常备军，打出了欧洲的

1　参见：芬纳著，马百亮、王震译，《统治史（卷一）：古代的王权和帝国》，华东师范大学出版社，2010年版，第348页。

2　参见：芬纳著，马百亮、王震译，《统治史（卷一）：古代的王权和帝国》，华东师范大学出版社，2010年版，第350页。

理性化官僚制，打出了欧洲现代民族国家与工业资本主义。[1]这种低烈度的、持续数百年的、很难把彼此一次性消灭的局部战争，使得战败的一方可以不断总结经验，推动了技术的积累性发展。封建社会的分裂性与阶级性有利于商业资本的产生，出现商业控制的独立城市，会更容易走向资本主义。这种封建制、弱国家、多国竞争体系，是近代欧洲超越所有古老文明的原因。

言外之意，中国太统一，没有千年的局部战争与多元竞争体系；中国太集权，没有世袭贵族和商人控制的自治城市，因而无法产生工业资本主义。因此，“大一统”反成为历史进步的障碍。但若要问中国人，愿不愿忍受一千年的“战国丛林”和“族教冲突”，去换原始资本主义的诞生？主流答案一定是否定的。中国春秋时期就是多国竞争和分封制度。秦之所以能逆流而上统一六国，汉之所以在“暴秦”舆论下还坚持“承秦制”，正是因为战国300年的超大规模战争让民间达成了“天下共苦战斗不息，以有侯王”的共识。中国不是没经历这个阶段，而是经历过并抛弃了这个阶段。所谓的“常备军”与“理性官僚体制”，中国秦汉时就有了，比欧洲早1800年。对中华文明现代转型的真正考验，是在维系大一统的基础上，如何能同时实现秩序与自由，如何能同时兼具“大共同体”与“小共同体”制度之美，这是比西方多元自由主义更高的标准。

1 比如，英法两国在百年战争（公元1337—1453年）的推动下同时产生了隶属于国王的常规军和对百姓的直接税收能力），但是在贵族、教廷和城市中产阶级多重力量的钳制下，欧洲的国家力量始终不能得到中国式的发展。参见：赵鼎新著，《中国大一统的历史根源》，《文化纵横》，2009年第6期。

第二节　华夏与内亚

西方中心主义者们常以罗马与法兰克为样本来理解其他文明。如法兰克的“复合性君权”，说查理曼大帝“法兰克王与伦巴德王”的族长身份是主要的，而罗马皇帝身份是第二位的。查理曼帝国是多民族的联合体。只要皇帝下诏，就可以分为意大利、法国和德国。某些学者将这种范式转移到中国。如美国的新清史学者声称清朝皇帝也是复合型君权，清朝皇帝身兼满族人族长、汉族人皇帝、蒙古人的可汗、藏传佛教文殊菩萨化身等多重身份于一体。中原、东北、蒙古、西藏的统一全靠着皇帝的“多重身份”作为唯一连接，一旦清朝皇室崩解，各族就可以各奔自由。这完全无视满蒙藏与中原的治理系统。清朝在东北以变通的方式推行郡县制，在城市中也很快取消满汉隔离政策。即便一时是族内治权，最终也过渡到郡县制，如蒙古的盟旗制和南方的改土归流。中国胡人族群的君主对自己身份的理解首先是中国皇帝而不是本民族族长，象征着统治不分胡汉所有中国人的合法性。

西方一些学者还用“文化符号”与“身份认同”来解读中国历史。将新疆、西藏、蒙古乃至东三省划分为“内陆亚洲”（ inner Asia ），热衷于从北魏到辽金元清等北方族群建立的政权中寻找来自于“内亚”的文化认同，并将其分为“渗透王朝”和“征服王朝”。他们根据一些游牧族群特有的风俗仪轨来断定这些王朝的内亚性。如高欢让北魏皇帝在七人抬举的“黑毡”上继位的“代北旧制”；如蒙古保留的斡耳朵祭祖与行国、行殿风俗；如清朝盛行的萨满跳神、“立杆大祭”之类的草原祭天仪式。这是没有搞清“礼俗”与“政道”的区别。中华文明的核心不是礼仪、风俗、艺术和生活习惯，而在于用什么样的基本制度来建构政治。来自北方族群的北族天子，不管是坐在黑毡上即位还是在郊礼上即位，不管带冠冕还是留辫子，不管信萨满还是信佛道，只要实行儒法大一统而不是分治天下，只要运用郡县文官制而不是用部落神权制，只要视民如一而不是搞族群等差，就是中国的天子。

高欢虽以鲜卑旧礼立新皇，但却在官制和法律上继续“汉化”，北齐律最终演化为隋唐律，北齐通过考试选拔官员的规模远超南朝。

西辽耶律大石败退至中亚和新疆，建立喀喇契丹，称自己为“葛尔汗”。当时中亚都实行“伊克塔”分封制[1]。但耶律大石取消了伊克塔，将中原王朝的制度移植过去。在行政上实行中央集权，在直辖领地实行文官制（沙黑纳制度）[2]，将兵权收归中央[3]，将汉字作为官方文字[4]。税收只向每户征收一个“第纳尔”，巴托尔德认为这就是中国的什一税。因为西辽的缘故，俄罗斯和中亚至今还以“契丹”（Китай）指称中国。

元朝是中央集权政制，中央置中书省总理政务，地方设“行中书省”。文化上虽然各宗教并举，但政治上仍以儒法治国。其他三大蒙古汗国都是分封制，而忽必烈自1271年取《易经》“大哉乾元”改国号为“大元”后，就蜕变为中原王朝。元朝历代皇帝无不学儒尊孔，官僚汉制随之建立，用上了尊号、庙号、谥号等汉式名称，辅以都城、宫阙、朝仪、

1 参见：巴托尔德著，张丽译，《中亚历史：上册》，兰州大学出版社，2013年版，第138页。

2 在直辖领地，西辽都派驻了象征汗权的沙黑纳。这是保持地方稳定的社会管理制度。沙黑纳既是地方长官，也是管理机构，拥有一定规模的军事力量，负责处理地方政务和征收赋税。建立官制的情况，《辽史·西辽始末》有明确记载，在北庭大会七州十八部后，耶律大石建立了自己的官僚体系。从其大臣的职务名称“六院司”“招讨使”“枢密使”等来看，西辽的官制是对辽北南面官制度的沿袭，是中央集权和属国制度在西辽的延续。

3 参见：巴托尔德著，张丽译，《中亚历史：上册》，兰州大学出版社，2013年版，第49页。

4 吉尔吉斯斯坦近年出土了四枚西辽铜钱，形制如唐钱，印有“续兴元宝”的汉字。

和田博物馆藏北朝狩猎纹单耳石杯，这件单耳石杯应与活跃于丝绸之路的粟特胡商有关，杯壁浅浮雕狩猎纹，表现骑者正拉弓射向猛狮。这类狩猎纹在粟特金银器及入华粟特人墓葬石椁上比较常见

印玺、避讳等汉式典制[1]。

清代的政治建构更不用说了，所有理论资源与制度安排都来自于中华文明[2]。

草原族群建立的王朝那些风俗仪式不能说明什么，改变国家性质主要看治理体系。查理曼接受了“神圣罗马”加冕，也没有让加洛林王朝变成“罗马”，因为法兰克的治理体系不是罗马。相反，清朝剃

1 参见：张帆著，《论蒙元王朝的“家天下”政治特征》，《北大史学》，2001年第1期，第50-75页。

2 宣称复三代之治，在曲阜三跪九叩祭孔（康熙），积极学习儒家经典，掌握解经权；重构夷夏之辨，强调有德者为天下君，以“礼仪”而非“种族”别内外；多次南巡（康熙和乾隆）、赴明孝陵以三跪九叩大礼祭奠明太祖（康熙），安抚和笼络江南士人；在上层倡导孝道，在基层使乡约、宗族等组织重新趋于制度化。参见：杨念群著，《何处是“江南”》，生活·读书·新知三联书店，2010年版。

汉代海昏侯墓中发现了两盒金饼和一盒马蹄金，马蹄金共 25 枚、金饼 189 枚，创下汉墓考古史上之最。图为该墓出土的马蹄金

发易服，理所当然也还是中国，因为它的治理体系就是中国。

“华夏”与“内亚”，从来是“你中有我”“我中有你”。向前说，夏商周三代之中即有“内亚”。陕西石峁遗址出土了有很强欧亚草原风格的石雕人像和石城；殷墟的墓葬出土了大量受草原族群风格影响的青铜器[1]；甘肃礼县的秦公大墓显示，秦人族群中混合着大量羌人和氐人。向后说，所谓“最后一个汉人王朝”的明朝，实际蕴含着大量蒙古遗风。朱元璋诏书的语言风格就是元代的硬译公牍文体。明代皇帝也兼有草原可汗、藏人文殊菩萨和转轮圣王、伊斯兰教庇护者几种身份[2]，甚至连“明代汉服”也有元风[3]。

1　典型的北方草原青铜器，有环首刀、兽首刀、铃首刀、铃首剑、銎纳斧、弓形车马器等。参见：何毓灵著，《殷墟“外来文化因素”研究》，《中原文物》2020 年第 2 期。

2　参见：钟焓著，《简析明帝国的内亚性：以与清朝的类比为中心》，中国史研究动态，2016 年第 5 期。

3　参见：罗玮著，《明代的蒙元服饰遗存初探》，《首都师范大学学报（社会科学版）》，2010 年第 2 期。

2015年西汉海昏侯（废帝刘贺）墓出土了大量受匈奴文化影响的黄金陪葬与扭身羊纹饰的错金青铜马饰[1]；2019年蒙古国高勒毛都匈奴王墓出土的鎏金银龙却是经典的“西汉之龙”形态。长城外的引弓之民与长城内的冠带之室，究竟是纯然陌生的他者，还是共享文明的近亲？

用种族、宗教、风俗、神话去划分世界，是西方文明的习惯。因为在他们的历史中，现代文官体制出现很晚，也少有政治整合社会的传统。近年西方强化“文化符号”和“身份政治”，给自己也带来了“部落政治”的分裂后果。福山反思说：“民主社会正断裂为按照日益狭窄的身份划分的碎片，这条路只会导致国家崩溃，以失败告终”。他呼吁一种“信条式国家身份”的国族认同，“这种认同不是建立在共同的个人特征、生活经验、历史纽带或宗教信仰上，而是围绕核心价值和信念建立的。这种观念的目的在于鼓励公民认同于他们国家的根本理念，并利用公共政策有意识地融合新成员”。[2]

第三节　夷夏之辨与中华无外

夷夏之辨，千载不休，至今仍引发“何为中国”的讨论。很多辩论者只搬出史书上的“只言片语”来争吵，没有顾及历史的完整。

最初的“夷夏之辨”来自《春秋公羊传》“南夷与北狄交，中国不绝若线”。“北狄”是指导致齐桓公第一次尊王攘夷的“白狄”，“南

1　马饰中的“当卢”上，有翻转身体张望的独角羊，更是欧亚草原经典图案，与匈奴大墓中的马饰高度相似。

2　参见：Francis Fukuyama, Against Identity Politics: “The New Tribalism and the Crisis of Democracy”, *Foreign Affairs*, 2018, Vol.97, No.5.

夷”是指楚国。可到了战国，特别是到了秦汉，曾经的“华”与“夷”都变成了“编户齐民”，天下皆行王法，没有族群之别。

第二次“华夷之辨”的高峰是南北朝，互称夷狄就是为争一个正统。到了唐朝，“华夷之辨”弱化了。唐太宗说，“自古皆贵中华，贱夷狄，朕独爱之如一”。朝廷内外全是各族精英。之后的“安史之乱”是藩镇坐大而非民族问题。

第三次高峰是宋朝。宋朝的经济文化达到巅峰，却无力统一。面对辽金和西夏的军事强势[1]，宋朝只好自我固化来区分高低，真宗自导自演了天书封禅，士大夫也高扬“华夷之辨”[2]。实则辽夏金全都吸收了汉文明，南北全都说同一种话。到了元朝，“华夷之辨”又淡了下来。所谓的“四等人制”至今仍存争议。

第四次高峰是明朝中期。明初，朱元璋以反元复汉为号召，而一旦立国便立即承认元朝入主中原是“天命”，宣扬天下一统，“华夷无间，姓氏虽异，抚字如一”，将忽必烈列入历代帝王庙与三皇五帝、两汉唐宋开国之君一同祭祀。只是在土木堡之变英宗被俘后，明朝自尊心大受挫伤，才将忽必烈撤出庙外。

第五次高峰是“明清易代”。自从康熙拜孔子后，历代清帝都彻底推行了汉文明。“华夷之辨”再度消解。

夷夏之别以文化制度论。只要接受中华道统、法统、政统就可以得到天命，因为天下无外。“华夷之辨”的强弱，取决于国家的统与分。凡是分裂之世，各个族群都在“互称夷狄”；凡是统一王朝，当政者都致力于消融“华夷之辨”。

1　如979年宋太宗伐北汉说：“若北朝不援，和约如旧，不然则战。”参见：脱脱等撰，《辽史・本纪》，中华书局，1974年版，第101页。

2　如程颐说“圣人恐人之入夷狄也，故《春秋》之法极谨严”。南宋诗词往往斥北方为“胡虏”“腥膻”等。参见：邱濬《大学衍义补》卷75。

罗马也曾如此。

罗马帝国鼎盛时的哲学是“世界主义”。4 世纪之前，罗马史家们对“蛮族”不乏称赞之辞，如塔西佗就称赞日耳曼人民主、尚武、天性纯朴等“优良的风俗习惯”。罗马帝国中期以后的多位皇帝，都拥有“蛮族血统”，如马克西米努斯、克劳狄二世。帝国多位名将也出生于“蛮族”，如盖依纳斯、索尔、巴库里乌斯、埃提乌斯与奥维达，甚至连抵抗西哥特入侵的罗马名将斯提里科还是汪达尔人。4 世纪以后，帝国分裂，罗马人充满怨恨[1]。6 世纪有史家骂君士坦丁大帝是帝国衰亡的祸首，原因就是引进大量蛮族。而蛮族人也开始论证“英雄自有来处”。如狄奥多里克在晚年被波爱修斯背叛后，便授意宫廷史家写作《哥特人史》，强调自己的家族连续 17 代的辉煌历史[2]。

每个文明的内部，都有共同性和差异性。当共同体分裂时，各个政治中心为了划定边界、巩固自我，都势必夸大差异，贬低共同，直至变成永久的分裂。即便有相同的祖先、语言、记忆、信仰，只要存在政治多中心的竞争，必然产生这一悲剧。教派分裂，族群瓦解，莫不如此。

对于超大规模政治体来说，政治统一乃是文化多元存在的基础。政治一体越巩固，多元文化反可以尽情伸张个性；政治一体越脆弱，多元文化越会彼此互搏而最终消亡。一体与多元，并非此消彼长而是同弱同强。不理解一体与多元的辩证关系，就会既分割了世界也搞乱

1　“哥特人烧杀劫掠，所到之处一片狼藉。他们见人就杀，不分男女老少，连襁褓中的婴儿都不放过。女人们眼 睁睁地看着自己的丈夫被杀，然后被他们掳走。幼年和成年男子被生生地从父母的尸体边拽开，强行带走。许多老人被 双手反绑，流放他乡，对着化为灰烬的祖居泪如泉涌。他们悲叹自己幸存下来，却失去了财产和女人。”参见：彼得·希 瑟著，向俊译，《罗马帝国的陨落：一部新的历史》，中信出版社，2016 年版，第 200 页。

2　参见：彼得·希瑟著，马百亮译，《罗马的复辟：帝国陨落之后的欧洲》，中信出版社，2020 年版，第 5 页。

意大利罗马特莱维水泉

意大利古罗马奥古斯都市苑内的复仇战神庙遗迹

了自己。

结 篇

第一节　母体的回归

一体与多元的概念，曾纠葛于上世纪中国两大学者。

第一个是顾颉刚。新文化运动造就了一批刚猛的激进者，顾颉刚算一位。1923 年，这位 30 岁的苏州青年，猛烈抨击三皇五帝，认为上古史是儒家一层层“垒造”而成[1]。他主张用实证的方法审查一切，谁要想证明夏、商、周的存在，就必须拿出夏、商、周三代的证据。他用社会学、考古学方法在古籍间相互对照，“敢于打倒‘经’和‘传’‘记’中的一切偶像”[2]。这个运动发展到极致，就是“夏禹是条虫”。胡适对此大加赞扬：“宁疑古而失之，不可信古而失之。”[3]

运用这种方法，他提出要否定“民族出于一元”“地域向来一统”。他认为，古代“只是认定一个民族有一个民族的始祖，并没有许多民

1 “层累”说的根本之点是：“时代愈后，传说的古史期愈长”；或曰：“时代越后，知道的古史越前；文籍越无征，知道的古史越多”。按照顾颉刚的观点，古史的顺序恰恰反过来：盘古最晚出现却辈分最高、资格最老（是创世始祖），三皇（天皇、地皇、泰皇）次之，黄帝、神农再次，尧舜更次，禹的辈分最小。例如，“禹”最早见于西周，“尧舜”出现于春秋，“黄帝”“神农”出现于战国，“三皇”出现于秦代，“盘古”出现于汉代。

2 参见：顾颉刚著，《古史辨》第一册，上海古籍出版社，1981 年版，第 12 页。

3 参见：顾颉刚著，《古史辨》第一册，上海古籍出版社，1982 年版，第 23 页。

族公认的始祖”，“原是各有各的始祖，何尝要求统一”！[1]“疑古论”一出，思想界地动山摇，瓦解了历史，就瓦解了“中国认同”。但顾颉刚不以为意。在他的眼里，只有这样一种全新的方法，才能将腐朽的两千年知识谱系予以再造。他和新文化运动的先锋人物们一样，都奋力于创造一个崭新的中国。

然而，最早质疑中国上古史的，不是顾颉刚，是二战前的日本东洋史学家们[2]。20 世纪初，这些史家们以东方民族的眼光叙述东亚文明的兴衰、民族间的此消彼长与邦国兴亡。其代表人物白鸟库吉用实证史学方法提出，尧舜禹并不真正存在，不过是后世儒家杜撰出的“偶像”。本来就受乾嘉考据精神影响的顾颉刚深深服膺白鸟库吉，也高喊“打倒上古史”。

但这批所谓的东洋史大师一面搞学术创新，一面却发展出一套完整的“以种族解构中国”的理论，如“汉地十八省”论、“长城以北非中国”论、“满蒙藏回非中国”论、“中国无国境”论、“清朝非国家”论、“异民族征服乃幸福”论等。这成为今天美国“新清史”观的前身，也是李登辉等台独派们的依据。东洋史大师们还认为，魏晋南北朝以后，“古汉人”已然衰败，而满蒙民族又有妄自尊大的“夷狄病”。只有日本，集合了北方民族勇武精神与南方汉人精致文化的优点，是拯救东亚文明之弊的“文明终点”。而日本文化是在中国文化刺激下成长起来的

1　1923 年 5 月，顾颉刚发表《与钱玄同先生论古史书》一文提出上述观点，但他也同样指出：“自从春秋以来，大国攻灭小国多了，疆界日益大，民族日益并合，种族观念渐淡而一统观念渐强，于是许多民族的始祖的传说亦渐渐归到一条线上。”参见：顾颉刚著，《顾颉刚全集·顾颉刚古史论文集》（卷一），中华书局，2010 年版，第 202 页。

2　“所谓东洋史，主要是阐明东方亚洲的民族盛衰、邦国兴亡的一般历史，与西洋史并立，构成了世界史的一半。”参见：桑原隲藏著，《中等东洋史》，《桑原隲藏全集》（第四卷），岩波书店，1968 年版，第 17 页。

子系统，具有承接中华文明的资格，中华文明的中心将转移到日本。

顾颉刚警醒了。面对“九一八”的战火硝烟，曾经倾心于东洋史学的他，终于明白了学术与政治的关系。

1938 年，他目睹日本在西南继续挑动泰语和缅语族的独立，又受到傅斯年的精神撼动[1]，终于否定了自己的成名理论。病中的他在 1939 年 2 月 9 日，扶杖到桌案前写下了《中华民族是一个》[2]。他反对使用“民族”来界定国内各族群，建议改用“文化团体”，因为“自古以来的中国人本只有文化的观念而没有种族的观念”。实际上，顾颉刚在这里提出了“国族”的概念，即“同属一个政府统治下的人民”属于同一的国族，即中华民族。

他拿自己的出身举例：“我姓顾，是江南的旧族，想来总没有人不承认我是中国人或汉人的了；但我家在周秦时还是断发文身的百越之一，那时住在闽浙的海边，不与中国通，实在算不得中国人。自从我们的祖先东瓯王心向汉朝，请求汉武帝把他的人民迁到江淮之间……我们再不能说我们是‘越民族’而不是中华民族的一员了”。

一贯认为“三代续统”是后儒编造的他，开始论证商周之转化，“连商王的后裔孔子也要说，‘周监于二代，郁郁乎文哉，吾从周’了。他并不想说‘你们是周民族，我们是商民族，我们应当记着周公东征

1 傅斯年在信中说：“现在日本人在暹罗宣传桂、滇为掸族故居，而鼓动其收复失地。某国人又在缅甸拉拢国界内之土司，近更收纳华工，志不在小。在这种情况之下，我们决不能滥用‘民族’二字以召分裂之祸。‘中华民族是一个’，这是信念，也是事实。我们务当于短期中使边方人民贯彻其中华民族的意识，斯为正图。夷汉是一家，大可以汉族历史为证。即如我辈，北方人谁敢保证其无胡人的血统，南方人谁敢保证其无百越、黎、苗的血统。今日之西南，实即千年前之江南、巴、粤耳。此非曲学也。”参见：顾颉刚著，《中华民族是一个》，《益世报·边疆周刊》，第 9 期，1939 年 2 月 9 日。

2 “自九一八以来久已有和我这位老友（傅斯年）完全一致的意见藏在心里。”参见：顾颉刚著，《中华民族是一个》，《益世报·边疆周刊》，第 9 期，1939 年 2 月 9 日。

的旧恨'；他却爱慕周公到极度，常常梦见周公"。"试想这都是何等的气度，那里存着丝毫窄隘的种族观念"[1]！

《中华民族是一个》发表后，引起了一场著名讨论，质疑者是一个更年轻的人类学与民族学者费孝通。他时年 29 岁，和顾颉刚是苏州老乡，刚从英国留学归来。

费孝通认为"民族"是根据文化、语言、体质的分歧而形成的团体，是科学概念。中国国内确存在不同的民族，这是客观事实，不必为了谋求政治上的统一而刻意去消除各族的界限，不用担心敌人使用"民族"概念与喊出"民族自决"来分化中国。他强调，"文化、语言、体质相同的人民不必是属于一个国家"，"一个国家都不必是一个文化、语言团体"[2]，因为民国的现实正是多政治中心，中国历史上也有多个政权分立的时期。

听到这些，顾颉刚虽缠绵病榻，却如"骨鲠在喉"，又爬起来写了《续论中华民族是一个》，反驳说，中华民族的"国族性"是足够强大的，"分化"是"不自然的局面"。只要分裂的武力稍弱一点，人民就会自发结束分化局面。如果"长久分立"有天然的安定性，则中国早就支离破碎而不成为一个民族了[3]。他在文末甚至怒吼道——"等着罢，到日军退出中国的时候，我们就可以见一见东北四省和其他沦陷区的

1　参见：顾颉刚著，《中华民族是一个》，《益世报·边疆周刊》，第 9 期，1939 年 2 月 9 日。

2　参见：费孝通著，《关于民族问题的讨论》，《益世报·边疆周刊》，第 19 期，1939 年 5 月 1 日。

3　"中华民族早达到充分的 nationhood（国族），政治的力量甚大，所以阻碍统一的武力稍稍衰微时，人民则可起来，打倒这分化的不自然的局面。假使不然，可以长久分立又有其安定性，则中国早就支离破碎而不成其为一个民族了。这也足以表现中华民族的力量远在各个地方政府之上。"顾颉刚著，《续论"中华民族是一个"：答费孝通先生》，《益世报·边疆周刊》，第 23 期，1939 年 5 月 29 日。

人民是怎样的给我们一个好例子了！”[1]

对于前辈的病怒，费孝通沉默了，没有再做回答。“中华民族到底是一个还是多个”，成为一桩没有结论的公案。

41年后，顾颉刚去世（1980年），时年87岁。又过了8年（1988年），78岁的费孝通发表了题为《中华民族的多元一体格局》的长篇演讲。他承认存在“中华民族”这样一个自在实体。他说：“中华民族作为一个自觉的民族实体，是近百年来中国和西方列强对抗中出现的，但作为一个自在的民族实体则是几千年的历史过程所形成的。它的主流是由许许多多分散孤立存在的民族单位，经过接触、混杂、联结和融合，同时也有分裂和消亡，形成一个你来我去、我来你去，我中有你、你中有我，而又各具个性的多元统一体”。[2]

又过了5年，费孝通回到苏州老家参加顾颉刚纪念会，第一次对50多年前的公案做出回应——“后来我明白了顾先生是基于爱国热情，针对当时日本帝国主义在东北成立‘满洲国’，又在内蒙古煽动分裂，所以义愤填膺，极力反对利用‘民族’来分裂我国的侵略行为。他的政治立场我是完全拥护的”[3]。

有批评者认为，费孝通的“多元一体”理论不过是在“一个”与“多个”之间找了一种折中的、弥合的“政治性说法”。但费孝通认为，根本问题在于，用西方的民族概念是无法来描述“中国的民族”的。“我们不应该简单地抄袭西方现存的概念来讲中国的事实。民族是属于历史范畴的概念。中国民族的实质取决于中国悠久的历史，如果硬套西

1　参见：顾颉刚著，《续论“中华民族是一个”：答费孝通先生》，《益世报·边疆周刊》，第23期，1939年5月29日。

2　参见：费孝通著，《中华民族的多元一体格局》，《北京大学学报（哲学社会科学版）》，1989年第4期。

3　参见：费孝通著，《顾颉刚先生百年祭》，《读书》，1993第11期，第5–10页。

山东曲阜孔林，又称至圣林，是孔子及其后裔的墓地

方有关民族的概念，很多地方就不能自圆其说”[1]。

费孝通还对自己晚年的转变解释说：“我在曲阜孔林兜圈时，突然意识到孔子不就是搞多元一体这个秩序吗？而他在中国成功了，形成了一个庞大的中华民族。中国为什么没有出现前捷克斯洛伐克和前苏联那种分裂局面，是因为中国人有中国人的心态。”

顾颉刚与费孝通的纠结，反映出近代中国知识分子的共同心路——既渴望用西方概念来改造中国的知识传统，又发现西方经验无法完全概括中国文明；既渴望独立于政治的西方学术，又发现西方的学术从来离不开政治。最后，他们都回归到中华文明母体。

1　参见：费孝通著，《顾颉刚先生百年祭》，《读书》，1993 第 11 期，第 5–10 页。

第二节　他人的视角

一个多世纪以来，中国丧失了政治与文化话语权，“历史中国”都是由西洋和东洋来书写。兄弟手足对彼此的认知，都是由外来学术框架去塑造。

比如，有大汉族主义观点认为“崖山之后无中国”，“明亡之后无华夏”；有狭隘民族主义观点则认为“满蒙回藏非中国”。这都是当年“东洋史”的遗毒。

比如，有些史家试图用“意识形态”来对标西洋史。当西方说“大一统”是专制原罪时，他们就将“专制”归罪于元清两朝。说汉唐宋本来是“皇帝与士大夫共治天下”的“开明专制”，离西方不算远，结果被游牧民族的“主奴观念”改造成了“野蛮专制”，明朝的高度集权是元朝军事制度的残余，中国没产生资本主义是因为被清朝断了萌芽。得出如此结论，是因为他们没深入研究中国未能诞生资本主义的内在逻辑。

比如，当西方认为中国因缺少“自由传统”没有发展出所谓的民主制度时，有些史家就开始论证“农耕文明”代表专制、“游牧文明”代表自由。如果元朝不被明朝推翻，那中国早在13世纪就有了一个商业与律法之上的社会形态。他们没弄清，“自由精神”的殊荣只属于西方的哥特与日耳曼人，从不属于东方的匈奴、突厥和蒙古。在孟德斯鸠笔下，同样是征服，哥特人传播的是“自由”，而鞑靼（蒙古）人传播的是“专制”（《论法的精神》）[1]。在黑格尔笔下，日耳曼人

1　“鞑靼人在被征服的国家里建立奴隶制和专制主义；哥特人在征服罗马帝国之后，到处建立君主政体和自由。”参见：孟德斯鸠著，张雁深译，《论法的精神》（上册），商务印书馆，1959年版，第331页。

祆教源于波斯，曾在南北朝至唐代在中国北方一些地区流行。图为敦煌藏经洞出土的唐代绘画——祆教女神像

知道全部的自由，希腊罗马人知道部分的自由，而全体东方人不知道任何自由[1]。

这些纷争与攻讦，都来自于我们总是用其他文明的眼光来看待自己；而其他文明的眼光，固然有多元思维的益处，却也经常受制于国际政治的裹挟。过去如此，未来亦是如此。

中华文明并非没有过“种族”观念，但另有一股更强大的“天下”精神将其超越。隋朝大隐士王通，教出了初唐几乎整个将相集团。他身为汉人，却说中国之正统，不在汉人之南朝，而在鲜卑之孝文帝[2]。因为孝文帝“居先王之国，受先王之道，子先王之民”。此为真正的天下精神。

1　参见：黑格尔著，王造时译，《历史哲学》，上海书店出版社，1999 年版，第 111 页。

2　孝文之前，“中国无主，故正统在东晋及宋”；孝文之后，“中国有主，则正统归于后魏后周”。

其他族群亦如此。

藏族与蒙古族信奉佛教，无论藏传汉传，都有“消除分别心”的教义[1]。中国穆斯林“伊儒会通”传统中也有“西域圣人之道同于中国圣人之道。其立教本于正，知天地化生之理，通幽明死生之说，纲常伦理，食息起居，罔不有道，罔不畏天”[2]之训导。这种打破族群壁垒的天下精神，是中华文明的底色。一部中华民族史，是一部“天下精神”超越“族性自限”的历史。

中华民族融合中还充满着深沉情感。写于晚明的蒙古《黄金史》中说，永乐皇帝是元顺帝的遗腹子，通过靖难之役让明朝皇统又秘密回到了元朝，直到满人入关才结束“元的天命”；写于明初的《汉藏史集》中说，元朝是“蒙古人执掌了汉地大唐之朝政”[3]，宋末帝（蛮子合尊）并没有在崖山投海，而是前往西藏修习佛法，成为萨思迦派的高僧，最后转世为一位汉僧叫朱元璋，夺取了蒙古皇位，还生了一个面貌酷似蒙古人的儿子叫朱棣。用“轮回”与“因果”把宋元明三朝编排成“前生后世”，这不是正史，而是宗教野史传说，是当时的人们对大中华你我互有的朴素共识，是不同族群表达“命运共同体”情感的不同方式。这些情感，是仅凭外来理论描述中国的人难以理解的。

深沉的情感才能产生深刻的理解，深刻的理解才能完成真实的构建。最终，中华民族的故事还要由我们自己来写。

---

1 《梵问经》云：“尽其所有一切观择，皆是分别。无分别者，即是菩提。”（宗喀巴：菩提道次广论），禅宗《信心铭》有“至道无难，惟嫌拣择”。

2 参见：马注，《清真指南·自序》，《清真大典》（第 16 卷），第 510 页。

3 《汉藏史集》之“蒙古王统”一节中有称：“阳土虎年，成吉思皇帝年三十三，依仗武力从木雅甲郭王之后做了唐之皇帝的一位名脱孜的国王手中夺取了王位，以蒙古人执持汉地唐之朝政达二十三年之久。”

第三节　自己的故事

中国东晋南北朝300年的故事，政权、人物、事件太多太杂，是一段最难写清的历史。而中华民族重新塑造与中华文明转型升级的密码，恰恰蕴藏在这300年中。如果没耐心走进去看看、转转、站站，就难以找到自己的出处。

拿《三国演义》作例。这部书几百年来被人说烂了编烂了，无数版本无数遗迹。不爱史的年轻人以为，中国历史就这一部区区“三国”。实则“三国”也就60年，且是中国历史最落后的时段。中国人口在明朝晚期玉米、土豆没引进来时，一直是2000万到6000万间，可三国时人口竟降到1000万[1]，书中那些动辄几十万大军之战全是演义。除了曹氏父子文治武功外，三国岂能与之后300年壮阔史诗相提并论。在那300年中，出现过好几次更大规模的“三国鼎立”。其中的政治局面之复杂，君臣将帅之智勇，兵员规模之宏大，历史影响之剧烈，均非《三国演义》能比拟。

一是东晋据江南，与匈奴刘氏汉赵、羯人石氏后赵三国鼎立；二是东晋与鲜卑慕容前燕、氐人苻氏前秦三国鼎立；三是东晋与羌人姚氏后秦、鲜卑慕容后燕三国鼎立；四是刘宋据江南，与匈奴赫连大夏、鲜卑拓跋北魏三国鼎立；五是齐梁据江南，与东魏、西魏三国鼎立；六是陈朝据江南，与高氏北齐、宇文氏北周三国鼎立。这里面改变历史的英雄故事数不胜数。有闻鸡起舞、中流击楫的刘琨与祖逖；有石勒与汉人军师张宾的“邺城对”；有前燕、前秦与东晋北伐争雄的几场大战；有王猛作为“苻坚之管仲”、慕容恪作为“前燕之霍光”、刘裕作为

1　参见：葛剑雄著，《中国人口史·第一卷》，复旦大学出版社，2002年版，第44页。

“司马德宗之曹操”[1] 等几大英雄之大智大勇；有苻坚率百万大军渡江的气势（中国古代百万规模渡江唯此一例）及被杀前的从容；有崔浩如此功勋而被冤杀时几十个卫兵向他撒尿的惨景[2]。最具戏剧性的风云际会，是 26 岁的宇文泰扮做使臣，偷窥 37 岁正值巅峰的高欢那一幕。此时高欢霸业已成大半，宇文泰暗自思量，如高欢是真英雄就束手归降，如与我不分伯仲就再打到底。朝堂上，一边是宇文泰审视高欢半天后决意不降而飞速西返，一边是高欢看这使臣“小儿眼目异”而心有所感，发兵狂追不及。这一幕决定了历史[3]。高欢成北齐之祖，宇文泰成北周之祖，双方 10 年 5 场大战，涌现出一大批名将，如高敖曹、窦泰、王思政、韦孝宽等。跟着宇文泰的那批关陇将帅中，杨忠的儿子杨坚成了隋朝开国皇帝，李虎的孙子李渊成了唐朝开国皇帝，独孤信长女是北周明帝皇后，七女是隋帝皇后与杨广之母，四女是李渊之母李世民之祖母。而高欢这边的大将在他生前皆已凋谢，死后剩下一个只服他而不服其子的跛子侯景，仅带残兵八千南下，竟将少年英武老年佞佛的梁武帝活活饿死，倾覆了梁朝。

除了“帝王将相”的故事，还有“文人墨客”的故事。南朝的《子夜歌》，北朝的《木兰辞》，鲍照的边塞诗，陶渊明的田园诗，谢灵运的山水诗，共同孕育出唐诗。江淹的恨别二赋被李白反复摹写，庾信的《哀江南赋》被杜甫终生吟诵。王国维把“六朝之骈语”视为楚辞汉赋与唐诗宋词

---

1 《魏书·崔浩传》：“浩曰：‘臣尝私论近世人物，不敢不上闻。若王猛之治国，苻坚之管仲也；慕容玄恭之辅少主，慕容暐之霍光也；刘裕之平逆乱，司马德宗之曹操也。’”参见：魏收撰，《魏书》，中华书局，1974 年版，第 811 页。

2 《魏书·崔浩传》：“及浩幽执，置之槛内，送于城南，使卫士数十人溲其上，呼声嗷嗷，闻于行路。自宰司之被戮辱，未有如浩者”。参见：魏收撰，《魏书》，中华书局，1974 年版，第 826 页。

3 参见：令狐德棻撰，《周书·文帝纪》，中华书局，1971 年版，第 3 页；李延寿撰，《北史·卷九·周本纪上》，中华书局，1974 年版，第 313 页。

古代中国和印度、中亚一带常有行脚僧人来往，有中国僧人到印度求法取经，有印度或中亚的僧人来中国传法，图为敦煌绢画《行脚僧图》

之间的“一代文学”[1]。更不用说萧统的《昭明文选》是中国最早的诗文总集，刘勰的《文心雕龙》是中国文学理论集大成者，钟嵘的《诗品》是中国第一部诗学专著。

还有战火频仍中的佛教中国化故事。五胡入主中原之际，西域胡僧佛图澄被石勒、石虎奉为国师，他用异能方术与因果学说不断劝二石效“王者”行“德化”[2]。后赵灭亡后，佛图澄弟子道安一路弘法南下襄阳，首次提出“不依国主则法事难立”，打破“沙门不敬王者”的教条[3]。苻坚为了迎取道安而出兵攻占襄阳，道安到长安后向苻坚推荐从未谋面的龟兹高僧鸠摩罗什。苻坚为鸠摩罗什打下西域，但大军刚将他接到半路，前秦灭亡。16 年后后秦将他迎到长安当国师时，推荐他的道安早已圆寂。鸠摩罗什不忘东行初心，译经数百卷，为大乘中观佛学与中国古典哲学相通奠定基础。南北政权隔江分治，但南北佛教交流从未中断，道安的大弟子慧远南下庐山东林寺传法，慧远弟子道生又北上长安向鸠摩罗什求学。与此同时，建康的几大名僧亦很活跃。其中，法显从北朝长安越葱岭到印度取经，再经南洋海路回归南朝建康，历 30 国 15 年，一部佛国游记竟成南亚诸国史料的考据。不仅南北，自苻坚打通西域后，中印僧人你来我往，达摩也因此将禅宗带到中国。佛教各大学派主要在这 300 年中创立，经过多番曲折，他们初步理顺了佛教与政权的关系，从此确立了“政主教从”；初步理顺了佛教与父母的关系，从此因果与孝悌没有矛盾；初步理顺了佛学与中国哲学的关系，为日后禅学与理学的发展开启先声。

300 年中的故事很多，最重要的故事还是中华民族胡汉一家的故事。

1　参见：王国维著，《宋元戏曲史》，上海古籍出版社，1998 年版，《自序》。

2　参见：释慧皎撰，《高僧传》，中华书局，1992 年版，第 346 页。

3　参见：释慧皎撰，《高僧传》，中华书局，1992 年版，第 178 页。

在古代，米兰是丝绸之路上的一个繁忙的贸易中心，也是一个繁荣的佛教中心。在米兰发现的许多文物表明，此处与远至地中海的地方有着广泛而复杂的贸易联系。图为米兰故城遗迹

我们是谁？是汉族人是蒙古族人是藏族人是维吾尔族人还是满族人？看了这 300 年就明白了什么叫中华民族，什么叫中华文明，什么是自己的身份认同与精神世界。希望中国年轻人多看看，希望文化人多看看，也希望西方人多看看。300 年里的故事时而惊心动魄毛发俱张，时而凝神深思激越苍凉。

有一首歌叫《敕勒歌》。大家都听过哼过。有谁知道它竟诞生于一片刀山血海的战场之中？高欢与宇文泰打了 10 年，败多胜少，最后一战在河东玉壁城下。546 年深秋，黄河呜咽，霜风肃杀。高欢 20 万大军连攻 50 日，死伤枕藉仍未奏功。一生智算无敌的高欢眼见得此生再也灭不了宇文泰，再也统不了天下，只能下令撤军。走时匆促，7 万阵亡将士尸体来不及安葬，只好聚填在一个大坑中。返回晋阳后，他强撑病体稳定军心，命将军斛律金领唱“敕勒川，阴山下。天似穹庐，笼盖四野。天苍苍，野茫茫，风吹草低见牛羊”。鲜卑语的唱词绕梁不绝，周围将帅臣僚全体合唱。想着 10 年间战死的数十万将士，看着自己一头白发万里河川，高欢潸然泪下。此歌由此流传。[1] 与此同时，西边的宇文泰恢复了周礼所载的黄钟大吕与雅乐正音，还依周礼设置了六官与六学。30 年后，北周灭了北齐，开出了隋唐。

高欢是鲜卑化的汉人，宇文泰是汉化的匈奴人，他们都是这 300 年中华民族融合史中 典型的中国人，他们打仗都不是为了族群分家而是为了统一天下。对这些，如果中国年轻 人不去体悟坚守，如果西方年轻人不去了解理会，中西方文明就总隔着一层纸而说不透。如同那首《敕勒歌》，谁关心它的来历呢。

1 《乐府诗集》引《乐府广题》：“北齐神武攻周玉壁，士卒死者十四五，神武恚愤疾发。周王下令曰：‘高欢鼠子，亲犯玉壁。剑弩一发，元凶自毙。’神武闻之，勉坐以安士众，悉引诸贵，使斛律金唱《敕勒》，神武自和之。其歌本鲜卑语，易为齐言，故其句长短不齐。”参见：郭茂倩编，《乐府诗集》，中华书局，1979 年版，第 1212–1213 页。

附：评论 3

大型政治共同体的逻辑

潘维（北京大学国际关系学院教授）

一、类似的事件塑造不同的历史路径

近日读到潘岳同志的奇文，比较五胡入华的300年和日耳曼各部入主西罗马的300年。文章说明，这两个类似的重大历史事件塑造了中西后来不同的历史路径和不同的政治结果：一个是族群的分散封建，迄今再未有罗马大一统；另一个是胡汉融为一家、一扫汉末至三国两晋到南朝的颓废，恢复了郡县大一统的勃勃生机。

这文章带着股“仙气”。其一，那段300年极为血腥的中国史在他笔下变成了一部激动人心的浪漫史，“乱华”变成了胡汉文化大交融的“入华”。其二，华欧那各自300年的历史纵横交错、非常混乱，但被他以诗词式的凝练文笔娓娓道来，居然变成了线索清晰的简史，只用了两万七千字。其三，他用一个个精心挑选的动人故事串联那些惊心动魄的混战，更串联对中西史家重要学术观点的评议，建构了一个能与西方史观比肩的、非常中国的“民族”史观。

在潘岳看来，就形成政治共同体而言，基督教的“普世教会”不起作用，不敌日耳曼族属分散的文化基因。强调分散族属的日耳曼制度基因塑造了欧洲乃至西方漫长的历史路径，从此再无罗马大一统。

然而，潘岳想说的显然不止于“罗马抛弃罗马”“中华选择中华”的历史“路径依赖”。潘岳的文章旨在弘扬一种史观：中华政权的“正当性”来自族群大融合，来自继承秦汉以降的大一统制度。与此对照，西方到文艺复兴时才想到要“复兴”罗马式政治共同体，而且至今还以“分的自由”为“合法”，不承认政治共同体本身有“合法性”。

二、大型政治共同体

有个疑问长期萦绕在我脑海里：中华为什么在 3000 年前就形成了庞大的政治共同体，而在中华以外直到 300 多年前才刚开始形成这种政治共同体?

潘岳此文探讨两地异族入侵形成的不同历史路径，并非为回答上述问题而作，但也不无关联。他的答案似乎是：特殊的历史文化塑造了特殊制度；日耳曼的文化基因与凝聚大型政治共同体有明显张力。

武王伐纣成功两年后就去世了。其幼子周成王在周公旦的辅佐下创立了中华封建大一统。成王于公元前 1021 年去世，迄今 3042 年。说中华大一统有 3000 年历史并非传说，而是信史。2200 多年前，秦皇开创了延续至今的中华郡县大一统，更是举世皆知的事。

“政治共同体”指的是“国土、国民、国民政权”的有机共同体，或用基督教的概念是“三位一体”。因为有垄断暴力和税收的统一政府管理国土上的国民，所以称为“政治”共同体。大一统是庞大的政治共同体。“大”指的是广土众民；“一统”指的是有统一管理国土与国民的政府。

“政治共同体”与“文化共同体”是完全不同性质的概念。中文把西文的“nation”既译为“国家”又译为“民族”，更有画蛇添足的“民族国家”，再加上“少数民族”而非“少数族裔”，导致了概念混乱和中文学术圈的长年乱战。西文“国家”内部的“文化共同体”指的是“ethnicity”或“ethnic group”，不与政治共同体“nation”并列。我们讲“多元一体”还是混乱。“元”指的是“文化共同体”，但“一体”指的是“政治共同体”。所有“国家”内，即所有政治共同体内，都存在多元文化。小到新加坡、大到美国，世界上从未有过单一文化共同体的政治共同体，哪怕日本和韩国也包含多个文化共同体。

什么是中国？从苦寒北地到酷热南疆，从海岸平原到地球屋脊，五湖四海的居民在统一政权下生产、生活和交流、交融，以至九州共贯、六和同风，形成“家国一体”的世界最大政治共同体，就是中国，即西人说的“Chinese Nation”。而今，中华政治共同体拥有 14 亿人口，占地近千万平方公里。

南亚面积不及中国之半（430 万平方公里），拥有约 19 亿人口。约与秦始皇同时的“阿育王”时期或许有过南亚大一统，但仅延续了几十年就消失无踪，直到英国殖民统治才催生了政治共同体意识，并在 20 世纪中期分别建构了几个独立的政治共同体。13.5 亿人口的印度是当代世界的大型政治共同体，但只有 300 万平方公里国土。

罗马帝国延续 400 年以上，与汉朝几乎同期同寿，极盛时辖 500 万平方公里国土。但罗马帝国与其说是牢固的政治共同体，不如说是军事强权支撑的自治行省邦联。一度辉煌的波斯帝国和阿拉伯帝国只有名义上的持久，里子是混乱的封建和族群相互蹂躏的脆弱。

俄罗斯政治共同体意识由蒙古金帐汗国的240年统治缔造。莫斯科公国在15世纪末（1480年）靠击败蒙古统治而立，又用了240年从内陆小国变成了北冰洋、大西洋、太平洋的三洋大国。但俄国有广土却无众民。而今的俄罗斯占地1700万平方公里有余，却只有1.4亿多人口。日本在17世纪初的德川幕府时代实现了一统，但这个政治共同体的国土面积不到40万平方公里，而今人口不及1.3亿。

西方人自己认为，欧洲的政治共同体“nation”（基本含义是“国民”，并非国民/国土/政权的三位一体，西文迄今尚无这三者的统称），最早只能上溯到17世纪中叶的“威斯特伐利亚和约”（1648年）。此前只有王公“领地”（kingdom），彼此经常把领地当嫁妆相互赠送，一并赠送的是附庸于领地的民众。

作为德意志政治共同体前身的“神圣罗马帝国”延续了约900年，却不是政治共同体，而是数百块王公领地的含糊统称。而今欧洲最大的政治共同体是德国，是马克思和恩格斯在1848年发表《共产党宣言》20余年后才建立的。马克思认为“工人阶级无祖国”，号召“全世界无产者联合起来”。他没想到，先进欧洲的工人阶级居然紧密团结在各自的政治共同体里，彼此大打出手。马克思去世仅30来年，欧洲各国围绕这新生国家连打了两次“世界大战”，打得血肉横飞。自德国建立，“德国问题”成为世界问题，延续了百年。

欧洲与中国面积大致相同，有7亿多人口，但“欧罗巴合众国”（the United States of Europe），或者“欧罗巴斯坦”，还是梦想。

而今西方最大的政治共同体是美国。美国与俄罗斯一样是三洋大国，但国土面积与中国相近。美国有以欧洲移民为主体的3.3亿人口，不及中国四分之一。这个西方最大政治共同体出现于18世纪末，到19世纪中叶大内战后（1864年）才稳定下来。

自西周以来，“大一统”本身就是中华政权“正当性”的来源。康熙年间选两千余年来传颂的佳文两百余篇，编成《古文观止》。其中包括先秦政论文《春王正月》。那是最早叙述政权正当性源于“大一统”的出色文章，千古传颂至今。

在西方，政治共同体本身至今不是政权“合法性”来源。神圣的是“个人”自由权利，即“人权”。那里以个人自由权利为基础构建了结社自由的社会权利，并以结党自由为基础构建了争夺政权的政治权利。政权（state）不过是统治集团的工具，或“必要之恶”。

潘岳文章写的是中华和欧洲非常血腥的那段历史，但究其实质却是首“大一统”赞美诗。

三、大型政治共同体的生命

大一统就是中国，中国就是大一统。何以中华政治共同体形成得那么早，而且韧性强大到延续3000年至今？潘岳的文章刺激笔者归纳出一种粗略答案，由下述四种原因构成。

第一是社会平等。社会高下分层越含混、越不稳定，大型政治共同体就越容易形成和稳固。社会分层越清晰、越稳定，大型政治共同体就越难形成和稳固。

五千年前，各雅利安游牧部落用了千年时间陆续离开欧亚大陆的核心地带，大部分在欧亚大陆边缘的农耕区定居。肤色较浅和有强烈神祇信仰的牧民征服了肤色较深和讲求实际的农民，形成了种姓制及奴隶制。

奴隶制与征服战争的俘获有密切关联；而定居在非农耕区的雅利安人就基本没有奴隶可用，并无使用奴隶的习俗。南美洲印第安农耕社会从未以奴隶为耕作主体；建造最早埃及金字塔的也不是奴隶。日耳曼征服罗马后，奴隶制变成了农奴制和等级制，在商业及其后的制造业时代变成了阶级制。但雅利安人在东亚农耕区遭遇到地理上的辽阔战略纵深和夏商时代人口众多的农耕部落及大型部落联盟。没有雅利安征服，也就没有种姓、奴隶、等级、阶级。中华有“四民分业”，但“百姓”平等，构成了“编户齐民”的基本条件，也是“大一统”的基本条件。既然“百姓”平等，编户齐民，就没有欧式的“阶级文化”。无论中华的建筑，还是文学、艺术，都无“贵族”专属之类。早年的“五胡”被这社会平等吸引，最后满清贵族入主中原，也被这社会平等吸引。纳兰性德随父亲纳兰明珠入关，是皇族贵胄，早逝于青年时代，居然就能以“纳兰词”闻名传世。自耕自食和牧童短笛的自由当然强于等级森严的军旅文化。满清贵族入关不久就与京城百姓一起撅着屁股在胡同里斗蛐蛐了，熬鹰狩猎的技艺也变成京城满汉百姓一道提笼架鸟的习惯。平等的社会生活非常有魅力，是“华夏无外”甚至“天下无外”的原因，是凝聚大型政治共同体的基础。

第二是官民相互依存。“民”不再分，甚至可以“编户齐民”，政治共同体里就只剩下了“官、民”两分。官民相互依存，则政治共同体稳固、兴旺，可以稳固支撑较大规模。官只“代表”某个部分的民，大型政治共同体就难以形成和稳固。小规模的“封建”排斥“大一统”，因为有压抑“自由”的强力才可能应对清晰划分和彼此矛盾的“民”。

围绕“为什么需要政府，政府何以兴衰”的重大疑问，政治学形成“元理论”。西方近代以来的答案是“契约”，民与民的“授权契约”

衍生出民与官的“授权契约”。契约概念来自《圣经》记述，其重点之一是上帝在埃及的西奈山上与犹太部落领袖摩西订立“十诫”之约的记述。个人权利神圣，是从上帝给人“授权”概念来的。所谓政权的“合法性”即来自契约概念。中华没有“神圣契约”概念，所以用政权的“正当性”而非“合法性”。“契约论”充满了世俗农耕人难以理解的神秘：谁给谁、在何时何地，怎样“授权”，授了什么“权”？契约论显然不是大型政治共同体的逻辑，不是国土、国民、政权三位一体的逻辑。与近代西方创造的“契约论”形成鲜明对照，中华三千年亘古不变的因果答案是“民本”：政权因民之整体福祉需要而来；得民心者得天下，失民心者失天下。“民心”不是就一时一事民调而来的“民意”，而是百姓对政权的普遍“信任”。民心就是政权的“正当性”，所以“民为邦本，本固邦宁”。科举考试是选官制度，考试内容是“四书五经”。开宗明义、四书五经的第一本、第一页、第一句是“大学之道在明明德，在亲民，在止于至善”。做官就要入心入脑地修习中华的家庭伦理道德，以百姓为自家至亲，直至全心全意为人民服务。因此，民营私，官奉公；民传子，官传贤。于是，中华大一统是个同心圆状的政治共同体，只要官以民为中心，民就以官为圆心。一旦官营私，“民本”变成“官本”，就“失民心者失天下”了。同心圆治乱兴衰循环往复，“合久必分，分久必合”，取决于圆心的质量，取决于“官”的质量而非“民”的质量，就是中华史观。

第三是纽带的天然性。政治共同体越依赖人造意识形态凝聚，就越脆弱；而越依赖天然的民之所需凝聚，就越稳固、耐久。

人可以造意识形态，当然也会造与之矛盾的意识形态，导致宗教和主义派别林立。强调宗教和主义，统一是暂时和脆弱的，政治共同体就倾向分裂甚至彼此刀兵相向。“天然纽带”指的是育小养老的人类繁衍。家庭是为了育小养老，政治共同体的天然本质是育小养老的互助。无论古今中外，所有政治共同体都在育小养老上组织互助，即扶老携幼、扶危济困、守望相助。然而，世界上大多数政治共同体特别强调某种宗教和意识形态，也就普遍有脆弱和难以耐久的问题。与之对照，中华历朝历代都声称“本朝以孝治天下”。家庭伦理“孝悌”衍生出社会伦理“忠信”，社会伦理“忠信”又衍生出政治伦理“礼义廉耻”。中华农耕人向往遥远未来的“大同”，现实中却既患寡亦患不均，脚踏实地追求全体国民的“小康”。继承中华道统，中国共产党而今如此表达自己的史观：党的百年奋斗史就是领导中华民族“站起来、富起来、强起来”的历史；党的奋斗目标是中国人民的美好生活和中华民族的伟大复兴。这显然在强调政治共同体组织育小养老互助的天然责任，而且继承和延续了中华的治乱兴衰史观。

第四是生产方式的先进性。近代以来还出现了影响政治共同体大小强弱的第四大要素，即生产方式进步引发的财富形式变迁。

人类大约在 7000 年前开始有了“产业”，完成了驯化野生的牛羊猪和培育野生植物为小麦大麦和小米大米，还有中南美洲的玉米和薯类。种植和养殖财富就是“第一产业”。但仅在 300 年前崛起了“第二产业”，制造的财富成为财富的主体。紧接着又在最近数十年崛起了“第三产业”，创造的无形财富变成财富的主体。财富主体是无形财富很可能长久不变，因为再无“第四产业”。这 300 年的技术进步，从种植养殖财富到制造财富到创造无形财富，给了我们一个近代的新史观——在治乱兴衰的循环史观里加入进步史观成分。因为生产方式落后，中华大一统被挤压成“挨打、挨饿、挨骂”的落后中国。

而今，财富主要是大脑“创造”出来的。一般而言，大一统受制于“官”，鲜能出现遍地创新局面。官倾向给创新者和创新机构“戴帽子”，以示官的政绩。但少量帽子压抑“自古英雄出少年”的规律，就没有“人才辈出”。热衷官定项目，热衷评选“帽子人才”和教育科研机构的“评级”，创新人才和机构就越来越少，就不会有“遍地英雄下夕烟”，不会有创新型的中华民族。封建不如大一统，但稳固的大一统，建成“创新型国家”，最优逻辑是“寓封建之意于郡县之中”。

四、关于史观的遐想

潘岳的文章赞美汉胡大融合，表达了他对中式大一统与西式封建的鲜明史观立场。为澄清身在何处，我在此概括世上的五类史观。

第一，历史是单一神的杰作。占世界人口绝大多数的是基督徒和穆斯林。除了中国的主体族裔，宗教命定论是世界上其他各人类群体的深厚文化背景。一神论还是“历史终结”论的源泉。

第二，历史是循环的。“循环”的主体是人类政治共同体的兴衰。西方自古希腊城邦开始有这种史观，因为城邦寿命很短。中国也自古就有大一统治乱兴衰“分久必合，合久必分”的循环史观。

第三，历史是进化的。7000 年来只有第一产业，技术推动历史进步的观念是制造业时代的事，进步史观是近代才诞生的。

第四，历史是群体内部种姓、等级、阶级、上中下利益集团彼此斗争和重组的结果。这种进步史观也是近代才有的，是随生产方式进步而来的，却是而今西方的主流史观。

第五，历史是政治共同体从小到大凝聚的结果。从众多部落到城邦，从众多城邦到国家，从众多中小国到超级大国，或许还有从超级大国到未来的世界大同，体现为政治共同体之间优胜劣汰的生存竞争和交流交融。这种史观非常中国，秦汉时代就诞生了。

可以把上述五种史观合并简化为当今的两大类史观。

第一，人类历史主要由技术进步和群体内部利益集团的斗争推动。如此史观催生了如下的“自由”价值观：从群体中独立解放的“个人自由”，到集团之间进行利益斗争的“社会自由”，到集团争夺控制政府权力的“政治自由”。这史观强调“分”的社会价值，强调社会集团的强弱胜负是政治分析的基本单元。

第二，人类历史主要由技术进步和政治共同体的治乱兴衰竞争推动，比拼的是政治共同体的内聚力和适合先进技术创新发展的环境。如此史观催生了“大家庭”价值观：扶老携幼、扶危济困、守望相助、天下一家。这史观强调“合”的社会价值，强调能团结内部社会的政治共同体本身是政治分析的基本单元。

正是在第二种史观基础上，笔者对潘岳的文章产生了强烈共鸣。

失当的文化多元主义

彭小瑜（北京大学历史学系教授）

潘岳同志的《中国五胡入华与欧洲蛮族入侵》，讨论的是重要的历史问题，同时也由一个新的角度审视了现代世界各国都面临的一个困难局面，即刻意制造族群多元和文化多元带来的沟通障碍，以及这类沟通障碍经常导致的分歧和冲突，彰显了“中华民族是一个”这一历史的和现实的真相。文章所表达的观点也是对世界的一个善意提醒，敦促人们去思考：文化多元主义还能够走多远，文化多元主义的正面和负面效应究竟应该如何评估。

熔炉模式优于文化多元主义

族群融合以及主流文化引导下的民族国家统一是世界近代和现代历史上普遍、稳定和持久的情况，也是古代世界一些发达地区在不同程度上已经萌生和发展的现象。20 世纪 60 年代后期和 70 年代兴起的文化多元主义历时不长，但是已经对传统形成了严重的挑战，给东西方一些国家的社会和谐带来了威胁和破坏，其负面效应可能还在进一步的加深和扩大中。将文化多元主义简单地看作时尚和理所当然，是一种不严谨的学术态度，是一种不负责任的价值观，需要我们冷静客观地由学术的立场去进行历史分析。批评文化多元主义并不是否认一个民族国家的文化应该是复杂和丰富的，绝不是要有意缩小或者取消民族国家内部群体的差异性和生动活泼的多样性，而是要将多元文化置放于团结的、具有高度凝聚力的民族国家的语境中。脱离了这一语境的文化多元主义破坏民族国家团结，具有不健康的碎片化效应。在过去的40年里，在世界各地的暴力、战争、分裂以及连带的严重人道主义危机背后，我们其实都可以看到失当的文化多元主义的身影。

文化多元主义并不神秘，是20世纪70年代以来欧美学界和政府处理族群关系的工作模式之一，逐渐在西方和世界各地获得多方面的影响。文化多元主义，相对于近代以来西方国家长期使用于族群关系的同化模式和熔炉模式，出现得比较晚，不仅其长时段的效果究竟如何需要进一步观察，其负面效应也应该得到重视和纠正。在倡导文化多元主义的代表性学者里面，不少是由善意出发提出社会改革路径。譬如在欧美国家，他们希望纠正非洲裔和其他少数族裔群体长期遭受的歧视，检讨历史上对印第安人等本土原住民进行剥削、压迫和种族灭绝的帝国主义殖民政策。问题是，由于现代西方国家内部复杂的政治力量对比和经济利益博弈，文化多元主义并不停止于社会精英阶层因为负罪感而对历史问题进行的检讨。

文化多元主义遭遇的质疑和重大挑战，恰恰发生在将之运用于处理现代国家族群关系的时候，将之转变为现实的社会政策和文化教育政策的时候。在现实生活中，宽容文化差异和鼓励族群平等的思路经常嬗变为人为的、得到政策支持的少数族群诉求甚至特权，以鼓励平等的名义刺激族群之间的矛盾和对立，并因为阻碍少数族群融入主流社会，譬如反对和敌视主流语言的学习和熟练掌握，伤害到这些族群实际的经济和政治利益。

在近代欧美国家的历史上，长时段地看，处理族群关系的文化态度和社会政策并非文化多元主义，而是强调民族国家认同的同化模式和熔炉模式，也就是希望不同的族群认同既定的主流文化，或者共同建立一个包含多个族群传统的新的共同文化。两种模式下的政策导向都是促进一个以公民群体为核心的现代民族的形成。在同化模式下，少数族群会接受和融入主流文化，但是不可避免会同时保留自己的特色文化；在熔炉模式下，各个族群携手创造统一的新民族文化，各自也在一定程度上保留自己的历史传统。前述两种模式所引导的社会政策都旨在促进社会团结、社会凝聚以及文化传统的交融和多样性，但是部分学者以及少数族裔群体对这两种模式的认同和支持的确从 20 世纪 60 年代开始有了变化。我们可以由一些代表性的美国学者研究著作来观察其发展线索。

社会学家格莱泽(1923—2019 年)及学者兼政治家莫伊尼汉(1927—2003 年) 在 1963 年合作出版了《熔炉之外》，1975 年两人又共同主编了《族群文化的理论和经验》。到了 1980 年，历史学家特恩斯特伦等人主编出版了由诸多名家撰写的《哈佛美国族群百科全书》，更加系统地研究和展示了美国各个族群的历史和当时的状况。这些研究的共同点在于，之前被看作是美利坚民族形成最显著特征的熔炉模式受到了更加细致的观察和评估，但不是被否定和贬低。[1]美国作家克雷弗克（1753—1813年）在1782年兴奋地描述了众多族群融合为新美利坚民族的情况，尤其是通过族群之间的通婚。当时还有作者将这一融合看作是新的美国"超人"诞生的过程。但是在20世纪60年代的纽约，正如格莱泽和莫伊尼汉进行的社会学调查所显示的，各个族群的特征以及他们之间的界线仍然明显。他们区分出了五大群体：黑人、波多黎各人、犹太人、意大利人和爱尔兰人。在纽约，他们指出，至少有四个原因促成了上述这种族群区分的意识：欧洲犹太人在纳粹统治时期遭受的迫害，天主教徒与新教徒以及其他美国人在保留天主教教育独立性问题上的争论，黑人在一战之后开始由南方进入纽约的趋势一直持续，波多黎各人在二战之后大批到来。但是格莱泽等学者绝不是认为，以熔炉模式（以及一定程度上依托英国历史文化传统的同化模式）为路径的美利坚民族塑造失败了。学者经常用来证实熔炉模式成功的例子包括19世纪的德国移民和20世纪的爱尔兰裔和意大利裔等天主教移民。无论是在纽约还是在美国其他地方，第三代移民一般都在语言、政治态度和生活习惯上完全融入主流社会，成为爱国意识强烈的美国人。[2]

现代国家建构的基础是共同的意识形态，而非文化多元主义

"合众为一"是不同族群移民所建立的美国所采纳的族群整合模式，

1 Nathan Glazer and Daniel Patrick Moynihan, *Beyond the Melting Pot* (Cambridge, Massachusetts: MIT Press and Harvard University Press, 1963); Nathan Glazer and Daniel Patrick Moynihan, ed., *Ethnicity: Theory and Experience* (Cambridge, Massachusetts: Harvard University Press, 1975); Stephan Thernstrom, Ann Orlov and Oscar Handlin, eds., *Harvard Encyclopedia of American Ethnic Groups* (Cambridge. Massachusetts: The Belknap Press of Harvard University Press, 1980). 这些著述提供了很丰富的资料，但是欧美学者在族群和文化多元主义问题上表达见解时一般都非常谨慎和委婉，其观点远比笔者在这里的简略引用要复杂和曲折。

2 *Beyond the Melting Pot*, pp. 288-292, 310-315.

是美利坚民族及作为现代国家的美国诞生和发展的成功路径。格莱泽和莫伊尼汉提醒他们的读者说，“族群”和“族群文化”这样的词汇以及清晰强烈的族群意识在20世纪60年代以前是罕见的。他们认为，在美国及世界其他国家和地区得到强化的族群认同以及由此引发的冲突和撕裂，在很大程度上，是因为在政府更多掌握资源的情况下族群认同被当作了争夺政治经济利益的动员工具——以族群多元的名义，以文化多元主义的名义。[1]

文化多元主义并非没有正面意义。在美国历史和世界历史的语境里，这一思潮起码具备两大建设性的贡献。一是增加了社会在整体上对种族歧视的敏感度，并因此在道德和态度上有积极的改良，在立法和司法上有相应的举措。二是民众和学者对多样的族群文化遗产有更多的重视和更深入的研究。正如有些学者强调的，一个特定的族群，譬如爱尔兰裔和意大利裔的天主教移民在深度融入美国主流社会的进程中，并不会完全丢失由欧洲带来的所有文化习俗。意大利裔美国妇女与父母的关系会普遍比爱尔兰裔的美国妇女与父母的关系更加密切。这一现象脱离了她们各自不同的族群文化遗产就很难解释。[2]

问题是，以文化多元主义的视角去看待和处理族群关系有天然的缺陷，尤其在立法和政策受到这一思路影响的时候，因为这样一种观点倾向于从呼吁平等出发，支持少数族群或其他弱势群体在就业、教育及其他方面获得特权以及种种形式的优惠待遇，譬如美国以关照黑人以及其

1 Nathan Glazer and Daniel Patrick Moynihan, “Introduction,” *Ethnicity: Theory and Experience*, pp. 1-26; Engin Isin, “Multiculturalism,” in Bryan S. Turner, ed., *The Cambridge Dictionary of Sociology*, Cambridge: Cambridge University Press, 2006, pp. 407-408.

2 Andrew M. Greeley and William C. McCready, “The Transmission of Cultural Heritages: The Case of the Irish and Italians,” *Ethnicity: Theory and Experience*, pp. 209-235.

他少数族裔为目的的平权法案及其实施。格莱泽等学者反对种族歧视，也明确反对文化多元主义的政策和政治，譬如大学将族裔身份看作是决定录取与否的因素之一。他们认为这一导向并非在鼓励个人与个人之间的平等，而是通过扶植特定少数族群的特权集团，去歧视其他的公民，即所谓“反向的歧视”，其结果是削弱公民和国家整体的凝聚力。[1] 对新移民和弱势的少数族群，强调差异和争取特殊待遇肯定不是进入主流社会的顺畅通道。即便在文化多元主义实验做得最彻底的加拿大，风向也在逆转。其实早在 20 世纪 70 年代，学者就已经在担忧文化多元主义强化的族群认同会引导一个社会忽略真实的社会平等和社会经济发展问题进而伤害到弱势群体的利益。[2] 以文化多元的名义刻意和人为鼓励的族群认同和文化差异，在生活已经多样化到让人眼花缭乱程度的现代社会，往往不是人们自发和自愿的选择，而是强加和被迫的，会妨碍个人自由的发展；往往导致对法治和基本社会秩序的蔑视，嬗变为撕裂和分裂的因素；往往与尊重人权和人的个性背道而驰。

也是在 20 世纪 70 年代，研究族群问题的一些美国学者已经注意到，当时苏联的族群融合程度偏低：在 1970 年的人口普查中只有 58.7% 的居民承认俄语是他们的“母语”，比 1959 年还少了 0.6 个百分点。[3] 而在同样作为多族群国家的美国，英语的绝对主流地位以及移民原住地语言的迅速边缘化，是美利坚民族凝聚力的三大因素之一。另外两个因素

---

1 Nathan Glazer and Reed Ueda, “Policy against Prejudice and Discrimination,” *Harvard Encyclopedia of American Ethnic Groups*, pp. 856-858.

2 John Porter, “Ethnic Pluralism in Canadian Perspective,” *Ethnicity: Theory and Experience*, pp. 267-304; Christian Joppke, “The Retreat of Multiculturalism in the Liberal State: Theory and Policy,” *The British Journal of Sociology*, 55 (2004), pp. 237-257.

3 Richard Pipes, “Reflections on the Nationality Problem in the Soviet Union,” *Ethnicity: Theory and Experience*, pp. 453-465.

是得到公民高度认同的政治意识形态，以及没有任何族群集中居住在特定地域这一事实——族群认同没有任何地理上的属性以及合法性。[1] 在来源多样、族裔和文化传统迥然不同的移民组成的美国，没有任何一个特定族群长期稳定地居住在一个特定的相对幅员广大的地区，也没有任何一个特定族群持续拒绝与其他族群之间的婚姻关系。英语作为公民们高度认同的共同语言，族群的混居和相互通婚，以及在地理上不存在任何具有族群特性的区域单位，都指向建构美利坚民族的真正强固纽带：一方面，欧洲常见的民族自治倾向在美国完全没有民意支持；另一方面，得到大众认同的美国意识形态，即政治制度和政治文化，以及在此基础上产生的强烈的爱国主义精神，成为民族团结的稳固基础。

450 万爱尔兰裔移民如何变成了 4000 万美国公民？

历史的和实证的考察永远会比代表特定族群利益的情绪化议论更有说服力。在美国历史上，来自德语国家和地区的移民通常被认为是欧洲移民中融入主流社会速度最快、程度最深的。最值得人们深思的情况是，德裔移民不仅在抵达美国时普遍有比较高的教育程度和比较好的财务状况，同时又是宗教信仰多元（包括天主教、新教和犹太教）的群体，与其他群体的通婚也普遍。美国有 700 万来自德语国家和地区的移民，而在 1980 年的人口普查中，认定自己是德裔的美国人有 4900 万。到美国的爱尔兰裔移民也具有信仰多元的特征（新教和天主教），也能够以开放态度接受与其他族群的通婚。1980 年的人口普查表明，认定自己是爱尔兰裔的美国人是 4000 万，而美国原本的爱尔兰移民其实只有 450 万

---

1 Michael Walzer, "Pluralism: A Political Perspective," *Harvard Encyclopedia of American Ethnic Groups*, pp. 781-787.

左右。[1] 认定自己是德裔或者爱尔兰裔美国人只是一个选择文化遗产属性的态度，并非是要证明血统的纯正。德裔和爱尔兰裔美国人都属于向上社会流动最快和最成功的族群。这些美国人的绝大多数肯定具有多个族群的血统，但是他们的美国认同，也就是对美国主流文化和政治价值观念的认同是“纯正”的，他们的爱国主义是美利坚民族凝聚力的见证。开放和认同主流社会是一个特定族群获得发展的优良基础。

美国报人和作家奥雷斯蒂斯·布朗森（1803—1877年）是英国移民的后代，后来由新教改而信仰天主教，是彻头彻尾的爱国者，也是移民美国化的激进鼓吹者。美国史学名家小施莱辛格认为，布朗森的很多观点大大超前于他的同时代人，他“非同寻常的智慧和深刻的诚实”使得他的作品和思想成为整个美利坚民族的精神遗产。[2] 布朗森到底凭什么打动了小施莱辛格？可能布朗森说给当时大批到达美国的天主教移民的这段话会打动很多美国的爱国者：

> 安静地去做一个自由和平等的美国公民，以美国人的立场维护美国的利益，让自己充满美国人的情绪和情感，全身心地投入到国家的生活洪流中，为了祖国的真正利益和光荣愿意和任何阶层的其他公民们合作。如果这样，他们的宗教丝毫也不会妨碍他们的进取，他们会因为自己的能力和成绩取得相应的社会地位和影响。[3]

潘岳同志在《中国五胡入华与欧洲蛮族入侵》里面说：“深沉的情感才能产生深刻的理解，深刻的理解才能完成真实的构建。最终，中华

---

1 Michael Hout and Joshua R. Goldstein, “How 4.5 Million Irish Immigrants Became 40 Million Irish Americans: Demographic and Subjective Aspects of the Ethnic Composition of White Americans,” *American Sociological Review*, 59 (1994), pp. 64-82.

2 Arthur M. Schlesinger, Jr., *Orestes A. Brownson: A Pilgrim's Progress* (New York: Octagon Books, 1963), pp. 296-297.

3 Orestes A. Brownson, *The Works*, vol. 11 (Detroit: H. F. Brownson, 1907), p. 556.

民族的故事还要由我们自己来写。”这里所说的“情感”，按照我个人的理解，就是指认同中华民族的情感，指超越特定族群的狭隘性以构建大中华民族的行动意愿。中西古代的历史由不同的角度给了我们这样的启迪。近现代世界和欧美的历史进程也指向同样的规律：在正确的历史观和民族观引导下，加强民族国家的文化认同，加强各个族群的共融和团结，而不是以文化多元主义的名义强调单个族群的特性和特殊利益，才是社会发展和文化繁荣昌盛的坚实基础。中华民族的文化认同，对中华民族“深沉的情感”，是中华民族复兴的切实保障。

评《中国五胡入华与欧洲蛮族入侵》

杨立华（北京大学哲学系教授）

中西历史比较的视野，是凝聚中华民族共同体意识的关键之一。当然，历史和文化的比较研究，是以基本的历史观为前提的。为了什么而比较、比较什么及如何在比较研究中领会和阐发，无一不是基本历史观的体现。以历史唯物主义的立场和方法为基础，会通中华优秀传统文化的义理和价值，由此而成的融贯而具体的眼光，是深入理解自己、照察他者的必要条件。潘岳同志的新作《中国五胡入华与欧洲蛮族入侵》作为一次重要的探索和尝试，字里行间渗透着的正是这样的历史眼光。

东晋南北朝三百年的历史，素称繁难。将这一段复杂的历史扼要而不失之笼统、具体而不陷于琐碎地勾勒出来，已经是不小的挑战。更何况还要叙述同时代的欧洲历史，并在彼此互鉴中深化对不同文明道路的理解。用明确的问题指向，将历史细节纳入整体性的条贯当中，构成了本文叙述风格的基调。整篇文章其实是在回答那个使这三百年历史成为“枢纽”的问题：何以入华的“胡族”都有超越狭隘的族群意识的“混一天下”之志呢？这个问题当然可以有不同层面的解答。在与欧洲蛮族入侵的历史的参照中，本文将其上升到文明逻辑这一高度来加以思考。文明的基本逻辑是其历史展开的“绝对精神”。就中国文明而言，大一统的政治统一是每一大的历史时代最高也是最终的目标。所有的个人的、族群的主观意欲，都成了中国文明的历史理性开展的环节。正是在这样的整体观照下，苻坚与王猛、拓跋焘与崔浩跨越族群的君臣际遇才有了远超一家一姓的升沉荣辱的历史意义，《敕勒歌》的悲情中也才有了个人功业之上的历史回响。在整体历史观中，个体的、家族的、部落和族群的意志和行动，才不致湮灭为无穷无尽的历史细节，最终指向虚无。

与一般理解中政治统一与文化多元的关系不同，潘岳同志的新作里还揭示出了政治一体的巩固与文化多元的伸张之间的正向关联。一体与多元的复杂的历史关系，绝不是简单的此消彼长。这一揭示对于审视今天的世界，也是极具启发的。

理解我们自己的历史和精神，从来都在视角和目光的交错当中。只有以清醒的文明自觉为基础，他人的视角才能充分发挥自我调整和校正的积极影响。认真对待他人的眼光，始终有一个根本的出发点：我们可以而且应该更好。如果不是出于自我完善的目的，而是自我放弃式的刻意贬损，那么，对他者的看法的不加辨析的接受，是不可能产生出中国文明的更美好的未来的。域外的中国史研究是我们的学界应该予以重视的，但对各种“客观”研究背后的政治“隐喻”，也需要有足够的警醒。

对连起码的倾听愿望都没有的他者们讲述中国的故事，我是一向不持乐观态度的。但坦诚交流的努力本身，仍然是必要的。这是我们这个文明固有的善良意志的一个侧面。真正重要的是对我们的年轻人。一代代的中国青年需要知道中国文明自足的品性。他们应该明白：投向他者的平等而尊重的目光，只能出自对待自我的庄严持重的审视。

评《中国五胡入华与欧洲蛮族入侵》

李大龙（中国社会科学院中国边疆研究所编审，中国社会科学院大学特聘教授、博士生导师）

《中国五胡入华与欧洲蛮族入侵》是近年来我读过的少有的让人耳目一新、颇有启迪的好文。主要体现在以下几个方面：

一、选题既有学术价值，也有现实意义。中华大地上自古就生活着众多的族群，如何诠释这些族群在多民族国家建构中的作用既是一个重要的学术问题，也是关系多民族国家稳定与发展的重大现实问题。关于魏晋南北朝时期的族群关系是我国学界十分关注的研究领域，但如何认识匈奴、鲜卑、羯、氐、羌即所谓的“五胡”进入中原地区所建政权，不仅是解读这一时期族群关系的关键，也是解读中国历史为什么没有中断的重要时段。长期以来，“五胡乱华”是我国学界对这些政权给出的界定，但视为“乱华”并不能解释这些政权将传统“大一统”思想作为最高政治追求，其构建的政权也是“胡”“汉”混杂的多民族属性。近年来，有不少学者引入国外学者“内陆亚洲”等理论试图重新探讨“五胡”，但给出的结论也并不理想，因为国外学者，如法国的格鲁塞所撰写的《草原帝国》对游牧民族政权普遍存在的南下给出的也是“无意义”的结论。《中国五胡入华与欧洲蛮族入侵》选题虽然是“五胡”这一个老话题，但在“铸牢中华民族共同体意识”的背景下对“五胡入华”试图做全新的诠释，赋予了其不同以往的学术价值和现实意义。

二、视角不同以往，将“五胡入华”和欧洲的“蛮族入侵”进行对比研究，是一个全新的视角，提升了研究的价值。中国的史学研究分为中国史和世界史，这一划分并不是简单的研究对象的区分，也有研究方法的差异。正因为如此，近年来有学者提出了在世界史的视角下研究中国历史，但遗憾的是结果往往是中国历史被解构了，失去了自身的特点。《中国五胡入华与欧洲蛮族入侵》将“五胡入华”和欧洲的“蛮族入侵”进行对比，总结中华大地和欧洲在遇到相同情况时历史发展的不同走向，无疑是一个正确的方式，得出的结论也自然增加了说服力。

三、以史为据，史实的阐述准确，视野宏大。《中国五胡入华与欧洲蛮族入侵》分三章和结篇四部分，第一章从“南迁之战”“汉化之路”“再造一统”“汉化与罗马化”对“五胡入华”的历史进行阐述，以史为据，述论结合是其特点，而“再造一统”赋予了“五胡入华”一个不同以往的全新认识。第二章从“一族一地王国”“走不通的融合”“罗马抛弃罗马”“中华选择中华”“法兰克的疏离”“封建政治与文官政治”“分割世界与混一天下”等七个方面对“蛮族入侵”下欧洲历史的走向进行对比诠释，“分割世界”与“混一天下”的对比结论准确而恰当。第三章以“自治与郡县”“华夏与内亚”“华夷之辨与中华无外”为题对中华大地和欧洲进行对比，归纳的特点也是准确而较为符合历史事实。“母体的回归”“他人的视角”“自己的故事”作为“结篇”既达到了对全文进行理论提升的作用，又将文章的现实价值提到了一个新的高度。全文阐述立足于“五胡入华”和“蛮族入侵”，但将其置于中华大地和欧洲整体历史的背景下进行分析和观照，提出了不少不同以往的新认识。

四、“蛮族入侵”导致欧洲走向分裂，“五胡入华”却使中华大地走向隋唐盛世，从不同的视角和立足点去分析对比，得出的结论也会截然不同，文中所举顾颉刚和费孝通的认识差异似乎可以作为一个例证。《中国五胡入华与欧洲蛮族入侵》从“大一统”和“中华重塑”的视角切入，所述和所论不仅是能够自圆其说的，而且所举的例证也很有说服力。如王猛为何没有选择东晋而选择前秦？虽然这是个人的政治选择，但在说明“五胡”政治旨趣的同时，更说明了“五胡”的做法并非所有的人都视之为“乱华”，“大一统”是中华大地上众多族群的共同追求，这是多民族国家形成与发展的重要推动力量，也是中华文明没有中断的根本原因。

历史研究尤其是话语体系建设，属于意识形态，不仅左右着我们对历史的解读，也影响着我们对现实问题的判断，更主导着我们未来的行为。作为多民族国家的中国，从铸牢中华民族共同体意识的角度建构符合中国国情的历史话语体系，对于多民族国家的稳定与发展的作用是举足轻重的。《中国五胡入华与欧洲蛮族入侵》一文虽然篇幅很小但涉及的问题较多，和一般的学术论文相比也有着不同的特点，但其重要价值只有在上述背景下审视才能给出一个恰当而准确的评价。

历史不会终结，还会继续演进

关凯（云南大学民族学与社会学学院院长、教授、博士生导师）

也许，如果我们泛泛地说人性普同，似乎不会有太多的人反对。但一旦把“文化”作为一个变量引入对这个问题的讨论，事情就可能变得有些复杂，毕竟我们每一个人都是在自己一种几乎不自知自觉的文化“默认程序”中思考问题的。

真正理解中西文明的同异，是中西方国家交往和交流的重要基础，也是在有分歧和冲突时沟通问题与解决矛盾的理解基础。

公元 300—600 年间，世界还没有连成一体，不同的文明还在相对孤立地发展。但全球的气候对各种文明社会的影响却是相通的，同样作为古代最重要的文明帝国的中国与罗马历史遭遇极其相似，北方蛮族南下入侵，帝国衰败、分裂甚至解体。于是，罗马帝国灭亡，中国经历了“五族乱华”。

究竟应该称之为“五族乱华”还是“五族入华”，这是史家因应当下价值观的修正表述。中华史书主要是汉人书写，华夏中心观自是其立论的基点。正如现代性文明诞生于西欧原本蛮族聚居之域，世界就被分成了近东、中东、远东和新大陆，用得久了，大家皆习以为常。

蛮族入侵在东西两界造成的唯一但也是极为重要的差异是，代表中原文明的晋朝中央政体只是缩小了版图而没有同罗马帝国一样消亡。同时，历史依然在朝着相似的路径发展，即都在现实斗争中尝试走向大一统。如经过100多年的征战，蛮族王朝法兰克出现了查理曼大帝，统一了整个西欧；而中国北方的北魏也出现了拓跋焘，比较稳定地统一了北方的广大区域。潘文极为重要的抓住了一个历史要点，即中西文明的历史分叉。通过理解历史分叉，可以更深入地理解中西文明的差异，特别是两种文明的内在逻辑的不同。

如果按照历史三段论来比较中西文明，可以说以轴心文明为主的古代文明时期，中西方的历史轨迹是极为相似的；到了中古文明时期，历史轨迹出现了明显的分叉，中西方文明在遭遇了极为类似的“蛮族入侵”后，走入了根本不同的历史发展道路，西方走向封建制导致列国林立、战争不断，还因宗教分歧加剧了各国战争，最后不得不建立起民族国家规则体系以结束和避免战争，但这套规则并不能避免战争，反倒是因为民族国家的相互确立而更进一步导致国家间的战争：一战和二战。而同一历史长时段的中国则步入了自身文明逻辑的循环，随着隋唐王朝的建立，大一统成为了历史“惯性”，中华文明与大一统互为表里，然而政治社会的变迁也同样导致了王朝衰败和裂变，大唐天下的分裂，到北宋和辽的局部统一，最后元朝再次大一统，完成了又一个循环。

很显然，中古时期的中国和西方，走向了完全不同的历史轨道，而这次分叉的开端，则在公元3—6世纪之间。中西文明何以在古代漫长的相似轨迹之后步入极其不同甚至相反的发展轨迹呢？这个问题是个真问题和大问题。

理解这个问题，中西文明比较是极为重要的方法。因此问题在于如何进行恰切的中西文明比较。我们知道西方最初正式比较中西的是黑格尔，虽然黑格尔以“世界历史”的观念比较中西，以“历史的终结”的历史哲学训斥中国没有“历史”，但即便如此，黑格尔也没有（也不敢）否认中国文明，此后随着西方世界史的发展，即便到了汤因比的《历史研究》，虽然给予了中国文明正当地位，但其对中国文明的理解程度依然不高。问题何在？

简化来说，西方人想要了解中国，更多的还是通过阅读他们本国文字或者英语书籍，西方学者或有中文程度较高的，但其理解中国文化的速度与程度也不会太高（原因之一在于典籍太过丰富）。因此，沟通中西文明的理解，需要我国学者做出更多努力，更深入地从世界历史和比较文明的视野来挖掘中国历史和中国故事，“实史求事、实事求是”地讲好中国故事，这是极为要紧的。

公元 3—6 世纪是轴心文明的分化期，一个非常重要的历史分叉，从中理解后续文明发展轨迹的分歧在于文明逻辑的差异，其中最重要的一点，在于西欧文明发展更像一种偶然性轨道，而中华文明则没有发生根本性的变异。

西欧何以成为现代性文明偶然性发生的重要源头？此问题在韦伯看来主要是宗教原因，即宗教改革之后新教社会的道德伦理与现代性的选择性亲和。但在政治上，西欧文明解决不了政治单位碎片化的顽疾，事实上现代性的民族国家体制加剧了这种国家分立的结构。如今，新大陆出现的美国重现了现代版的罗马帝国。

西欧历史上因采邑而封建，王权的基础在于采邑。查理曼大帝之后无法脱离土地的分封建立王权。臣服与庇护的权力机制的关键不在于封建而在于采邑，从此西方因采邑而入封建，始终无法完成欧洲统一，直到拿破仑那次险些成功的努力，所以拿破仑被黑格尔视为历史的终结。但黑格尔想不到自己真正的思想继承人出现在新大陆，冷战结束的那一瞬间，他的衣钵传人福山兴奋地高呼“历史终于终结了”。

可惜的是，福山错了。有中国在，历史就不会以这种方式终结。

探寻中西方道路的文明逻辑

方素梅（中国社会科学院民族学与人类学研究所研究员，
中国社会科学院大学特聘教授）

由于中国和西方不同的社会制度和发展模式，有关中西方政治文化差异的争议从未停止。从历史的脉络中寻找和解读中西方道路的文明逻辑，引起了学术界的关注和重视。其中，分别经历了秦汉王朝与罗马帝国的辉煌以后，中西方都进入了长达数百年的政治分裂和文化冲突阶段。然而，相似的历史轨迹却产生了完全不同的结果。中国历史和文明历经危机而得以连续发展，西方历史和文明则在危机中断裂。这种历史现象的背后，蕴含着中西方在政治、社会、文化等方面巨大的结构性差异。

潘岳先生对中西方历史和文明的比较研究颇有心得，在此之前就发表《战国与希腊》一文，对中国治理模式“秩序优先”和欧美治理模式“自由优先”的历史根源进行剖析，认为西方不断走向分，中国则不断走向合，两种文明根性塑造了两种不同的道路。不过，正如评议者指出，何谓“文明根性”，为什么战国晚期的中国从诸国林立走向了政治大一统，而古希腊的诸邦林立熬到最后却被北面的“蛮族国家”马其顿所消灭？文章似乎并没有说得特别清楚（参见程金华《从文明之根到治理之花——读〈战国与希腊〉有感》，人民政协网，2020年6月22日）。潘岳先生的《中国五胡入华与欧洲蛮族入侵》，不仅是他对中西方历史和文明比较研究的进一步拓展和深化，也是对上述问题的关切和回应。

潘岳先生特地择取公元4世纪至7世纪发生的欧洲“蛮族入侵”、中国“五胡入华”的历史事件进行比较，对这一相似的历史轨迹所产生的不同结果，进行深入的思考和研究，探寻为何欧洲走向分裂而中国再次走向更大范围的统一。潘岳先生认为，这个历史岔口，再次体现了中国和西方从族群观念到政治制度的不同道路。其中的文明逻辑最为关键。欧洲各大蛮族王国几百年征伐中，尽管有个别王国如法兰克曾一度实现了西欧基本统一，最有希望继承西罗马帝国衣钵。但由于内在分治的逻辑，最终还是走向分裂，建起了一个个封建国家，全靠“普世教会”作为精神统一的力量勉力维系。中国五胡诸多政权中，先有氐族的前秦，后有拓跋鲜卑的北魏统一了整个北方，虽屡经无数纷争与分裂，最后还是实现了内部整合，并融合了曾经代表正统的南朝，继承了秦汉中央集权超大规模国家形态，开创了融合胡汉的隋唐大一统王朝。可以说，经历了“蛮族入侵”和“五胡入华”之后的西方和中国，走向了不同的发展道路。

实际上，在中西方历史和文明的比较研究中，秦汉王朝与罗马帝国形同质异的“大统一”最为引人注目。一个世纪以来，学术界关于秦汉与罗马的比较研究不断推进，从最初的个人兴趣发展为团队合作，形成较大规模的跨学科的国际合作研究。其中，德国罗马史学家弗里茨－海纳·木敕勒（Fritz-heiner Mutschler）和汉学家米塔（Achim Mittag）于2005年联合发起的“中国—罗马帝制比较研究”项目，组织了几十位来自欧洲、美国、中国的秦汉史与罗马史学者，对古代中国与罗马的帝制概念、历史编纂、艺术考古、宗教思想等问题进行讨论，其成果结集为《帝国构想：罗马与中国的比较》（*Conceiving the Empire: Rome and China Compared*），其中一个主要观点是：古代中国讲究天下一家的“普世秩序”（universal order），而古罗马则强调由核心村落不断扩张而统治地中海（张朝阳《秦汉中国与罗马帝国比较研究综论》，《唐都学刊》2017 年第 5 期）。相对而言，秦汉王朝和罗马帝国之后的中国和西方经历了巨大的政治分裂和文化冲突，并产生了完全不同的结果，对此，学术界的比较研究却显得沉寂许多。

因此，潘岳先生从“蛮族入侵”和“五胡入华”的视角，通过公元 4 世纪至 7 世纪中西方历史和文明的比较研究，继续探寻中国和西方不同道路的文明逻辑，就具有了独特的价值和意义。“蛮族入侵”与“五胡入华”的中心议题，均与所谓的“野蛮”族群进入并统治较高文明地区有关。马克思在《不列颠在印度统治的未来结果》中说道，“根据历史的永恒规律，野蛮的征服者自己总是被那些受他们征服的较高文明所征服的”（《马克思恩格斯文选》第 330 页，人民出版社，1962 年版）。然而，为何“蛮族入侵”和“五胡入华”会产生完全不同的结果？潘岳先生从“汉化”与“罗马化”的比较切入，从政治经济文化等方面进行分析，提出了独到的见解。潘岳先生认为，“汉化”的成功与“罗马化”的覆灭，有其内在的文明逻辑。

关于“汉化”，潘岳先生指出，那些认为“汉化”就是“同化”，是“大族群”靠着人口数量的绝对优势改变“小族群”的生活方式的观点并不可靠。真实的历史是进入中原的五胡不仅在军事上占优势，在人口数量上也占优势。西晋“八王之乱”后，北方总人口 1500 万，汉人的数量只占其中三分之一。然而，庞大的胡人群体没有以多压少“同化”汉人，相反主动选择了一条“汉化之路”。因此，人口数量不是关键因素。那么，起决定性作用的是什么呢？是文明制度。潘岳指出，“汉化”并非体现在“着汉衣”“改礼仪”这些形式，而是进行了大一统精神的政制改革，再造秦汉儒法国家形态，这些才是“汉制”的灵魂。更为重要的是，“汉制”不是“汉人”的习惯法，而是一种无偏私的理性制度。接受和坚持了“汉制”这一文明制度，“夷”也可以转化为“夏”。五大胡族之所以执著于“汉化”，是因为汉文明绝不仅是礼仪风俗，其精髓在于如何构建一个长治久安的超大规模政治体。因此，他得出这样的结论：“北朝对南朝的胜利，不是野蛮对文明的胜利，而是谁更能继承大一统精神的胜利，是兼采胡汉的‘新汉制’对僵化守成的‘旧汉制’的胜利。”这一结论，是对前述马克思“根据历史的永恒规律，野蛮的征服者自己总是被那些受他们征服的较高文明所征服的”观点的有力说明。

关于“罗马化”，潘岳先生认为这一概念与“汉化”类似。古罗马制度虽由罗马人发明，但成为地中海文明的古典形态。然而，希腊罗马的古典文明没有像汉文明那样由胡汉族群共同传承，而是从外部“出口转内销”找回来的。蛮族大迁移时期，进入罗马帝国的蛮族总人口不超过 75 万，而两晋南下的胡人则有 900 万。考虑到罗马与西晋人口规模大致相同，进入罗马的日耳曼族群数量远远低于罗马人，理应比五胡更容易被“罗马化”，罗马文明理应能像汉文明那样在西欧延续下去。但事实却相反，这些日耳曼王国，除个别短暂“部分罗马化”外，绝大部分干净彻底地“去罗马化”。他们使整个西欧与罗马制度背道而驰，走入了长达 1000 年的封建社会。这一现象再次证明，“罗马化”如同“汉化”

一样，人口数量并非关键因素。至于其背后的深层原因，依然基于文明制度。从哥特人的“二元政治”“族群分治”到法兰克人的“封建采邑”“领主自治”，无一不导向独立分散的政治格局。

潘岳先生认为，在族类观和历史观方面，中西方也存在显著差异。用种族、宗教、风俗、神话去划分世界，是西方文明的习惯。不以血统种族而以文化制度论夷夏之别，则是中华文明的传统。中国古代就形成了“华夷无间”的族类观念，是一种族群融合的“混一天下”，无论哪个族群都把“大一统”当成政治终极目标，这是包括五胡在内的众多非汉族群能够融入统一多民族国家的思想基础。在西方，即使公元800年查理曼大帝接受了教皇“神圣罗马皇帝”的加冕，法兰克人也没有表现出对罗马的仰慕。哥特与法兰克独立编著的史书中，都强调本族的独立来源，把罗马从历史中剔除出去，蛮族对西部行省的“武力侵占”变成了“天然继承”。罗马被视为与蛮族平行的诸多族群中的一个。这样的族类观念强调了蛮族与罗马之间的区分，增强了各个族群的自我认同，为“多民族分治”的形成提供了思想基础。欧洲的历史观由此从“一个罗马治世”走向“多民族分割世界”。

通过“蛮族入侵”和“五胡入华”的比较研究，潘岳先生较好地阐释了中西方从族群观念到政治制度不同道路的文明逻辑。中国五胡弘扬了中华文明“合的逻辑”，欧洲蛮族则放大了罗马文明“分的逻辑”。不仅如此，潘岳先生通过考察中国和西方的历史，认识到每个文明的内部，都有共同性和差异性。当共同体分裂时，各个政治中心为了划定边界、巩固自我，都势必夸大差异，贬低共同，直至变成永久的分裂。即便有相同的祖先、语言、记忆、信仰，只要存在政治多中心的竞争，必然会产生这一结果。教派分裂，族群瓦解，莫不如此。这样的认识对于当代社会同样具有现实意义。

在全球历史书写中，西方中心主义长期占据主导地位，希腊罗马与法兰克一直成为理解其他文明的样本。近年来，出现了一些中西方互为参照对象而不预设一方为评价另一方标准的比较研究，但西方中心主义的研究范式依然十分流行。某些学者将这种范式转移到中国。如美国的新清史学者声称清朝皇帝也是复合型君权，清朝皇帝身兼满洲人族长、汉族人皇帝、蒙古人的可汗、藏传佛教文殊菩萨化身和转轮法王等多重身份于一体。汉地、满洲、蒙古、西藏的统一全靠着皇帝的“多重身份”作为唯一连接，一旦清朝皇室崩解，各族就可以各奔自由。西方一些学者还用“文化符号”与“身份认同”概念来解读中国历史。他们往往根据一些游牧族群特有的风俗仪轨来断定这些王朝的内亚性，将新疆、西藏、蒙古乃至东三省划分为“内陆亚洲”（inner Asia），热衷于从北魏到辽金元清等北方王朝身上寻找来自于“内亚”的身份认同，并据此认为他们都是“征服王朝”。不仅如此，西方学术话语体系传入中国以后，对一些中国学者也产生了影响。比如，“种族中国”的观念还飘荡在各种网络空间里，引发青年人的群情激荡。大汉族主义者认为“崖山之后无中国”“明亡之后无华夏”；狭隘民族主义者们又认为“满蒙回藏非中国”。双方都没有意识到，这些“种族理论”正是当年“东洋史”的遗毒。

潘岳先生十分关注西方学术话语体系对于中国历史和文明研究的影响。他指出，上述这些纷争与攻讦，都来自于我们总是用其他文明的眼光来看待自己；而其他文明的眼光，固然有多元思维的益处，却也经常受制于国际政治的裹挟。过去如此，未来亦是如此。为此，潘岳先生呼吁要讲好中国自己的故事。他指出，中华民族融合的数千年中，除了战争与仇恨，但还有更深沉的“命运共同体”的情感。这种你我互有、命运交织的情感，是那些从未亲临、只凭着外来理论描述中国的人所不能体会的。有了深刻的理解才能有真实的创造。最终，中华民族的故事还是要由我们自己来写。以东晋南北朝为例，300 年中的故事很多，最显著最重要的故事还是中华民族胡汉一家亲的故事。我们是谁？是汉人是蒙人，是回人还是满人？看了这 300 年就明白了什么叫中华民族，什么叫中华文明，什么是自己的身份认同与精神世界。潘岳先生指出，“对这些，如果中国年轻人不去体悟坚守，如果西方年轻人不去了解理会，中西方文明就总隔着一层纸而说不透”。

概言之，潘岳先生提出的“中国和西方从族群观念到政治制度的不同道路，其中的文明逻辑最为关键”的观点，具有较强的科学性和说服力。当然，中西方历史和文明的比较研究涉及诸多学科理论和方法，一些概念和史料的运用也存在一定的争议。例如，“汉化”概念的内涵和外延，以及这一概念是否恰当等问题，还有待学术界的进一步探讨和研究。

各民族共同缔造了伟大的中华民族

苏发祥（中央民族大学藏学研究院院长、中央民族大学期刊社社长）

潘岳的《中国五胡入华与欧洲蛮族入侵》一文通过梳理、比较公元300年到600年间东西方历史发展脉络，呈现了我国各民族共同缔造统一多民族国家、共同创造灿烂的中华文化的历史；阐释了中华文明的精髓是多元的大一统体系。

第一，无论哪个民族问鼎称尊，都以中华正统自居，都致力巩固和发展"大一统"的政治制度和文化。

文章通过大量史实揭示了魏晋南北朝如何从大分裂走向大统一，呈现了400年五族入华，完成了版图制度和社会的"大统一"；阐释了中国的五胡十六个政权不是族群隔离"瓜分天下"，而是族群融合"混一天下"。该文并不认同传统史学界的"北魏之所以能统一北方……是因为他们'改汉俗行汉礼'"的观点；而是认为"北魏成功的最重要原因，是进行了大一统精神的政制改革，再造了秦汉儒法国家形态"。作者认为，北魏孝文帝"着汉衣""改礼仪"，创新性发展了诸如"均田制""三长制"等巩固中央集权基层治理，带动整个北方社会大融合。"北朝对南朝的胜利，不是野蛮对文明的胜利，而是谁更能继承大一统精神的胜利，是兼采胡汉的‘新汉制’对僵化守成的‘旧汉制’的胜利。”

文章通过大量史实说明，古代中国人没有基于血脉和习俗的“华夷之别”，而有制度和文化的“华夷一体”。魏晋南北朝的各民族交往交流交融，“夷与夏不是看血脉看习俗，而是看文明看制度”；五大胡族之所以执着于“汉化”，是因为汉文明绝不仅是礼仪风俗，其精髓在于如何构建一个长治久安的超大规模政治体。

魏晋南北朝各民族交往交流交融表明，经300年不停歇地族群混居，最终形成了新的民族共同体——隋人与唐人。正如作者所说，“‘汉化’不是‘被汉人同化’的意思”而是继承“汉武帝将秦国的法家制度、鲁国的儒家思想、齐国的黄老之术与管子经济、楚国的文化艺术、韩魏的纵横刑名、燕赵的军事制度融为一体”的“大一统汉制”；“认同这种制度文明的人，就成了‘汉人’。可以说，‘汉人’是用政治制度建构‘国族’的最早实践”。

可以说，中国人的“统一秩序”的“大一统”天下观，经由魏晋南北朝的接续发展，不仅建立了超级稳定的大一统隋唐国家共同体，而且发展了儒释道合一的中华文明。这些论述表明，中华民族形成史，是以秦汉奠定的“一统天下”政治制度和儒家文化价值观为统领，各民族共同缔造统一多民族国家、共同创造灿烂的中华文化的历史。

第二，魏晋南北朝的民族大融合是对西方族群国家的超越。

通过比较，作者指出，与“五胡”“汉化”不同，欧洲蛮族史观认为罗马世界不应当是统一的，应当是由多个种族分而治之。欧洲蛮族并不热衷继承西罗马帝国遗产，更不去与东罗马争夺“正统”。西欧蛮族攻破罗马帝国后建立的若干日耳曼王国，除个别短暂“部分罗马化”外，绝大部分彻底地“去罗马化”。

比如，哥特人为了保持血统的纯洁性而不被罗马人同化，为了防止哥特人的勇武精神被罗马文化腐蚀，建立了“平行社会”。随后，法兰克在兼并其他蛮族王国的统一过程中，并不像罗马那样建设行省，收归中央管理；而是封给贵族与教会，维持领主自治，将基层自治推到极端，“日耳曼各王国独立分散，不追求彼此融合，形成了多中心格局”。正如英国史家佩里·安德森所说，蛮族建国“用得更多的是分裂而不是融合的方式”。

魏晋南北朝与欧洲蛮族的政治社会治理的差异，再一次说明中西方文明发展的最重要的差异：“统”与“分”的差异。中国五胡弘扬了中华文明“合的逻辑”，欧洲蛮族则放大了罗马文明“分的逻辑”。中世纪的欧洲陷入了频繁的战争，因此，尽管整个欧洲的社会政治发展过程中，有过查理曼等试图统一欧洲的君主，但始终没有使欧洲成为统一的国家。

第三，欧洲学者将“封建社会”和“弱国家”放大为人类文明进步的必然规律，是西方中心主义作祟。

纵观中国数千年历史，尽管发生过多次割据和分裂，但统一始终是中国历史发展的主流。西方世界很难理解今天的中国，其中一个重要的疑惑就是中国何以能够将一个民族多元、文化多样的国家维持两千多年生生不息。纵观世界史，与中国并列的古巴比伦和古埃及都曾是世界文明古国，但在滚滚历史长河中，都最终消失或者没落了，只有中国更加繁荣昌盛。世界上找不出第二个像中国一样的国家，从历史到现在基本上维持在一个大致的疆域内，多个民族共同认同、共同缔造祖国的历史。

之所以会出现这样的困惑，一个重要的原因是西方一些学者还用“文化符号”与“身份认同”概念来解读中国历史，将“封建社会”和“弱国家”放大为人类文明进步的必然规律，是西方中心主义作祟。作者指出，这是“没有搞清‘礼俗’与‘政道’的区别”，没有看到“中华文明的核心不是礼仪、风俗、艺术和生活习惯，而在于用什么样的基本制度来建构政治”。

作者阐述经过千年传承，近代以来面对西方列强的民族国家挑战，中国人实现了“中华民族是一个”的民族自觉。这种自觉是一种“打破族群壁垒的天下精神，是中华文明的底色”。一部中华民族史，就是“一部‘天下精神’超越‘族性自限’”的历史。“天下精神”是渗入中华民族血液里的文化基因。

第四，中华文明之所以为世界上唯一绵延不绝传承至今的文明，皆是因为历史上不同民族在不同的历史时期以不同的方式不断融入以汉文明为主流的中华民族长河之中，从而实现了各民族“我中有你、你中有我，而又各具个性的多元统一体”的分布格局，实现了中华民族从一个自在的实体转变为自觉的实体。

魏晋南北朝民族大融合的历史是中国历史上我国各民族交往交流交融的典型和一面镜子。作者选择此段历史，与“欧洲蛮族”历史做了比较研究，很有新意。文中有很多独到见解，如把历史上一直习惯使用的“五胡乱华”改写为“五胡入华”，一字之差，意义很大，体现了作者敏锐的洞察力和深厚的历史学功底。

浅谈《中国五胡入华与欧洲蛮族入侵》的价值

严庆（中央民族大学教授）

近些年浸润于教学科研中，人们不时会提出一些问题：为什么欧洲和中国的面积差不多，欧洲形成了40多个国家，中国却是一个国家怀拥56个民族？新清史解构中华民族的“工具”是什么？历史该如何解读？中国少数民族发展的目标是否是汉化？汉化是否等于汉族化？中国历史上充满分分合合，分分是否只是单向度的裂变？阅读完《中国五胡入华与欧洲蛮族入侵》一文，似乎以上问题便找到了答案。

一、民族主义是话语也是工具，但它只是“地方经验”

中欧发展的历史轨迹及其价值诉求不同，话语亦不同，不同之路至少始发于中国五胡入华与欧洲蛮族入侵。作者在文中指出：“公元300—公元600年间，中国与罗马再次面临相似的历史境遇，同时面临中央政权衰落，同时遭遇周边族群大规模冲击。”但“相似的历史轨迹却产生完全不同的结果”。

不同的结果是：欧洲蛮族入侵罗马，选择的是“分割世界”，看重“分分”与封建，自治与分权成为政治常态，伴随着政治经济发展，民族单质与民族国家成为选择，民族主义成为话语与旗帜。五胡入华选择的是“混一天下”，分后取和，以和求合，和的是中华文明，合的是天下一家，承袭天下治术、维系中央集权成为选择，经营超大规模国家，实现多族共存，“大家庭”成为政治与道德兼顾的话语。

作者归纳道：中国的五胡政权的史观却与蛮族史观完全不同。不是族群隔离的“瓜分天下”，而是族群融合的“混一天下”。民族主义发芽、抽枝于西欧土壤，自带排他性，重视自我利益，“一族一国”是切割多民族社会肌体的工具，民族主义是对外征服的旗帜。民族主义只是欧洲蛮族入侵后，逐步形成的西欧人认知、置设民族与国家格局的地方经验。用民族主义作为分析范式审视中国多民族国家发展的历史，无疑会坠入话语陷阱。中国怀拥 56 个民族践行的是“和合”理念，新清史使用的是民族主义的裁刀，中国故事需要中国话语来讲述。否则，就会像作者所研判的“如果用欧洲民族主义狭窄范式来思考，就会永远在族群认同的政治文化里打转”。

二、五胡入华后的“汉化”选择，重在择定“汉制”，融汇于文明

在民族研究领域，“汉化”被视为很负面、很危险的概念，在很多人眼里汉化意味着少数民族的消失。然而，“汉化”本质上是“文”化。“文，犹美也，善也。”文是雅致，文是不俗，而文字的出现则是进入文明时代的标志。近“文”、习“文”是人类在自身发展中追求真、善、美的正向选择。不同民族进入“文”化有先后，自愿被“文”化是一种进步。现代的多元文化主义、文化相对主义不同程度上扭曲了不同民族在各自发展进程中的相互效仿、学习与涵化的历史真相与主体的意愿。

“五胡族群之所以执着于‘汉化’，是因为汉文明之精髓在于长治

久安的超大规模政治体的构建。”作者指出五胡入华后的汉化选择，本质上是对作为天下治术的“汉制”的选择，而滋养和托举汉制的是中华文明，学习汉制必然选择进入中华文明。超大规模国家的治辖，需要成熟制度与治术的保障，而成熟制度与治术则以一套文字、话语、理念、机理、规制积聚于中华文明之中。而汉化的进程也是胡汉融合的过程，“今日北方中国人，其血脉都是胡汉融合，即便是汉人也是商周时诸夏与周边各族群融合成的大族群。在这样的大融合中，不是谁同化谁，而是多方的互化”。

有很多研究者将注意力更多地聚焦于“五胡乱华”，关注的是冲突、对立与差异。而很少看到“比起南朝的因循守旧，北朝的均田、府兵等制度创新更符合‘汉制’大一统精神”。更很少看到“五胡入华”之后北中国进入到了相当长的稳定期，因为冲突之后是整合、融合的坚实努力。

在铸牢中华民族共同体意识的当下，我们需要从历史中梳理更多的共同体建设的合法性，更应秉持更为开阔的“民族”视野阅读历史，回溯历史。没有兼容并包的智慧，哪来超大国家的生生不息。“中国东晋南北朝 300 年的故事，政权、人物、事件太多太杂，是一段最难写清的历史。而中华民族重新塑造与中华文明转型升级的密码，恰恰蕴藏在这 300 年中。如果没耐心走进去看看、转转、站站，就难以找到自己的出处。”阅读作者的文章可充实我们的精神世界。

正如作者所云：“300 年中的故事很多，最重要的故事还是中华民族胡汉一家的故事。我们是谁？是汉族人是蒙古族人是藏族人是维吾尔族人还是满族人？看了这 300 年就明白了什么叫中华民族，什么叫中华文明，什么是自己的身份认同与精神世界。”远眺群山，山峰错落；而往下看，则是山根相连，天然一体。